머니 마인드셋

MAKE MONEY EASY:
CREATE FINANCIAL FREEDOM AND LIVE A RICHER LIFE

Copyright © 2025 by Lewis Howes
Originally published in 2025 by Hay House LLC.
All rights reserved.
Korean translation rights arranged with Hay House LLC. through ALICE Agency, Seoul.
Korean translation copyright © 2025 by FEELMBOOK

이 책의 한국어판 저작권은 앨리스에이전시를 통한 저작권사와의 독점 계약으로 (주)필름에 있습니다.
저작권법에 의해 한국 내에서 보호를 받는 저작물이므로 무단전재와 복제를 금합니다.

성장 속도를 높이고 수월하게 돈을 벌어보고 싶다면 MakeMoneyEasyBook.com에서 다양한 무료 콘텐츠를 찾아보세요.

나에게 최적화된 부의 공식을 완성하라!

머니 마인드셋

루이스 하우즈 지음 · 윤영호 옮김

필름

일러두기
- 본문에서 인용한 단행본은 《 》, 단편, 방송, 언론, 곡명 등의 경우는 〈 〉로 표기했습니다.
- '옮긴이 주'는 본문에서 별도 표기했으며, 원문의 각주는 미주로 수록했습니다.

2달러를 팁으로 건네는 아버지의 모습을 경이롭게 바라보던
어린 시절의 나에게 이 책을 바칩니다.
그 모습은 우리가 세상에 지니고 태어나는
고유한 가치를 일깨워 줍니다.
정신적·감정적·재정적 자유가 안겨주는 기복을 감내하고,
성취와 상실에도 굳건하길.

목차

서문   9

Step 1. 머니 스토리를 파악하라

제1장	돈의 진실	18
제2장	당신의 머니 스토리	34
제3장	당신의 머니 스타일	54

Step 2. 머니 마인드셋을 재설정하라

제4장	돈과의 관계를 치유하라	80
제5장	돈, 그리고 의미 있는 사명	110

Step 3. 더 많은 돈을 맞이하기 위해 준비하라

제6장	첫 번째 습관: 마인드셋	**135**
제7장	두 번째 습관: 지도 그리기	**165**
제8장	세 번째 습관: 수익화	**194**
제9장	네 번째 습관: 관계 맺기	**222**
제10장	다섯 번째 습관: 끌어당기기	**244**
제11장	여섯 번째 습관: 유연성 기르기	**275**
제12장	일곱 번째 습관: 숙달	**304**

결론: 자, 이제 시작해 보자!	**336**
주	**350**
감사의 말	**355**

《머니 마인드셋》을 읽기 전에…

나는 당신을 믿는다. 그리고 '재정적 자유'와 '풍요로운 삶'의 힘을 믿는다. 물론 이 개념들이 매우 개인적이며 사람마다 서로 다르게 인식한다는 사실도 알고 있다. 그러므로 돈과의 관계를 이해하고, 재정적 자유와 풍요로운 삶이라는 개념이 자신에게 어떤 의미인지 탐구하기 위한 여정에서 이 책을 출발점으로 삼기를 바란다. 내게 울림을 주는 것들이 당신에겐 와닿지 않을지라도 전혀 문제 될 게 없다! 나는 구체적인 성과를 약속하려는 것이 아니다. 다만 당신이 더 성장할 수 있도록 영감을 주고, 정보를 전달하며, 힘을 실어주고 싶을 뿐이다. 내가 들려주는 경험담은 나만의 이야기일 뿐, 당신의 이야기와 결실은 오직 당신만의 것이며, 그 모습 또한 다양할 것이다. 내가 공유하는 정보는 어디까지나 정보 전달을 목적으로 하는 것이지, 재정적·법적 조언으로 여겨선 안 된다. 맞춤형 지침이 필요하다면, 전문가로부터 당신의 상황에 맞는 고유한 재정적 목표를 위한 구체적 조언을 구하길 권한다.

더욱 풍요로운 삶으로 나아가는 여정에 당신과 함께할 수 있어 마음이 설렌다.

서문

나는 물건을 훔쳤다. 그것도 많이. 자랑거린 아니지만 10대에 들어서며 거의 도벽에 빠질 뻔했다. 은행을 털거나 귀중품을 훔쳤던 것은 아니나, 운동장이나 농구 코트에서 빈 공간을 그리며 예측하던 능력으로 상점이나 주유소, 식당을 구석구석 살폈다.

그것은 일종의 게임이 됐다. 나는 어떤 공간에 들어서면, 보안용 거울이 어디에 있는지, CCTV가 어디에 설치되어 있는지, 가장 가까운 직원과 얼마나 떨어져 있는지를 확인했다. 사탕 하나를 계산하면서 날랜 손놀림으로 다른 하나를 손에 쥐고 슬며시 주머니에 집어넣을 때면 마치 강력한 마법사가 된 것 같았다. 흡연자도 아니면서 담배를 훔쳤다. 그냥 할 수 있었으니까.

나는 절대 걸리지 않을 거라고 철석같이 믿었다. 실제로 그랬다. 아버지 고객의 물건을 훔치기 전까진. 아버지는 우리 가족의 생계를 위해 30년간 생명보험을 파셨다. 늘 고객을 위하는 마음으로 종종 저녁 늦게까지나 주말까지도 정말 열심히 일하셨다. 하루는 아버지께서 농구 연습을 끝낸 나와 내 팀원 한 명을 데리고 오하이오주 우리 집 근처에 있는 한 고객의 농가를 방문했다. 두 분이 부엌에서 일을 보는 사이, 나와 내 친구는 집 안을 둘러봤다.

지하실에 들어선 우리는 의미심장한 눈빛을 주고받았다. 그리고 차가운 금속 손잡이를 당겨 책상 서랍을 열고 서류 더미를 뒤적이며 무언가를 찾았다. 그렇게 우리에게 25달러의 보상이 떨어졌다! 친구에게 20달러를 건네고 나는 5달러만 챙긴 걸 보면, 분명 내 마음이 넉넉했던 모양이다. 천천히 서랍을 닫고 위층으로 올라가며 우리가 찾아낸 보상에 꽤 흥분해 있었다. 적어도 한밤중까진 그랬다.

갑자기 얼굴에 밝은 빛이 비쳐와 침대에서 벌떡 일어났다. 평소보다 커 보이는 아버지의 형체가 눈앞을 맴돌며, 고객의 돈을 훔쳤냐고 추궁하고 있었다. 나는 졸린 눈으로 대답했다. "아니요, 아무것도 안 훔쳤어요." 잘못된 선택이었다. 아버지는 이미 친구 부모님과 통화를 하셨고, 친구는 모든 걸 자백한 상태였다.

그날 아침 우리는 훔친 돈을 손에 쥐고 한 시간가량 차를 달려 농가로 돌아갔다. 차 안은 조용했지만, 운전석에서 뿜어 나오는 아버지의 분노가 느껴졌다. 차에서 내려 고객에게 걸어가면서 얼마나 부끄러웠던지, 지금도 기억난다. 아버지가 말씀하시길, 그 농부가 가축 사료를 사려고 지갑을 열었는데, 돈이 부족하단 걸 알아차렸다고 하셨다. 집에 빈손으로 돌아와 가족과 마주하는 농부의 모습을 떠올렸다. 차에서 내려 그분께 걸어가던 순간 얼마나 부끄러웠는지 여전히 떠오른다. 돈을 돌려드렸을 때 그분은 내 작은 손에서 훔친 돈을 낚아채며 나를 노려볼 뿐이었다. 그때까지 겪은 내 인생 최악의 순간이었다.

이제 와 돌아보면, 돈을 훔쳤던 내 선택이 부정적인 파급 효과를 일으켰다는 사실을 알 수 있다. 나는 아버지에게 신뢰를 잃었고, 고객은 아버지와의 거래를 끊었다. 나는 아버지가 느꼈던 분노를 안고 살았는데 그게 어른이 되어서까지도 돈을 바라보는 내 관점에 영향을 미쳤다.

그렇다면 돈이란 도대체 뭘까? 왜 어떤 사람들은 자신에게 얼마가 있는지, 어디에 돈을 쓰는지 전혀 걱정하지 않으며 돈과 관련해 침착함을 유지하는 걸까? 왜 다른 사람들은 돈 걱정에 시달리며 어디에도 돈을 쓰지 않으려는 걸까? 이런 사람들은 강박적으로 은행 앱을 확인하며 마지막 한 푼까지 추적한다. 어떤 사람들은 빚에 파묻혀 있다. 어떤 사람들은 자기 신용카드가 몇 장인지 모르면서도 잘 지내고, 심지어는 은행 계좌를 확인하지도 않는다.

돈으로 행복을 살 수 없다고들 한다. 하지만 가난으로도 살 수 없기는 마찬가지다. 나는 빈털터리가 되어 낙담한 적도 있었지만, 행복했던 적도 있었다. 세계의 가장 가난한 곳에서도 진심으로 행복하게 살아가는 사람들을 만나보기도 했다.

돈이 많으면서 비참했던 적도 있었고, 건강을 잃고 망가진 삶을 사는 많은 부유한 사람들 곁에서 지내보기도 했다. 그와 반대로, 모든 사람이 인정할 만큼 큰돈을 갖고 깊은 충만함을 느낀 적도 있다. 또한 막대한 부를 가진 사람들과 함께하며, 건강하고 사랑스럽고 풍족하게 베푸는 행복한 삶 속에서 완전한 자유를 누리는 모습도 지켜봤다. 그러니까, 삶에서 느끼는 당신의 행복은 당신에게 얼마가 있는지와 직접적인 연관이 없다고 할 수 있다.

이 모든 걸 보면 당신은… 돈이 복잡하다고 느낄지도 모르겠다.

우리 대부분이 돈에 대해 들어왔던 것들은 전부 틀렸다. 예를 들어, 사람들은 종종 돈과 감정적으로 연결된다. 나 또한 그렇다. 사실, 어쩌면 그 관계가 당신이 인식하지 못하는 가장 밀접한 관계일지도 모른다. 이러한 사실을 인식하든 못하든, 당신은 이미 돈과 관계를 맺고 있다. 돈과 맺은 관계를 바로잡기 전까진, 그 무엇도 나아질 수 없다. 당신이 돈을 소중히 여기지 않으면 돈도 당신을 아끼지 않는다.

어린 시절 다른 사람들과 관계 맺는 방법을 터득하는 것과 마찬가지로, 우리는 관찰과 경험을 통해 돈과 관계 맺는 법을 배운다. 우리는 머릿속에서 부모님이나 친척 어른들, 우리가 마주치는 다른 사람들이 돈과 상호작용하는 모습을 관찰하여 알아차린 사실들을 분석한다. 다른 사람과의 관계를 바로잡는 것도 힘든데, 돈처럼 복잡한 것과의 관계는 어떻겠는가. 하지만 당신이 돈과 맺은 관계를 개선해야 한다는 사실을 무시할수록, 상황은 더욱 나빠진다. 우리 대부분은 알게 모르게 돈과 관련된 어떤 형태의 트라우마를 가지고 있다. 그리고 이런 트라우마는 현재 우리의 머니 스토리Money Story와 머니 스타일Money Style에 영향을 미친다. 만약 방치하면 이 트라우마는 우리의 자존감, 자신감, 심지어는 우리 정체성에까지 영향을 미친다.

솔직히 말하면, 많은 이가 돈을 이해하려는 시도 자체를 포기한 듯하다. 무슨 일을 하든 어딘가 어긋날 뿐이다. 사람들은 미래 행복의 많은 부분이 돈에 달려 있다고 생각하지만, 오랜 친구처럼 여겨야 할 돈을 데이트 앱에서 처음 만난 낯선 사람처럼 대하는 경우가 허다하다. 익숙하다고 생각하지만 동시에 낯설게 느껴진다.

그 한 가지 원인으로 금융 문해력의 문제가 있다. 너무나 많은 사람들이 돈을 잘 모를 뿐만 아니라, 무엇을 모르는지조차 모른다. 그리고 이런 사실은 다음과 같이 나타난다. 미국인 네 명 중 세 명 이상이 다음 월급날만 기다리며 살아간다. 네 명 중 한 명은 은퇴를 대비해 저축해 놓은 돈이 전혀 없으며, 다섯 명 중 한 명은 비상금조차 없다.[1]

불행히도 우리 대부분은 돈을 현명하게 다루는 법을 교육받지 못했다. 어떤 식으로 돈과 건강한 관계를 맺을 수 있는지도 모를뿐더러 돈으로 무엇을 할 수 있는지도 전혀 배우지 못했다. 우리는 돈을 즉흥적으로 다루거나, 고등학생에서 대학생으로 넘어가는 사이 어딘가에서 돈에 대해 터득해야만 한다. 게다가 우리에겐 세금을 내거나, 카드 빚을 피하는 법을 이해하거나, 우리 돈을 올바르게 투자하게끔 도와주는 도구도 없다.

돈은 안전하고 편안한 삶을 확보하는 데 중요한 역할을 하지만, 적당한 도구와 훈련이 없다면 사람들은 어찌할 바를 모르게 된다. 아이들은 돈에 관한 대부분을 어린 시절 부모에게서 배운다. 하지만 우리 가족처럼 돈을 '쉬쉬하는' 대화 주제로 다루는 가정이라면, 아이들은 돈이 그들에게, 혹은 그들을 위해 무엇을 해줄 수 있는지 모른 채로 세상에 들어서게 된다.

나는 돈과 관련해 가지고 있는 장애물을 한층 깊게 이해하고 돈과의 더욱 안전한 관계를 모색하고자 이 책을 썼다. 사람들 대부분은 평생을 돈 문제로 고생한다. 만약 돈과 건강한 관계를 맺는 방법을 익히지 않는다면, 이는 우리가 사적으로 맺는 모든 관계에 직접적인 영향을 미친다.

나는 지난 10년간 내가 진행하는 프로그램 〈더 스쿨 오브 그레이트니스 The School of Greatness〉에서 세계 최고의 부자들, 빈손으로 시작해 수백만 달러를 벌어들인 사람들, 그 모든 걸 잃어본 사람들을 인터뷰하며 그들과 관계를 맺을 수 있는 축복을 누렸다. 또한 가진 건 많지만 돈과 건강한 관계를 맺지 못해 불행한 사람들도 많이 만났다. 그들은 여전히 자신이 가진 모든 걸 잃을 거라 걱정하거나, 사람들이 자신에게 원하는 건 오직 돈뿐이라 여기는 탓에 그들을 신뢰하지 못한다. 이는 평안함보다는 스트레스로 다가온다. 만났던 모든 이들은 돈으로 무엇을 하고 무엇을 하지 말아야 하는지, 그리고 무엇보다 어떻게 하면 삶을 돈으로부터 지배받지 않을 수 있는지 자신들만의 비법을 내게 나눠주었다.

만약 당신이 돈과 맺은 관계의 감옥에 갇힌다면, 당신은 늘 옥죄는 듯한 느낌을 받을 것이다. 만약 당신이 돈과 맺은 관계에서 자유로워진다면, 터무니없는 상상마저 넘어설 정도로 부유해질 가능성이 열릴지도 모른다. 단지 재정적인 부를 말하는 게 아니다. 인생에서 돈이 가장 중요한 것은 아니겠지만, 내가 생각하기에 돈은 당신이 중요하게 여기는 모든 것들에 다가가 가치를 드높이는 수단이 될 수 있다.

그래서 만약 당신이 '왜 돈은 이렇게 어려워야만 하는가? 왜 나는 쉽게 돈을 벌 수 없는가?'라는 궁금증을 느낀 적이 있다면, 두 가지 좋은 소식이 있다. 첫째, 당신만 그런 게 아니다. 우리는 모두 그런 어려움을 느낀다. 둘째, 이를 더 수월하게 하도록 돈과의 관계를 치유할 수 있다. 내가 그 방법을 알려주겠다.

결국 내가 바라는 건 당신이 돈을 편하게 다룸으로써 자유롭고 풍족한 삶을 누릴 수 있도록 돕는 일이다. 가치 있고 즐거운 삶을 살며, 돈이 당신의 평안을 앗아가도록 내버려두지 않는 것, 그것이 당신의 타고난 권리이기 때문이다.

Step 1
머니 스토리를 파악하라

성장은 자기 인식에서 시작된다. 하지만 너무나 많은 이들이 자신이 돈과 어떻게 상호작용하고 있는지 자각하기 위해 잠시도 멈춰 서지 않는다. 그들은 돈이 무엇인지, 왜 그런 식으로 돈과 얽히는지, 어쩌다 돈을 그렇게 생각하게 되었는지 고민하지 않고 그저 돈을 이용할 뿐이다. 하지만 당신이 돈과 편안한 관계를 맺고 싶다면, 자신의 머니 스토리를 들여다봐야 한다. 그게 첫 번째 단계다. 이제 시작해 보자.

제1장

돈의 진실
The Truth about Money

어쩌면 나는 중산층 가정에서 자랐다고 할 수 있을 것 같다. 돈이 부족한 적도 없었고, 먹고사는 문제도 없었으며, 옷 걱정도 없었다. 하지만 늘 편하지만은 않았다. 돈과 관련해선 두려움, 불안, 고통과 같은 여러 감정이 부풀어 올랐다.

어린 시절엔 돈이란 개념을 제대로 이해하지 못했다. 돈 얘기를 나눌 만한 사람도 없었다. 우리 집에서 돈은 워낙 쉬쉬하는 주제였기에 돈을 갖는다는 게 나쁜 일처럼 느껴졌다. 집안이 넉넉지 않으니, 돈을 아껴 쓰고 무언가 살 때도 신중해야 한다는 말을 들으며 자랐다. 돈이 필요하면 부모님께 부탁할 수 있었지만, 부모님께선 돈을 주실 때도 있었고 아닐 때도 있었다.

열 살이 됐을 무렵, 부모님께서는 내게 일주일에 5달러씩 자그마한 용돈을 주셨다. 매번은 아니었고 보통 내가 무언가를 했을 때뿐이었다. 부모님은 내가 침구를 정리하거나 빨래를 치우는 등 집안일을 도우면 용돈을 주셨다. 이런 방식은 10대 초반까지 이어졌지만, 나는 여전히 부모님 외의 다른 사람들에게서 어떻게 돈을 받아야 하는지 전혀 알지 못했다. 아무도 돈 얘기를 꺼내지 않는데 더 많은 돈을 바라고 있다니, 괜히 겁이 났다. 나는 어떤 식으로 돈과 관련된 대화를 시작해야 할지 몰랐고 나이가 들어서 어떻게 돈을 벌어야 할지도 막막했다.

10년쯤 훌쩍 지나, 나의 머니 스토리도 계속 변해갔다. 20대 초반, 내게 사업가 기질 같은 건 없었다. 가진 돈도 없었고, 선수 생명을 끝내버린 손목 부상 탓에 프로 미식축구 선수로 뛰겠다는 꿈도 멀어졌다.

당시 나는 정규직으로 일한 적이 한 번도 없었다. 운동선수로 훈련을 받고 AFL(Arena Football League의 약자로, 실내에 맞게 규격을 변형하여 진행되는 미식축구 리그 - 옮긴이)에서 뛰며 적은 보수를 받긴 했지만, 언젠가 NFL(National Football League의 약자로, 미국에서 가장 권위 있는 미식축구 리그 - 옮긴이)에 입성해 더 큰 성과를 내리라는 기대를 품고 있었다. 감사하게도 아버지께서 내 모든 훈련비와 대학 등록금 일부를 부담해 주셨고, 나머지는 약간의 장학금과 학자금 대출로 충당했다. 내가 해본 일이라곤 신문 배달과 골프장 잔디 정리, 트럭 운전, 그리고 대학 시절 주말마다 했던 클럽 경비 일이 전부였다.

하지만 내가 스물두 살 되던 해, 아버지는 끔찍한 교통사고를 당해 몇 달 동안 혼수상태에 빠지셨고, 이후 장애를 안고서

17년간 치료를 받으시다가 돌아가셨다. 아버지가 회복에 힘쓰시는 사이, 병원비가 쌓이기 시작했다. 부모님은 내가 열여섯 살 때 이혼하신 상태였다. 당시 대리인 권한을 갖고 있던 아버지의 여자친구는 아버지의 생명보험 사업을 매각하는 것이 최선이라고 판단했다. 마음 한편으로 이런 생각을 하는 내가 부끄럽기도 했지만, 더 이상 아버지에게 금전적으로 기댈 수 없다는 사실이 실감 났다. 게다가 필요하면 아버지와 함께 일할 수 있으리란 안전망도 사라진 셈이었다.

그 시기 주변 사람들은 우리 가족에게 정말 많은 호의를 베풀었다. 아버지 회사의 몇몇 직원들이 보태 쓰라며 내게 위로금을 건넸다. 나는 사람들의 너그러움에 깊이 감사했고 잠시나마 작은 마음의 평안을 얻을 수 있었다. 하지만 그 돈도 며칠이 전부라 나는 다시 빈손이 되었다.

빈털터리라는 건 내 방 하나 얻을 여유조차 없다는 뜻이었다. 누나는 거의 1년 반 동안 내게 소파를 내어줬다. 외식이나 여가 활동처럼 외출하고 싶을 때면, 친구와 가족들의 아량에 기댈 수밖에 없었다. 다른 사람들이 내 몫을 대신 치러줄 때 느껴지는 감정이 몹시도 싫었다.

하지만 앞으로 무엇이 어떻게 될지도 모른 채 계속 그렇게 살아갔다. 몸 상태가 점점 나빠지는 게 느껴졌고 덩달아 정신 건강도 흔들렸다.

하루는 차에 앉아 스스로 물었다. 왜 이렇게 공허할까? 지난 몇 년간 그렇게 열심히 달려왔는데 왜 아무런 성취감도 없을까? 목표만 바라보며 이런저런 성과를 냈건만, 여전히 마음이 채워지지 않는 건 왜일까? 내 이전 책 《그레이트 마인드셋The Great Mindset》에서 밝혔듯이, 다시금 나 자신으로서 살아가는 설렘을 얻기 위해서는 의미 있는 사명Meaningful Mission을 찾아야 했다.

새로운 일자리나 돈 벌 기회를 찾던 중 멘토 한 분께 손을 내밀었더니, 비즈니스 전문 SNS인 링크드인LinkedIn을 시작해 보라고 제안해 주셨다. 수개월에 걸쳐 플랫폼을 이리저리 탐색한 끝에, 나에게 사람들과 효과적으로 관계를 맺을 수 있는 능력이 있다는 사실을 깨달았다. 당시 해당 플랫폼은 아직 초창기였고, 사람들은 경력을 발전시키기 위해 어떻게 하면 링크드인을 최대한 활용할 수 있을지 고민이 많았다. 상황이 이랬기에 나는 앞으로 나서서 아무런 대가 없이 사람들을 돕기 시작했다. 내가 어떤 식으로 사람들을 돕는지 입소문이 퍼지면서, 나는 내 서비스에 값을 매겼다. 어떤 날은 진전을 이루고, 어떤 날은 부족함을 느끼며 수년간 좌충우돌하며 나아갔다. 링크드인뿐 아니라 전반적인 소셜 미디어를 통해 배우고 성장하며 사람들에게 가치를 더하는 사이 훌쩍 몇 년이 흘렀고, 나는 처음으로 100만 달러 매출을 달성했다.

나는 너무나 기뻤다. 그렇다고 이 성과가 하룻밤 새 이뤄진 것은 아니었다. 거의 매일매일을 쉼 없이 일하며 모험을 감수해야 했다. 물론 내게 일어난 일은 나만의 경험이므로 당신의 여정은 나와는 다른 모습일 것이다. 당시 이룩한 성과가 의미 있는 사명의 최종 목표라고 생각하진 않았지만 분명 설레는 일이었다. 나는 새로운 기술을 익히며 사람들이 어려움을 극복하도록 도왔고, 그 과정에서 내 재정 상황도 개선됐다.

그때 이후로 10년이 넘는 시간 동안 나는 돈과 관련해 더욱 더 많은 성장 단계를 거쳤다. 그리고 이제는, 사람들의 삶의 질을 개선하고 그들이 짊어진 짐을 극복하도록 도움으로써 매주 1억 명에게 이바지하고자 하는, 분명하면서도 의미 있는 사명으로 나만의 회사를 운영하고 있다. 내가 진행하는 〈더 스쿨 오브 그레이트니스〉 또한, 내게 많은 걸 알려준 놀라운 게스트들과 함께하며, 세계에서 가장 인기 있는 팟캐스트로 계속 성장 중이다. 나는 두 권의 책을 〈뉴욕타임스 New York Times〉 베스트셀러에 올렸고, 한 푼도 못 벌던 시절을 지나 이제는 수년째 연간 수백만 달러에서 수천만 달러의 수익을 올리고 있다.

나는 결코 세계 제일의 부자가 아닐뿐더러, 나보다 훨씬 많이 버는 사람들을 수도 없이 알고 있다. 내가 돈의 여정에 통달했다고 말하려는 것도 아니다. 하지만 나는 수십 년의 개인적 경험에 더해, 최고의 금융 전문가 및 세계 대부호와의 인터뷰를 통해 핵심적인 깨달음을 얻고 중요한 습관을 익혔다.

내게 결정적이었던 첫 번째 깨달음은 주식 시장에서 승리를 거두는 법을 터득하거나 최신 부동산 투자 요령을 찾아내는 게 아니었다. 그런 것들도 다 자기 역할이 있지만, 돈과 관련해 내게 가장 중요했던 교훈은 빈털터리로 지내느라 극심한 스트레스를 받던 시기에 찾아왔다. 20대 초반, 나는 멘토이자 친구였던 크리스 호커Chris Hawker를 바라보다가 불쑥 말했다. "크리스, 나 진짜 돈 좀 있었으면 좋겠어요."

그러자 크리스가 말했다. "돈은 네가 준비됐을 때 찾아오는 거야."

지금도 생생히 기억나는데, 나는 곧바로 이렇게 대답했다. "저 지금 당장이라도 돈 벌 준비가 다 됐는걸요! 집세랑 밥값만 해결해도 한숨 돌릴 거예요. 옷이나 기름값 같은 건 생각도 못하잖아요."

하지만 몇 년이 지나 되돌아보니, 당시 나는 돈에 대한 준비가 되어 있지 않았다. 설령 돈이 생겼더라도 오래 지켜내진 못했을 것이다. 나는 우선 자신을 다듬으며 돈을 맞이할 준비를 해야 했다. 그래서 나를 단련했다. 하루아침에 준비가 끝나진 않았다. 그건 수년에 걸친 과정이었고, 솔직히 말하자면 지금도 내 안에서 매일 계속되고 있다.

하지만 이 단순한 돈의 진리를 받아들였을 때, 모든 것이 변하기 시작했다. 더 많은 돈을 가지려면, 그 돈을 맞이할 준비를 해야 한다.

더 많은 돈을 가지려면,
그 돈을 맞이할 준비를 해야 한다.

To have
more money,
you must
prepare to
receive it.

– 루이스 하우즈

내면을 들여다보는 데서 시작하라

돈이 가져다줄 것들에 집중하기보다는 당신이 어떤 사람인지, 세상에 더할 수 있는 당신만의 고유한 가치가 무엇인지에 집중할 때, 그 에너지와 활동을 통해 더 많은 돈을 당신의 삶으로 불러들일 수 있다는 건 직관에 반하는 사실이다.

당신, 그래, 바로 당신이 더 많은 돈을 버는 열쇠다. 살다 보면 자신이 망가진 것처럼 느껴질 수도 있다. 하지만 올바른 수단과 인식만 있다면 자신이 어떤 사람인지 떠올릴 수 있다고 믿는다. 당신은 온전하다. 당신은 완벽하다. 친구여, 당신은 모자람이 없다. 하지만 항상 이런 기분 같을 순 없을 테니, 공허하거나 망가졌다고 느껴질 때 위와 같은 감정을 되찾는 법을 알려주고자 한다.

하지만 그전에 돈이란 무엇이며 혹은 무엇이 아닌지, 당신이 돈과 어떤 관계를 맺고 있는지 이해한다면 도움이 될 것이다.

돈은 다음과 같은 것들이 아니다.

- **돈은 구세주가 아니다**. 당신이 아무리 바라더라도 돈은 현재 상황에서 당신을 구해주지 않는다. 돈은 아슬아슬한 시간에 '짠' 하고 나타나 당신이 저지른 실수를 바로잡거나, 밤새 단잠을 자도록 도와주지 않는다. 돈은 관계를 원활하게 하거나 가족을 하나로 묶어주지도 않고, 내면의 안정이나 성취감을 주지도 않는다.

- **돈은 적이 아니다.** 돈은 당신을 못살게 굴지 않는다. 돈은 어떻게 하면 청구 요금을 낼 수 있을지 주저앉아 고민하는 당신을 방구석에 숨어서 비웃지 않는다. 돈은 중학생 시절 당신을 따돌렸던 불량배가 아니다. 돈은 당신만 안달 난 술래로 남겨두고 자신은 항상 교활하게 숨어버리는 정신 나간 숨바꼭질에 당신을 억지로 끌어들이지 않는다. 당신이 돈을 적대적으로 여긴다면, 돈이 당신을 찾을 리가 있겠는가?
- **돈은 피할 수 없다.** 어떤 사람들은, 아니 어쩌면 우리 모두는 내가 '돈이 남긴 상처'라고 부르는 아픔을 겪는다. 우리는 삶에서 어떤 식으로든 돈과 관련된 일정 정도의 트라우마를 경험했다. 하지만 우리에게 트라우마를 입혔던 다른 원인과는 달리, 돈은 그렇게 간단히 피할 수 없다. 살아가려면 돈이 필요하다.

만약 이런 게 아니라면, 돈은 대체 무엇일까?

- **돈은 증폭기다.** 돈은 현재 당신의 모습을 증폭시킨다. 만약 당신이 최고가 되기 위해 전력을 다하고 있다면, 이건 엄청난 소식이다.
- **돈은 게임이다.** 여느 게임들처럼, 돈과 관련된 경험은 즐거워야 한다. 새로운 무언가를 시도할 때, 처음부터 잘할 거

라고 기대하지 말자. 대신 실력을 쌓아가며 레벨을 올릴 수 있다.
- **돈은 에너지다**. 돈에는 흐름과 기운이 있다. 돈은 들어오기도 하고 나가기도 한다. 당신이 움켜쥐려 할수록 돈은 다가오지 않는다. 투자에 주저하지 않고 현명하게 소비하며 돈을 세상 속으로 흐르게 할수록, 더 많은 돈이 당신에게로 되돌아온다. 인생의 각 시기에 맞게 돈의 흐름을 조정하는 방법을 배우는 것이 중요하다.
- **돈은 자원이다**. 돈은 당신과 당신이 아끼는 사람들에게 가능성을 열어주며, 만약 돈이 없었다면 누리지 못했을 선택의 자유와 기회를 가져다준다.

돈이 당신을 규정짓도록 방치할 때, 바로 그때에만 돈은 모든 악의 근원이 된다. 나는 지금도 진행 중인 여정을 통해 돈과의 관계를 치유하려 노력해 왔기에, 어떻게 하면 내면의 평안을 얻을 수 있는지, 어떻게 하면 자산과 연관 짓지 않고도 자신의 가치를 이해할 수 있는지 알게 되었다.

내가 '재정적 자유의 틀Financial Freedom Framework'이라고 부르는 것을 이용해 생각하면 도움이 된다. 이 틀은 돈이 있을 때와 없을 때, 자유와 평안을 느낄 때와 그렇지 않을 때 사이의 관계를 보여준다.

	자유로울 때	자유롭지 않을 때
돈이 있을 때	자신감 (돈을 친구로 여김)	좌절 (돈을 실패로 여김)
돈이 없을 때	행복 (돈을 제약으로 여김)	절망 (돈을 적으로 여김)

각 사분면을 둘러보고, 그중 어느 것이 당신에게 와닿는지 확인해 보자.

제1사분면. 돈도 있고 삶도 자유롭고 평화로운 사람들은 대체로 자신감을 드러낸다. 이들은 성취감을 느낄 뿐만 아니라, 다른 이들에게 자유를 전파하고 세상을 더 나은 곳으로 만들고자 하는 선택지에도 손을 내민다. 이런 사람들은 돈을 친구로 여긴다.

제2사분면. 돈은 있지만 삶의 자유와 평안을 누리지 못하는 사람들은 좌절을 느끼곤 한다. 이들은 돈이 만족감을 가져다주리라 생각했지만, 여전히 그런 만족을 느끼지는 못하고 있다. 약속을 받았으나 지켜지지 못했으니, 이들은 돈을 실패로 여기게 된다.

제3사분면. 돈은 없지만 삶이 자유롭고 평화로운 사람들은 대체로 행복한 편이다. 하지만 돈이 부족한 관계로 행복을 전파하려는 선택지는 제한된다. 결국 이들은 돈을 제약으로 여기게 된다.

제4사분면. 돈도 없고 자유와 평안도 누리지 못하는 사람들은 대개 절망을 맛본다. 이들은 피해의식에 사로잡혀 돈을 벌기 위해 할 수 있는 게 아무것도 없다고 생각하느라 다른 사람에게 금전적으로 기대려 한다. 실제로 이들은 돈을 적으로 여기는 경우가 많다.

나는 당신이 제1사분면으로 자리를 옮겨 돈을 친구처럼 대하길 바란다. 단지 이용하려고 친구를 사귀진 않을 테니까, 그렇잖은가? 친구들이 당신을 원치 않는 모습으로 바꾸려 드는 것도 바라지 않을 것이다. 그렇다면 왜 우리는 돈과의 관계가 그런 일을 하도록 내버려두는 걸까?

지금 당장은 당신과 돈의 관계가 우호적이지 않을 수도 있다. 하지만 돈과 같은 친구를 불러 모으고 싶다면 자신이 먼저 곁에 두고 싶은 사람이 되어야 한다고 옛 금언은 말한다. 내면을 가다듬고 돈과의 관계를 바로잡을 때, 안정감은 커지고 스트레스는 줄어든 삶 속에서 자유로이 드나드는 새로운 친구를 만나게 될 것이다.

돈과의 관계를 개선하기 위한 세 가지 핵심 단계

나는 당신이 내면에서부터 돈과 더 나은 관계를 맺도록 돕고자 한다. 더 건강하고 풍요로운 관계로 나아가는 길에 당신과 함께하며, 내 삶의 이야기와 더불어 〈더 스쿨 오브 그레이트니스〉를 진행하며 금융 전문가들에게 얻은 놀라운 통찰을 나눌 수 있어 가슴이 뛴다.

다만 한 가지 주의할 점이 있다면, 이 책에는 하룻밤 새 백만장자가 되는 요령이나 비법이 담겨 있지 않다. 투자 포트폴리오를 구성하는 최고의 방법을 배울 수도 없고 돈이 알아서 굴러가게 하는 특별한 전략으로 뛰어들지도 않는다. 당신의 상황에 맞는 맞춤형 조언이 필요하다면 금융 상담사나 전문가와 상의하는 것이 바람직하다. 대신 우리는 먼저 자신을 가다듬어 돈을 맞이할 준비를 하는 데 초점을 맞춘다.

첫 번째 단계. 머니 스토리를 파악하라. 우리는 먼저 당신의 머니 스토리를 들여다보며, 머니 스토리가 무엇인지, 그것이 어떻게 만들어졌으며 어떤 식으로 당신과 돈의 관계를 형성했는지 분석한다. 이후 사람들이 돈과 관련해 겪는 공통적인 문제를 살피며 당신이 어떤 어려움에 공감하는지 확인할 것이다.

우리 개개인이 얼마나 고유한 방식으로 돈에 접근하는지를 살피고 나면, 당신도 자신만의 고유한 머니 스타일을 발견할 것이다. 그리고 좀 더 깊이 들어가 당신의 머니 스타일에 관계적 통찰을 적용해 돈을 바라보는 시각을 좀 더 명료하게 파악한다면, 당신의 삶 속에서 돈과 더욱 편안한 관계를 맺을 수 있을 것이다.

두 번째 단계. 머니 마인드셋을 재설정하라. 그다음 우리는 돈이 남긴 상처와 머니 스토리에 관련된 트라우마를 치유한다는 것이 어떤 의미인지 살핀다. 자신을 붙잡고 있는 상처와 트라우마를 내려놓는다면, 당신은 원하는 걸 쫓는 대신 그것들을 끌어당기게 될 것이다. 또한 어떻게 하면 돈을 끌어당기는 사람이 될 수 있는지 구체적으로 알아보고, 돈과 의미 있는 사명을 연결해 어떻게 하면 그것을 효과적으로 수익화할 수 있을지 탐색할 것이다.

세 번째 단계. 더 많은 돈을 위해 준비하라. 돈과의 관계를 새롭게 하기 위한 건강한 기반을 다졌다면, 이제는 실전으로 들어가 일곱 가지 머니 습관을 살핀다.

- **첫 번째 습관: 마인드셋**

많이 베풀수록 더 많은 돈이 돌아오고, 더욱 긍정적인 에너지가 생겨난다는 것은 직관에 반하는 돈의 진실이다. 게다가 그 사실을 뚜렷이 깨달을수록 나누고자 하는 열망은 더욱 커진다.

- **두 번째 습관: 지도 그리기**

어디로 향하고 있는지 모른다면, 목적지에 도달할 수 없다. 이제는 당신의 삶을 계획하고 매일 실천할 수 있는 머니 플랜을 세울 때다.

- **세 번째 습관: 수익화**

자신의 가치를 깨닫고 감사히 여길 때, 그 가치를 수익화하여 세상과 나눌 수 있다. 안타깝게도 너무나 많은 사람이 자신의 고유한 재능이나 능력을 과소평가한다. 하지만 당신은 아니다.

이 습관을 활용한다면 그러지 않을 것이다.

- **네 번째 습관: 관계 맺기**

인간관계는 당신이 올바른 방식으로만 접근한다면 재정적 성공을 이끄는 촉매제가 될 수 있다. 내가 어떤 식으로 인간관계를 활용했는지 보여주겠다. 그러면 당신도 자신의 사명에 함께할 최고의 재정 멘토, 선생님, 친구들을 찾을 수 있을 것이다.

- **다섯 번째 습관: 끌어당기기**

당신의 머니 비전에 사람들을 능숙하게 끌어들일 수 있다면 돈을 버는 능력도 배가된다. 자신의 정체성을 강화하고 타인을 진심으로 도우며 퍼스널 브랜드를 키우는 가운데, 주제넘지 않으면서도 사람을 끌어당길 수 있는 비결을 보여줄 것이다.

- **여섯 번째 습관: 유연성 기르기**

수익 창출 능력을 키우려면, 최고의 강점이 발휘될 영역으로 옮겨갈 수 있어야 한다. 진정으로 성공한 사람들은 그 외의 모든 일들을 적재적소에 위임할 줄 안다. 더 많은 일을 해내고 타인에게 더 많은 가치를 부여할 수 있도록 당신의 팀에 유연성을 주는 방법을 공유하려 한다.

- **일곱 번째 습관: 숙달**

재정적 풍요와 안정을 계속해서 키워가려면, 금융 지식을 늘려야 한다. 돈에 대한 학습이 흘러가는 삶의 일부가 된다면, 재정 관리가 더욱 쉽고 보람차게 느껴질 것이다.

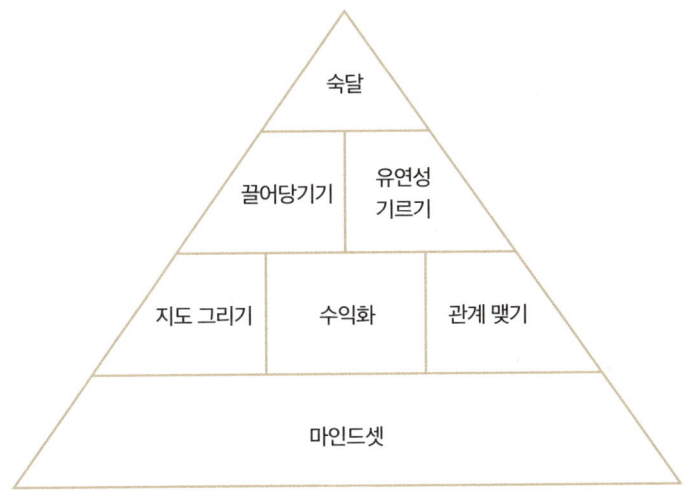

　머니 스타일을 이해하는 일은 당신이 돈과 맺게 될 관계의 유형을 결정하며, 앞으로 얼마나 벌 수 있을지, 남은 삶을 얼마나 평화롭고 명료하며 자유롭게 살 수 있을지와 직접적인 연관이 있다.

　이 책을 집어 든 순간, 당신은 벌써 커다란 첫걸음을 내디뎠다. 내가 오랫동안 실천해 온 재정적 통찰과 습관들을 비롯해, 훌륭한 사람들에게 배운 것들을 당신과 나눌 생각에 설렌다. 하지만 한 가지만 기억하자. 재정적으로 충만한 삶을 위한 가장 확실한 기반은 당신 자신을 믿는 일이다.

　자, 이제 적극적으로 임해 더 많이 배우고 깊이 파고들며 완벽하진 않을지라도 행동에 옮길 자세가 됐다면, 당신은 수월하게 돈 버는 법을 발견할 준비가 된 것이다.

제2장

당신의 머니 스토리

Your Money Story

나는 평생 그날을 못 잊을 것 같다. 그날은 아버지의 날Father's Day 바로 다음 날이었다. 며칠 집을 비웠다가 돌아가는 길, 노래 박자에 맞춰 운전대 위로 손가락을 두드리며 여유롭게 달리고 있었다. 맑고 화창한, 그저 보통의 LA 날씨였다. 그 일이 있기 전까진 그랬다.

아파트를 향해 코너를 돌아선 나는 완전히 멈춰 섰다. 혼돈 그 자체였다. 경찰차와 응급차의 번쩍이는 불빛이 하얀 텐트를 비추고 있었다. 사이렌은 울리지 않았지만 급박하게 지시하는 외침들과 분주한 발소리에, 눈앞에 펼쳐진 광경을 이해하려 애쓰는 사이 머릿속을 맴돌던 노랫소리는 순식간에 사라졌다. 분주함과 얼어붙은 정적이 교차하는 주변 분위기 속에서 경찰관과 구급대원들이 현장을 오갔다.

차를 세우고 이것저것 물어보다가 내가 거주하던 아파트에서 한 남자가 뛰어내려 스스로 생을 마감했다는 이야기를 들었다. 큰 충격이었다. 그리고 그 사람의 이름을 들었을 땐 한동안 멍해지기까지 했다.

물론 내가 이름과 사는 곳 외에 그 사람에 대해 대단히 잘 아는 것처럼 굴려는 것은 아니다. 그 사람이 삶의 마지막 순간에 느꼈을 주변을 둘러싼 어둠에 대해서도 전혀 아는 바가 없다. 나도 한때 정신 건강 전문가와 치유의 여정을 함께 했었기에, 그 사람과 그 가족들에게 마음이 쓰였다. 나는 트라우마와 학대가 내 삶에 어떤 영향을 끼쳤는지 안다. 만약 당신이 현재 상황에 압도되어 달리 선택지가 없는 것처럼 느껴진다면, 꼭 도움을 요청하길 바란다. 전문가의 도움을 받기로 선택한 후 나는 완전히 다른 사람이 되었다고 감히 말할 수 있다.

그 사람과 그 사람이 자신의 삶을 갑작스레 끝내버린 방식을 떠올릴 때면, 왜 그런 일이 일어났는지 도저히 설명할 길이 없다. 그의 가족이나 친구 관계, 사업상 지인들과의 관계를 짐작할 수도 없다. 하지만 내가 확실히 아는 게 하나 있다면, 그 사람에겐 돈이 있었다. 통장에 수억 달러가 있다는 말들이 무성했다. 하지만 그렇게나 돈이 많았음에도, 그날 세상을 떠나는 것만이 자신이 할 수 있는 유일한 일이라고 느껴지게끔 하는 무언가를 감당하고 있었다. 게다가 그 사람만 그런 게 아니었다.

돈과 정신 건강 사이의 관계가 혼란스럽다면 한 가지만 기억하자. 돈이 많건 적건, 사람들에겐 돈과의 관계에서 얻은 상처가 실재한다.

돈에 관한 거짓말들

나는 소셜 미디어 팔로워들에게 이런 질문을 던진 적이 있다. "더 많은 돈을 버는 데 있어서, 혹은 지금의 수입에 만족하는 데 있어서 당신이 마주하는 가장 큰 걸림돌은 무엇입니까?" 사람들이 주로 내놓은 답변을 자세히 들여다볼 필요가 있다. 그 대답들이 진실이 아니기 때문이다. 다음 중 혹시라도 당신에게 익숙한 거짓말이 있는지 확인해 보자.

- **교육 부족**. 어쩌면 당신은 대학에 가지 않기로 하고서 지금 와서는 '그래도 갔어야 했나'라고 생각할지도 모른다. 혹은 대학에 갔지만 '굳이 갔어야 했나'라고 생각할 수도 있다. 그러다 문득 이런 생각이 든다. 이 대학이 아니라 다른 대학에 갔더라면 상황이 더 낫지 않았을까? 돈을 벌려면 제대로 된 학위를 따거나 좋은 성적을 받아야 하고, 필요하면 영감을 주는 참된 강연자의 교육 프로그램에 등록해야 할 것만 같다.
- **시간 부족**. 직장 일이 너무 버거운 탓에, 할 수 있는 거라곤 소파에 털썩 주저앉았다가 잠자리에 들고, 다음 날 아침에 일어나 똑같은 하루를 반복하는 게 고작이다. 이미 일도 너무 많고 요리에, 청소에, 운동에, 가족과 함께하는 시

간까지 생각하면 수입을 늘릴 새가 없는 듯하다.

- **집중력 부재.** 돈을 벌 수 있을 만한 기가 막힌 아이디어가 넘쳐나지만, 어떻게 하나를 골라 실행에 옮겨야 할지 모르겠다. 좋은 아이디어를 떠올리고, 자신의 아이디어에 들떠 주변에 떠벌리거나 노트에 끄적이지만, 결국 일상으로 돌아가는 쳇바퀴 속에 자신을 가둔다. 그렇게 되풀이된다. 큰돈은 아이디어가 넘치는 사람에게 흘러간다는 거짓말에 매달린다.

- **자산 부족.** 돈이 돈을 버는 게 맞다면 당신은 벌써 지고 들어간다. 당신에게 투자할 사람이라곤 없는 탓이다. 설령 투자자가 있더라도 일을 시작하는 데 도움을 줄 팀원들이 없다. 순조롭게 일을 시작하려면 고용해야 할 사람들이 많지만, 보수를 지급할 길이 없다. 무보수로 일할 사람도 없을 테니, 아이디어를 실현하기 위해 애써 조금씩 돈을 모아본다. 부자가 되려면 다른 사람의 자산을 거쳐야만 하는 것 같다.

- **미지에 대한 두려움.** 이 순간 당신의 뇌는 '만약에' 모드로 뛰어든다. 실패하면 어쩌지? 사람들이 나를 멋대로 재단하진 않을까? 내가 부를 감당할 수 없다면? 돈은 많이 버는데 그 일이 싫을 수도 있잖아? 자신이 무엇을 원하는지 참고할 만한 기준이 없다 보니, 지금의 익숙하고 편하고 만족스러운 자리에 머무는 게 나을 거란 온갖 이유를 떠올

린다. 돈과 관련해 최악의 상황을 그려보면 닥쳐올 문제를 막을 수 있을 것만 같다.

- **자신감 부족.** 당신은 자기 자신조차 믿지 못한다. 마음 한구석에선 자신이 지금보다 더 많은 돈을 벌 만한 사람인지 확신이 서지 않는다. 자신도 없고, 불안하고, 앞으로 무슨 일이 일어날지도 모른다. 본인도 납득할 수 없는 바보 같은 실수를 반복하고 부끄러워하며, 자신에겐 지금의 상황에서 벗어나기 위한 변화를 이끌 능력조차 없다는 생각에 빠진다. 돈을 벌 자격이 없는 듯하다.

- **돈은 나쁜 거라는 생각.** 돈을 원하면 탐욕스러운 거라고 배웠다. 돈이 나쁘다고 믿는 순간부터 더 많은 돈을 원하는 나도 나쁜 사람일 수밖에 없다. 죄책감과 수치심이 밀려들고, 무언가를 원할 때마다 그 생각을 밀어내며 애써 잊으려 한다. 돈이 많으면 더 이상 좋은 사람이 될 수 없을 것 같다.

- **자기 파괴.** 돈이 생기면 곧 짐이 되고 당신의 삶에 원치 않는 부담을 준다. 누군가 당신에게 재정적 지원을 요구할 수도 있고, 더 많은 도움을 주지 못하는 자신에게 죄책감을 느낄지도 모른다. 그런 감정들 때문에 너무 빨리 돈을 써버리거나 지나치게 퍼주게 되고, 결국 제자리로 돌아온다. 돈이 많으면 그만큼 문제도 따라오는 듯하다.

- **인맥 부족.** '제대로 된' 인맥이 있으면 비슷한 인맥을 넓힐

수 있고, 그러면 당신에게도 길이 트일 것이다. 하지만 부유한 사람을 알고 지낸 적이 한 번도 없을 수 있다. 게다가 알지도 못하는 사람과 관계를 맺으려 애쓰는 게 괜히 어색하게 느껴진다. 부자를 친구로 둬야만 부자가 될 수 있을 것 같다.

위 목록에서 공감 가는 부분이 있었는가? 시간을 두고 가장 와닿는 세 가지를 꼽아보자. 하지만 명심하자. 이는 현재 당신의 상황을 재단하려는 것이 아니라 당신이 처한 어려움을 더 깊이 이해하고자 하는 발걸음이다. 우리는 앞으로 이 요소들을 더 자세히 들여다볼 예정이다. 지금으로선 이런 거짓들을 인지하는 것만으로도 좋은 출발이다.

솔직히 털어놓자면, 나 역시 위 목록의 거짓들을 하나하나 전부 극복해야 했다. 이것을 변명으로 삼지는 말자. 있는 그대로 **이야기**라고 부르자. 그게 본질이며 그 이상도 이하도 아니다. 이 이야기들이 현실과 맞아떨어질 수도, 아닐 수도 있지만, 이것만은 명심하자.

당신의 머니 스토리는 당신에게만큼은 진실이며, **당신이 하는 모든 일들을 결정짓는다.**

만약 당신이 스스로 더 많은 돈을 벌 시간이 없다고 이야기한다면, 시간을 내려고 노력이나 하겠는가? 스스로 부를 누릴

당신의 머니 스토리는
당신에게만큼은 진실이며,
당신이 하는 모든 일들을 결정짓는다.

**Your Money
Story is
true for you
and shapes
everything
you do.**

– 루이스 하우즈

자격이 없다고 말한다면, 조금이라도 더 벌어보려 애쓰겠는가? 돈이 나쁜 거라고 말한다면 더 원하지도 않을 것이고, 인맥이 없다고 여긴다면 누구에게도 손을 내밀지 않을 것이다. 우리가 금전적으로 겪는 어려움은 돈 그 자체와 연관되었다기보다는, 전적으로 돈과 관련해 우리가 자기 자신에게 건네는 이야기와 관계가 있다.

우리는 모두 그런 이야기를 안고 산다

그저 열심히 일하기만 하면 돈을 벌 수 있다. 누군가 당신에게 들려주는 이런 머니 스토리를 살면서 몇 번이나 들어봤는가? 게으르지만 않았어도 훨씬 부자가 됐을 거라고 스스로 얼마나 자주 되뇌었는가? 성공하려면 언제나 마지막까지 쥐어짜야 한다는 얘기는 대체 어디서 나온 걸까? 뼈 빠지게 일해봤자 아무 소용이 없다고 깨달은 게 또 몇 번이던가?

내가 아는 어느 작가이자 가정교사도 정확히 그런 일을 겪었다. 마흔 살이던 그녀는 빌린 차고에 살며 낡아빠진 자동차를 몰았다. 프리랜서 작가였던 그녀는 열심히 일하면 돈을 벌 수 있으리라고 믿어 의심치 않았다. 어느 시점엔 '배고픈 예술가'로서 생계를 이어가기 위해 작은 뜨개 소품을 팔기도 했다. 어느 날, 그녀는 자신이 일을 따내려 메일을 돌리고, 통화 일정을 잡고, 계약을 따내고, 키보드 앞에 앉아 고객을 위해 정성껏 작업을 마무리하느라 얼마나 고군분투하고 있는지 돌아본 끝에, 시간당

1달러도 안 되는 '거금'을 벌고 있다는 사실을 깨달았다!

한때 록밴드 멤버였던 그녀는 혹여 자신의 글로 큰돈을 번다면 신념을 저버리는 거라고 스스로 되뇌었다. 창작자의 길을 걷는다는 건 결국, 얼마간의 고난과 갈등이 따르는 게 당연하다고 여겼다.

하지만 그녀는 가난하고 고달픈 삶에 신물이 났다. 그래서 생각과 믿음이 현실을 빚어낸다고 말하는 자기계발서를 체감상 수백만 권은 읽어치웠다. 그리고 스스로 되뇌었던 이야기들을 돌아보기 시작했다. 나는 작가로 돈을 벌 수 없어. 돈은 나쁜 거야. 부자들은 역겨워. 그러다 문득 이런 생각이 들었다. 이런 부정적인 것들을 마음에 품을 수 있었다면, 대신 멋들어진 생각을 품을 수도 있지 않을까?

그 순간 그녀는 자기 생각과 신념, 말과 행동에 책임을 지겠다고 다짐했다. 이제껏 그 반대의 증거들을 얼마나 쌓아왔는지는 신경 쓰지 않기로 했다. 가족들이 비웃는다면, 그러라고 하자. 낡은 머니 스토리가 아직 남아 있대도 더 이상 중요치 않다. 그녀는 부유한 삶을 떠올리며 설렘을 느끼는 자신을 받아들이고, 사업가로서 제대로 생계를 꾸려보겠다는 목표를 이루기 위해 무엇이든 하기로 했다.

그녀는 동기부여 코치를 찾았다. 코치를 고용하는 일이 가능성 없는 무모한 투자라는 생각에 굴복하는 대신, 모든 걸 걸기로 했다. 그렇게 자기 자신에게 투자하여, 어떠한 두려움이 밀려와도 코치의 제안에 따라 모든 과제를 실천했다.

한때 배고픈 예술가였던 젠 신체로 Jen Sincero는 이제 전 세계 사람들을 지도하며 그들의 삶과 일터를 변화시키는 데 힘을 보태고 있다. 그녀는 수백만 부가 팔린 첫 번째 〈뉴욕타임스〉 베스트셀러《사는 게 귀찮다고 죽을 수는 없잖아요? You Are a Badass》를 포함, 자신의 여러 책을 통해 수백만 명의 사람들을 도왔다. 이 모든 일은 그녀가 돈을 둘러싼 자신의 믿음 속으로 깊이 파고들어 그 생각을 이해하고 변화시키겠다고 의식적으로 결정했던 순간에 시작되었다.

머니 스토리가 조종하는 대로 이끌리며 살아가기란 너무나 쉽다. 자신의 머니 스토리가 무엇인지, 왜 그런 믿음을 품게 되었는지 시간을 들여 스스로 묻지 않는다면, 변화의 기회조차 얻을 수 없다. 하지만 당신은 지금부터 시작할 수 있다.

당신의 머니 스토리

당신이 좀 더 수월하게 돈을 벌어볼 준비가 됐다면, 자신의 머니 스토리를 온전히 자각하는 것부터 시작하자. 당신의 삶에 돈이 들어오고 나가는 모습을 지켜보며, 돈을 어떻게 쓰고 있는지, 그렇게 쓰는 이유는 무엇인지 스스로 답해보길 바란다.

재정적으로 자유롭다는 건 돈을 얼마나 버느냐, 통장에 얼마가 있느냐의 문제가 아니란 걸 명심하자. 겉으로는 끝 모를 부를 가진 것처럼 보이는 백만장자나 억만장자들조차도 내면에선 고통을 겪으며 외롭고 비참하게 살아가기도 한다. 재정적 자유는 하나의 상태이며, 당신이 돈과 맺고 있는 관계와 자존감에 깊이 맞닿아 있다.

관계의 궤도를 바꾸고 재정적으로 평화롭고 안정된 삶에 한 걸음 다가가고 싶다면, 이제는 돈과 진솔한 대화를 나눌 때다. 지금 당장은 당신이 왜 그런 식으로 행동하는지 정확히 이해하지 못할 수도 있다. 하지만 괜찮다. 여유를 가지고 관찰자가 되어보자. 관찰한 사실에 판단이나 죄책감, 수치심을 덧붙이지 말고, 머니 스토리에 관한 다음 일곱 가지 질문에 답하며 현재 당신이 돈과 어떤 관계를 맺고 있는지 살펴보자.

1. 어린 시절 돈에 대해 무엇을 배웠는가? 어린 시절 경험을 돌아보면 돈에 대한 다양한 감정·믿음·행동이 어디서 비롯되었는지 이해하는 데 도움이 된다. 부모나 보호자, 형제자매나 친구들은 돈에 대해 어떤 식으로 이야기했는가? 부유함이나 가난함을 어떻게 경험했는가? 돈과의 관계에 어떤 부분에 영향을 받았는지 돌아볼 수 있다면, 돈에 대한 감정과 상호작용 방식을 좀 더 수월하게 변화시킬 수 있다.

2. 현재 돈과 맺고 있는 관계는 어떠한가? 가능한 한 솔직하게 마음을 열어보자. 이 순간 당신은 돈에 대해 어떻게 느끼는가? 스트레스를 받는가 혹은 화가 나는가? 아니면 설레거나 기대되는가? 떠오르는 다른 단어가 있는가? 살면서 몸에 익은 습관은

무엇인가?

3. 돈에 대한 진실은 무엇이라고 생각하는가? 돈을 향한 믿음이 당신의 행동을 이끈다. 돈은 좋은 것인가, 나쁜 것인가, 혹은 어느 쪽도 아닌가? 돈은 하나의 도구인가? 아니면 성공의 척도? 지위의 상징? 혹은 그 밖의 무엇인가? 돈은 특정한 사람만 가질 수 있는가 아니면 모두에게 충분한가? 돈을 향한 당신의 믿음을 인식하고 나면, 그 가운데 무엇이 진실이고 무엇이 거짓인지 분간할 수 있다.

4. 당신의 감정이 소비나 저축에 어떤 영향을 미치는가? 재정적 결정이 감정에 의해 좌우된다면, 물건을 소비하는 이유를 온전히 이해하지 못할 수도 있다. 기분이 좋을 때나 혹은 스트레스를 받거나 지루할 때, 쇼핑하거나 온라인을 둘러보는가? 혹여 무언가 놓칠까 두려워 수시로 은행 잔고를 확인하는가? 그런 행동이 어디서 비롯되었다고 생각하는가?

5. 재정적으로 가장 두려운 것은 무엇인가? 두려움은 행동에 불을 지핀다. 돈에 있어 가장 두려워하는 것이 돈을 다루는 방식을 결정한다. 빚이 걱정되는가? 원하는 시점에 은퇴할 수 없을까 봐서 불안한가? 잊지 말자. 지금은 스스로 돌아보는 시간이지 자신을 탓하거나 부끄러워하는 시간이 아니다. 당신이 품고서 살아가는 두려움을 깨닫는 것이 중요하다. 그래야 두려움에 마주하고, 당신을 붙들고 있는 그 두려움의 손아귀에서 벗어날 수 있다.

6. 돈과 관련된 이야기를 할 때 어떤 단어를 사용하는가? 사용하는 언어가 마인드셋을 드러낸다. '다행이다, 빌리다, 할인, 대출, 청구서' 같은 단어들을 주로 사용하는가? '투자하다, 저축하다, 부풀리다, 풍족한, 번창한, 기업가' 같은 단어들은 어떤가?

7. 돈과의 관계가 어떻게 변했으면 하는가? 가고자 하는 방향이 분명할수록 목적지로 향하는 길은 언제나 더 수월한 법이다. 돈과의 이상적인 관계는 어떤 모습인가? 어떤 상황에서 재정적으로 충만하고 금전적으로 평화롭다고 느껴질까? 이렇게 새로운 관계를 그려본다면 동기를 잃지 않고 계속해서 앞으로 나아가는 데 도움을 받을 수 있다.

돈과 관련된 측면에서 당신의 생각과 감정, 행동을 이해하려 노력할수록, 당신의 머니 스토리를 변화시켜 성장할 기회도 그만큼 많아진다.

이제 머니 스토리를 좀 더 깊이 이해하게 되었으니, 당신의 금전적 여정이 흘러갈 방향을 뚜렷이 하기 위해 잠시 멈춰 한 가지 질문을 더 생각해 보자.

"당신에게 부유하다는 건 어떤 의미인가?"

과거 학자금 대출을 갚느라 애쓰던 시절, 라밋 세티^{Ramit Sethi}가 쓴 〈뉴욕타임스〉 베스트셀러 《부자가 되는 법을 알려드립니다 will Teach You to Be Rich》를 읽었다. 자신이 출연했던 넷플릭스 시리즈 〈나만 몰랐던 부자 되는 법 How to Get Rich〉에서 라밋은 의뢰인들과 마주 앉아 그들의 재정 상태를 진솔하게 들여다보며 각자가 그리는 부유한 삶에 한 걸음 더 가까이 다가갈 수 있도록 돕는다. 그는 각 의뢰인에게 부유한 삶이란 무엇인지 정의해 달라고 요청한 뒤, 의뢰인들과 함께 현재 재정 상황과 그들이 원하는 삶 사이의 간격을 줄여나간다.

이 프로그램에서 흥미로웠던 건, 어떤 커플들은 부유한 삶의 모습을 서로 비슷하게 그렸던 반면, 어떤 커플들은 전혀 다르게 그리고 있다는 사실이었다. 자신의 약혼자를 '꿈꾸는 사람'이라고 부르던 한 예비 신랑은 자신을 '꿈을 짓밟는 사람'으로 여기고 있음을 털어놓으며 본인도 깜짝 놀란다. 다른 남성은 자신을 돌보느라 힘들게 일하셨던 어머님이 은퇴하실 수 있을 만큼 충분한 돈을 벌고자 했고, 처음엔 조기 은퇴를 원한다고 말하던 또 다른 부부는 결국 아이들과 함께하는 한 달짜리 휴가를 택한다.

의뢰인들이 부유한 삶을 어떻게 정의하건, 라밋은 그들에게 몰두할 수 있는 지향점을 제공하는 '공유된 삶의 시각화 훈련'을 제시한다. 진심으로 원하는 바에 집중하면, 빚이나 충동구매처럼 원치 않는 것들에 마음을 빼앗기지 않을 수 있다. 라밋의 도움 없이도 자신들이 처한 재정적 상황을 극복할 수 있었다면 의뢰인들은 벌써 그렇게 했을 것이다. 하지만 그들에게 몰두할 수 있는 구체적인 계획이나, 돈을 둘러싼 그들의 생각과 감정, 행동을 인지하고 처리하도록 도와주는 사람이 없다면, 뜯지도 않은 고지서가 쌓여만 가는 상황에서는 부유한 삶을 꿈꾸는 것조차 불가능하다고 여기게 되기 십상이다.

이제 당신 차례다. 지금까지 당신의 이야기가 어떻게 흘러왔는지 돌아봤다면, 지금부터는 앞으로 자신의 모습이 어떻게 변할지 상상해 보자. 포기하거나 굴복하는 대신, 새롭게 선택할 시간이다. 당신의 머니 스토리는 환경을 만들고, 그 환경에 따라 자신만의 고유한 머니 스타일 본능이 피어날 수도, 시들 수도 있다.

당신의 전략
첫 번째 연습: 거짓을 뒤집어라

이번 장에서 우리는 사람들이 돈과 관련해 가장 힘들다고 말하는 장애물들을 살펴봤다. 어쩌면 당신 역시 이 중 몇 가지를 마음에 품고 있을지도 모른다. 하지만 솔직히 말해도 될까? 이런 이야기는 당신이 스스로에게 들려주고 있는 거짓이며, 이런 거짓으로 인해 돈에서 멀어지는 것이다. 거짓에 맞서려면 이야기를 뒤집어 진실로 대체하는 방법만이 유일하다. 그게 이 연습의 목적이다.

다음 나오는 각 주제의 밑으로 두 개의 문장을 적어보자. 첫 번째 문장에는 장애물에 관해 당신이 마음에 품고 있는 거짓을, 두 번째 문장에는 그 거짓을 반박하는 진실을 적으면 된다. 예를 들어, 시간 부족 문제에 관해 당신은 "부수입을 낼 수 있는 무언가를 창출하고 싶지만, 하루 종일 일하고 퇴근해서 가족들 챙기다 보면 시간이 없어요"라고 말할지도 모른다. 하지만 잠시 멈추고 이 문장을 곱씹어 보면, 당신이 SNS를 뒤적이거나 스트리밍 프로그램을 몰아 보느라 하루에 적어도 세 시간씩 쓰고 있다는 사실을 깨닫게 된다. 이런 새로운 관점을 바탕으로 다음과 같은 진실을 적을 수 있다. "내게도 다른 이들만큼의 시간이 주어졌다. 내가 좀 더 의식적으로 시간을 활용한다면 여분의 시간을 찾아 수입을 늘릴 수 있다."

이해되었는가? 이제 당신 차례다.

교육 부족
거짓: _____
진실: _____

시간 부족
거짓: _____
진실: _____

집중력 부재
거짓: _____
진실: _____

자산 부족

거짓: _____

진실: _____

미지에 대한 두려움

거짓: _____

진실: _____

자기 부정

거짓: _____

진실: _____

돈은 나쁜 거라는 생각

거짓: _____

진실: _____

자기 파괴

거짓: _____

진실: _____

인맥 부족

거짓: _____

진실: _____

축하한다. 거짓을 파헤치고 이야기를 뒤집어 보았다면, 힘이 솟는 게 느껴질 것이다. 당신은 자신의 머니 스토리를 새롭게 써 내려가는 길 위에 서 있다.

두 번째 연습: '부유함'을 정의하라

지금껏 우리가 살핀 이야기들에서, 그리고 어쩌면 당신이 살면서 마주친 사람들에게서 알 수 있듯이 '부유함'은 다양한 방식으로 정의할 수 있다. 이런 정의들 가운데 대부분은 돈과 큰 관련이 없다. 진정으로 수월하게 돈을 벌고자 한다면, 당신이 정의하는 '부유함' 속에서 돈이 어떤 위치를 차지하는지 알아야 한다.

이번 연습에서는 당신을 부유하다고 느껴지게 하는 것들에 대해 자유롭게 떠올리고 그걸 문장으로 적어보자. 친구들과 함께하는 근사한 식사일 수도 있고, 새로운 곳으로 떠나는 여행이나 가족과 함께하는 나들이, 새로운 취미를 익히는 일일 수도 있다. 책을 쓰거나 자신을 극복하는 일, 자신을 바라보는 관점을 바꾸는 일이 될 수도 있다. 은행 잔고가 넉넉하거나 청구서 걱정만 없어도 되는 상황일 수도 있고 해변의 별장 생활이나 캠핑카를 타고 떠도는 생활도 가능하다. 부유함을 어떻게 정의하건 상관없다. 중요한 건 그 의미를 분명히 하고 살펴보는 일이다. 부유하다는 자신만의 정의를 이해함으로써 당신은 매일매일이 부유한 하루가 되는, 새로운 머니 스토리로 이어지는 경험에 집중할 수 있다.

해야 할 일은, 사소해 보이건 거창해 보이건 마음속에 떠오르는 것들로 빈칸을 채우는 것뿐이다.

나는, _____
_____
_____할 때 부유하다고 느낀다.

예시: 여자친구에게 새로운 기타 연주곡을 들려줄 때 부유하다고 느낀다. 여권에 새로운 도장이 찍힐 때 부유하다고 느낀다. 오랜 친구들에게 그들이 내게 얼마나 소중한지 글이나 말로 전할 때 부유하다고 느낀다.

세 번째 연습: 매일 밤 돌아보라

돈에 대한 믿음의 근육을 키우기 위해 반성 일기를 적어보자. 이 연습은 돈에 얽힌 거짓을 밝히고 사실에 대해 객관적으로 다룸으로써, 새로운 머니 스토리를 써나가는 데 도움을 준다. 판단이나 죄책감, 수치심은 배제하고, 하루를 마무리하며 스스로 몇 가지 질문을 던져보자.

- 오늘 하루 내 생각이나 감정은 어땠는가?
- 돈에 기반한 내 생각이나 감정은 주로 어디에 머물렀는가?
- 부정적인 생각이나 감정이 들었을 때, 나는 어떻게 반응했는가?
- 오늘 나 자신이나 돈과의 관계에 있어 배운 게 있다면 무엇일까?

질문에 어떻게 답하든, 당신은 배우고 성장하는 중이다. 매일 밤 되돌아보는 습관을 들인다면 강점이 드러나는 부분과, 성장이 필요한 부분을 파악하는 데 도움이 되는 패턴을 발견하게 될 것이다. 잠재의식 속 감정과 생각을 의식 위로 끌어올리는 것만으로도 더욱 풍요롭고 충만한 삶을 창조하는 길을 향해 커다란 한 걸음을 내디딘 셈이다.

제3장

당신의 머니 스타일
Your Money Style

여기서 질문. 당신은 씀씀이가 큰 사람, 절약가, 쇼핑족, 수전노, 투자자 가운데 어떤 사람인가? 누군가가 당신을 이 가운데 하나로 부른 적이 있는가? 나는 이런 유형이나 이와 유사한 틀에 당신을 밀어 넣도록 고안된 온라인 퀴즈를 수도 없이 본다. 어쩌면 돈에 접근하는 방식이 마치 고정된 정체성의 일부인 양, 스스로 그런 사람이라고 당신이 먼저 말했을지도 모른다.

하지만 만약 돈과의 관계에서 절약가라느니 씀씀이가 헤프다느니 하는 말들이 그저 당신에게 붙은 꼬리표일 뿐이라면 어떨까? 그런 표현들은 당신이 어떤 사람인지 혹은 어떤 사람이어야 하는지를 보여주지 않는다. 이렇게 생각하니 해방감이 드는가? 설레는가? 어쩌면 조금은 두려운가?

물론, 당신의 성격 속에 타고난 행동 성향이 내재해 있다는 건 사실이다. 어떤 사람들이 본래 조금 더 내향적이거나 외향적인 것처럼, 당신 역시 돈을 쓰거나, 저축하거나, 투자하려는 기질을 타고났을지도 모른다. 이런 타고난 성향이 내가 머니 스타일이라고 말하는 것을 만든다. 하지만 이런 고유한 머니 스타일은 머니 스토리, 즉, 당신에게 일어났거나 당신이 겪었던 일들에 의해 형성된다.

머니 스타일이란 당신 안에 내재한 성향의 결과라고 생각하면 도움이 된다. 당신은 그런 성향을 선택하지 않았다. 가지고 태어났을 뿐이다. 분명 주변 환경의 영향력은 지금의 당신을 형성했고, 심지어 당신의 머니 스토리 속 고통스러운 부분을 피하려는 방식에 영향을 줄 만한 상처를 남기기도 했을 것이다. 하지만 따지고 보면, 어떤 부분들은 분명 당신의 행동 DNA에 새겨져 있다. 결국 머니 스타일은 당신이 해온 선택과, 다른 사람들의 행동에 당신이 보인 반응에서 비롯된 셈이다.

하지만, 타인이나 당신 스스로가 자신에게 덧씌운 꼬리표는 대개 당신의 스토리가 빚어낸 스타일이라는 결과일 뿐, 당신이 어떤 사람이라거나 어떤 사람이어야 하는지에서 파생된 것은 아니다. 결국 당신의 스토리도, 스타일도 돈과 관련된 미래 전략을 결정짓진 않는다. 하지만 일단 당신의 이야기와 스타일을 파악하고 나면, 자신만의 머니 전략을 고안하기 위해 무엇을 바꿔야 할지 스스로 결정할 수 있다. 나는 이를 머니 전략 공식$^{\text{Money Strategy Formula}}$이라고 부르는데, 그것은 다음과 같다.

스타일 × 스토리 = 전략

당신의 타고난 머니 스타일에 머니 스토리를 곱하면 방정식의 한쪽이 완성된다. 하지만 당신은 성장해 나가며 자신의 스타일을 이해하고 스토리의 방향을 정할 수 있다. 이를테면, 좀 더 풍요로운 삶 속으로 당신을 데려다 놓을 전략을 세우기 위해 스토리를 변화시킬 수 있다.

<u>당신은 단순히 스타일과 스토리의 산물이 아니다. 당신은 변할 수 있다.</u> 그리고 그렇게 변화할 때, 앞으로 만들어갈 자기 모습의 일환으로서 스스로 자신만의 머니 전략을 세울 수 있다.

머니 전략 공식의 첫 번째 요소인 머니 스타일부터 뜯어보자. 우리 개개인은 특정한 행동 성향을 지닌 채 이 세상에 태어난다. 그리고 성장하는 과정에서 돈과 관련된 경험에 얽힌 수없이 많은 소소한 감정들이나 영향을 통해 이런 성향을 다지게 되고, 이런 과정을 끊임없이 반복한다. 당신은 다른 사람들이 돈에 반응하는 모습을 지켜보고, 돈과 관련된 가르침을 받으며, 돈에 관한 어떤 믿음을 품기도 한다. 심지어는 돈을 둘러싼 상황 속에서 어떻게 하면 다른 사람들과 최선의 관계를 맺을 수 있을지 고민하는 시간을 거치며 학습된 행동을 발전시키기도 한다. 이런 행동은 기본 설정값처럼 작동하기에, 압박감이나 두려움, 불안감을 느낄 때면 자연스럽게 튀어나온다.

당신의 스토리도, 스타일도
돈과 관련된 미래 전략을
결정짓지는 않는다.

Neither your
style nor
your story
determines
your future
strategy.

– 루이스 하우즈

당신의 타고난 머니 스타일을 파악하는 데 도움을 줄 간단한 진단 도구를 마련했다. 하지만 명심하자. 우리는 이 도구로 당신의 심리를 분석하거나 심층적인 정신 상태를 파악하려는 것이 아니며, 재정적 조언을 제공하려는 것도 아니다. 우리는 당신의 행동 DNA에 새겨진 뚜렷한 성향을 알아보기 위해 넓게 붓질하듯 그림을 그리는 중이다. 또 하나 중요하게 주목해야 할 점은, 어떠한 스타일도 다른 스타일보다 우월하지 않으며, 스타일마다 고유하게 타고난 장점과 잠재적인 단점이 함께한다는 사실이다.

잠시 시간을 내어, 네 가지 머니 스타일 중 어느 것이 당신과 가장 가까운지 확인해 보자. 다음 제시된 상황을 읽고 당신이 취할 가장 그럴듯한 반응을 선택하면 된다. 어떤 상황은 분명하게 돈과 연관이 있고, 어떤 상황은 특정한 경우에 드러나는 타고난 성향을 파악하기 위해, 전반적인 삶의 자극에 당신이 어떻게 반응하는지를 살핀다. 정답도 오답도 없으니 너무 깊게 고민하진 말자.

1. 당신의 사촌이 '절대 놓쳐선 안 될' 투자 기회가 있다고 알려온다. 당신의 반응은?

    A. 숫자로 보여달라고 한다. 수지가 맞으면 바로 들어간다.

    B. 좋은 기회 같아 당장 뛰어들고 싶다. 나머진 하면서 알아가면 된다.

    C. 꿈을 좇는 사촌에게 박수를 보낸다. 좀 더 응원하고 싶지만, 관

계에 해가 되지 않도록 가능한 한 자세히 살피고 싶다.

D. 사업 계획과 계획에 관한 수치를 보여달라고 한다. 직접 조사에 나서기 전에 사촌이 제대로 준비했는지 확인하고 싶다.

2. 축하한다! 당신에게 뜻밖의 큰돈이 생겼다. 당신의 반응은?

A. 사업을 시작해 CEO가 되겠다는 꿈에 박차를 가한다.

B. 기쁨을 만끽하며 가족·친구들과 함께 세계로 여행을 떠나 잊지 못할 추억을 쌓는다.

C. 혹시 도움이 필요한 사람이 없는지 가족과 주변 친구들을 살핀다.

D. 은행 계좌에 안전하게 넣어두고, 가장 현명한 방법으로 돈을 쓰기 위해 예산을 분석하고 계획을 세운다.

3. 얼마간 모은 돈으로 투자하려 한다. 투자하기 전 재정 상황을 검토하기 위해 재정 상담사에게 연락을 취했다. 당신이라면?

A. 상담사가 계획하는 것보다 크게 자산을 불릴 수 있도록 새로운 투자 방안을 모색하게 할 질문들을 준비한다.

B. 세부 사항들을 완전히 숙지하지 못한 탓에 대화를 앞두고 약간 긴장되지만, 상담사와 이야기를 나눌 생각에 즐겁다.

C. 가족의 재정적 미래를 굳건히 할 기회를 반갑게 맞이한다. 상담 전에 가까운 사람들에게 필요한 부분이나 궁금한 사항이 있는지 확인한다.

D. 상담에 대비해 개인적으로 수집한 모든 자료를 분석하고 수치를 점검하며 철저히 준비한다.

4. 친구들이 단체 채팅으로 주말에 같이 놀자며 의견을 묻는다. 당신의 반응은?

A. 나 근사한 식당 하나 알아. 예약 잡아 놓을게. 근처 극장에 후기가 괜찮은 공연도 있던데, 표 미리 예매하면 되겠다.

B. 좋아! 시내 돌아다니면서 느낌 가는 대로 골라보자. 저녁 먹고 공연도 괜찮고, 또 재밌는 게 있겠지. 그때 가서 정하자.

C. 다들 식당은 어디가 좋아? 보고 싶은 공연 있어? 난 다 좋아, 정해지는 대로 갈게.

D. 저녁 가격대는 어느 정도로 잡을까? 토요일 저녁이라 예약이랑 주차도 따져봐야 할 거야. 내가 몇 군데 알아볼게.

5. 방금 온라인에서 '덜 쓰고 더 모으기' 30일 챌린지를 발견했다. 당신의 반응은?

A. 이런 챌린지 너무 좋다. 하지만 계획을 앞당겨, 15일이면 같은 성과를 낼 수 있을 것 같다.

B. 재밌어 보이고 효과도 있을 것 같다. 그래서 생각한다. 뭐 어때? 한번 해보는 거지.

C. 친구들이 동참할 수도 있으니 몇몇 친구들에게 챌린지 링크를 공유한다.

D. 시작하기 전에 온라인으로 챌린지가 믿을만한지, 구체적으로 무엇을 하는 건지, 후기는 어떤지 찾아본다.

6. 마침내 마음에 드는 집을 찾았는데, 예산보다 비용이 조금 더 든다. 당신의 반응은?

　　A. 당신이 원하는 물건이니, 계약을 성사할 방법을 찾는다.

　　B. 일단 계약한다. 꿈을 좇으면 좋은 일이 일어나기 마련이다. 운명이라면 잘 풀릴 거다.

　　C. 믿을 만한 친구나 함께 살 사람과 의논한다. 그들에게도 괜찮다면 계약할 테지만 확신을 얻고 싶다.

　　D. 예산을 다시 짜서 방법이 나온다면 계약할 수도 있다. 그렇지 않다면 이번 기회는 넘길 듯하다.

7. 계산대에 줄을 서서 기다리는데 가장 좋아하는 간식이 눈에 들어온다. 당신의 반응은?

　　A. 일하려면 힘을 내야 하니, 고민할 것도 없다. 당장 집어 든다.

　　B. 당신의 하루를 밝혀주고 즐거운 아침에 활력을 불어넣을 텐데, 안 될 거 있나?

　　C. 장보기 목록에 없던 터라 하나 집을지 망설이다가, 직장에서 나눠 먹을 만한 걸 찾으려던 계획이 떠오른다. 완벽하다! 대용량으로 사서 동료들과 나눠 먹는다.

　　D. 열량뿐만 아니라 예산 앱을 살피며 살 만한지 확인한다. 조건

에 맞으면 기쁘게 집어 들고, 아니면 포기한다.

8. 좋아하는 온라인 쇼핑몰을 둘러보던 중, 예뻐 보이면서도 하나 보탠다고 크게 부담되지 않을 추천 상품이 보인다. 당신의 반응은?

   A. 고민하느라 시간 낭비하지 않고 그냥 추가한다. 예산이야 나중에 맞추면 되니 문제없다.

   B. 마음에 쏙 드는 추천이라 장바구니에 담는다. 운이 좋네! 하루가 더 특별해졌다.

   C. 다른 걸 살 생각이 없었으니 결정하기 전에 예산을 따져봐야 할 것 같다. 지금 이걸 사면 나중에 다른 걸 못 살 수도 있다. 일단 찜해두고 현재 주문대로 진행한다.

   D. 추천 상품을 조금 더 찾아볼 필요가 있다. 좋아 보이긴 한데 왜 이렇게 저렴할까? 다른 문제가 있는 건 아닐까? 일단 생각을 해보고 나중에 다시 오는 게 좋겠다.

9. 가족 구성원이 올해만 세 번째 재정적 지원을 요청해 온다. 당신의 반응은?

   A. 단호하게 거절한다. 돈을 주는 건 효과가 없다. 그들은 좀 더 나은 결정을 내릴 필요가 있다.

   B. 이번엔 다를 것 같고 가능성도 보인다. 여유가 되는 만큼 돈을 건넨다.

C. 일단 사정을 들어보고 그들에게 도움이 될 만한 다른 방안을 찾아본다. 미심쩍지만 가족관계를 위해 얼마쯤은 내어줄 것 같다.

D. 그들의 재정 계획을 검토하고, 건전한 습관을 기를 수 있는 강의를 끊어주겠다고 제안한다. 하지만 더 나은 결과로 이어질 뚜렷한 길이 보이지 않는다면 현금은 건네지 않는다.

10. 사업을 함께하던 오랜 친구가 금전적 손실을 끼친 상황에, 당신은 그 사업에서 손을 떼고 싶다. 하지만 친구가 당신을 붙잡기 위해 마지막으로 한 번만 이야기하자고 한다. 당신의 반응은?

A. 원하는 바가 분명하니, 왜 떠나려 하는지 사실에 근거해 솔직하게 설명하고 지금 물러나는 게 최선인 이유를 명확히 전달한다.

B. 친구의 말을 들어보고 그럼에도 떠나야겠다는 생각이 든다면 남지 않는다. 이번 사업이 아니더라도, 좋은 기회는 곧 찾아올 것이다.

C. 이런 대화는 늘 편치 않다. 친구가 울기 시작하면, 지표에 상관없이 떠나는 게 맞는 걸까 고민하게 된다.

D. 친구의 주장을 듣고 양쪽 선택지에 대한 근거를 정리한다. 놓친 것은 없는지 확실히 하고 신중하게 결정을 내리고 싶다.

이제 선택한 A~D 항목별 점수(개수)를 합산해 보자.

A _____ B _____ C _____ D _____

A가 가장 많다면 당신의 머니 스타일은 '감독관 Director'이다.
B가 가장 많다면 당신의 머니 스타일은 '에너자이저 Energizer'다.
C가 가장 많다면 당신의 머니 스타일은 '수호자 Shepherd'다.
D가 가장 많다면 당신의 머니 스타일은 '분석가 Analyzer'다.

나의 머니 스타일은 _____ 이다.

두 가지 스타일의 점수가 같다면 다음 설명을 통해 어떤 유형이 당신의 타고난 스타일을 가장 잘 묘사하는지 찾아보고, 각 스타일을 분석해 보자.

감독관. 이 스타일은 앞으로 나아가며 장애물을 뚫고 일을 완수하는 데 초점을 맞춘다. 감독관은 새로운 일을 시도하고 현재 상태에 도전하길 즐긴다. 이들에겐 성장과 발전이 전부이며 더 나은 방향으로 일을 키워나간다. 감독관들은 틀에서 벗어나 생각할 뿐만 아니라 어떻게 하면 그 틀을 날려버릴 수 있을지 고민한다. 성취 욕구가 강해 재정적 목표가 자연스레 중심에 놓이곤 한다.

감독관의 이점	감독관이 주로 하는 말
주도적	뭘 기다려?
결과 중심	돈으로 보여줘!
감정보단 사실을 선호	사실을 가져와.
도전에 위축되지 않음	우리 할 수 있어!
힘든 결정도 마다하지 않음	이건 안 되겠어. 방향을 바꿔보자.
압박감 속에서도 침착	당황하지 마. 내가 처리할게.
강한 행동력	일하자!

에너자이저. 이 유형은 사실상 거의 모든 일에 열정적이다. 이들은 사람들과 어울리길 좋아하며, 대개 모임의 활력소로 여겨진다. 일반적으로 에너자이저는 세세한 계획에서 오는 경직된 느낌을 좋아하지 않는다. 대신 상황에 맞춰가는 편으로, 재정적인 부분은 우주가 받쳐주리라 믿는다.

에너자이저의 이점	에너자이저가 주로 하는 말
기운을 불어넣음	앞으로가 기대돼!
낙관적 전망을 고수	한쪽 문이 닫히면 다른 쪽 문이 열리는 법이지.
다양한 선택과 기회를 선호	우리가 할 수 있는 게 많아.
재정 감각이 뛰어남	직감적으로 해야 할 것 같아….
즉흥적인 상황에 빛남	계획이 없다고? 문제없어.
큰 아이디어에 익숙함	꿈 한번 꿔보자!

수호자. 이 유형은 사람들과 원만하게 지내며 모두가 조화롭게 어울리도록 돕는다. 수호자들은 따뜻하게 환영하는 수용적인 분위기를 만드는 데서 빛을 발한다. 이들은 질문을 통해 재정적 결정을 내리는 경향이 있다. 이 결정이 다른 사람들에게 득일까 실일까? 내가 이렇게, 혹은 저렇게 하는 게 모두에게 괜찮을까?

수호자의 이점	수호자가 주로 하는 말
계획을 충실히 따름	계획대로만 따라가자.
새로운 일에 신중함	서두르지 말자.
한 번에 한 가지씩 집중	딴 데로 새지 마.
실제적 영향을 살핌	이게 어떤 영향을 미칠까?
재정적 긴장을 완화	당황하지 마. 같이 해결하자.
사실보다 감정을 중시	모두가 괜찮다고 여길까?
인내심을 갖고 기꺼이 기다림	길게 보자.

분석가. 이 유형은 질서와 체계를 좋아하고, 자신을 비교적 내향적이라고 여기는 경향이 있다. 이들은 실제 행동의 방향을 결정하기 전에 모든 재정적 결정을 분석하는 것을 선호한다. 돈을 움직이기 전에 깊이 파고들어 모든 요소를 확인하길 원한다. 분석가는 보통 이렇게 생각한다. 만약 모든 세부 사항을 제대로 이해하고, 믿을 만한 재정 계획을 세운다면 돈 문제는 전부 해결될 거야.

분석가의 이점	분석가가 주로 하는 말
일 처리에 능숙함	다음 할 일은 뭐야?
현실적이고 실용적	이게 어떻게 굴러가는 거야?
장애물을 헤쳐 나감	난 포기할 줄 몰라.
솔직함	그건 안 될 것 같아. 왜냐하면….
항상 계획과 일정을 가지고 있음	적당한 장소. 적당한 시간. 합당한 결과.
세부 사항을 꼼꼼히 챙김	그거 정확한 거야? 대충 어림잡은 거 아니지?
유용한 체계를 구축	왜 그런 걸 고민해? 시스템에 맡겨.

경직된 틀을 만들고자 이 유형들을 제시하는 게 아님을 명심하자. 사람마다 특성이 다르니, 누구도 하나의 유형에 정확하게 들어맞을 순 없다. 하지만 일반적으로 기본값처럼 작용하는 하나의 지배적인 유형이 있다. 어쩌면 타고난 성향의 일부라고 생각되는 유형이 두 가지일 수도 있다.

그림자 스타일

당신의 타고난 머니 스타일 성향을 파악하고 나면, 당신이 왜 그런 식으로 돈에 반응하는지 더 잘 이해할 수 있다. 하지만 모든 머니 스타일에 어두운 면이 숨어 있다는 사실을 알아두는 것 또한 중요하다. 나는 이것을 그림자 스타일이라고 부른다.

당신의 타고난 머니 스타일을 영웅이라고 친다면 그림자 스타일은 악당이라 할 수 있으며, 당신의 장점에서 비롯된 이점을, 성공을 가로막는 장애물로 바꿔놓는다. 인생에서 중요한 것들을 고려하지 않은 채 돈과 관련된 타고난 스타일만 지나치게 중시할 경우, 그 스타일은 짙은 어둠의 그림자를 드리울 수 있다.

감독관은 독재자가 된다. 항상 더 많이 성취하려는 욕구는 망가진 인간관계나 정신적 트라우마, 건강을 해치는 육체적 스트레스의 흔적을 남길 수 있다. 이 그림자는 목표를 성취하려는 욕구가 그 과정에서 치러야 할 '희생'을 압도하는 것처럼 보이는 순간, 삶의 가장자리를 따라 서서히 스며들기 시작한다.

독재자의 약점	독재자가 주로 하는 말
조언을 소중히 여기지 않음	네 생각 물은 적 없어.
유용한 습관이나 세부 정보를 챙기지 않음	그런 건 뭐 하러 확인해.
타인을 배려하는 데 서툼	나한테 잘 맞으니 좋은 거겠지.
스스로에게도 타인에게도 업무를 과중함	그래, 우리 그때까지 마무리할 수 있어!
건강을 챙기지 않음	오늘 바쁘니까 운동은 못 하겠다.
기다리기 싫어함	지금쯤이면 수익이 나야 하는데.
불만을 드러내고 무신경해 보임	그게 최선이야?

에너자이저는 괴짜가 된다. 즉흥성을 추구하려는 사람은 뚜렷한 계획 없이 남겨질 수도 있다. 그러다 보니 항상 그때그때 상황에 맞추게 되고, 재정적 문제에 빠지면 다른 사람의 손길에 기

대고 만다. 물론 이들은 모임의 중심에 설 수도 있지만, 이런 성향이 지나치면 다른 사람에게 피로감이나 부담을 줄 수 있다.

괴짜의 약점	괴짜가 주로 하는 말
인정받으려는 욕구	그래, 근데 너도 맘에 들어?
지나치게 낙관주의	어떻게든 될 거야.
집중력과 체계성 부족	그거 언제까지 제출하기로 했지?
스트레스를 받으면 감정적으로 변함	돈 얘기만 나오면 속상해!
되는대로 하다가 안 되면 도움을 요청	앗! 이것 좀 해결하게 돈 좀 빌려줄 수 있을까?
규칙과 절차를 무시	어떻게든 될 줄 알았지.
준비는 부족하지만 자신감은 넘침	뭐, 난 다 파악한 줄 알았지.

수호자는 호구가 된다. 모두를 행복하게 하려는 욕구는 수호자의 열정을 꺾고 자신감을 갉아먹으며 눈앞에서 우정이 시들어가는 결과를 낳을 수 있다. 이런 성향이 과도해진 사람들은 다른 사람이 자신의 재정을 해쳐도 의도치 않게 방치하고, 자기 자신을 돌보지 않으며, 자신이 쏟은 배려가 인정받지 못했다고 느낄 때 씁쓸함을 느낀다.

호구의 약점	호구가 주로 하는 말
자신의 욕구를 표현하지 못함	다들 그게 괜찮다면….
마지못해 동의하는 태도를 보임	그래 좋아. 그게 네가 바라는 바라면.

큰 그림을 그리지 못함	적어도 오늘은 누군가를 돕고 있으니까….
돈을 둘러싼 대립을 피함	그 얘기는 안 하는 게 좋겠어.
사람을 너무 쉽게 믿음	그들이 나한테 이럴 줄 몰랐어!
변화를 꺼림	이제껏 괜찮았으니, 이대로도 좋아.
행동을 취하지 않음	분명 어떻게든 될 거야.

분석가는 완벽주의자가 된다. 모든 게 딱 들어맞아야 한다는 갈망이 지나치면 오히려 무력해질 수 있다. 이 유형은 재정적 세부 사항이나 은행 잔고에 집착하며, 무언가 잘못될지도 모를 '만약의 상황'에 대비해 더 많이 쌓아두려는 경향을 보인다. 이런 성향은 삶의 즐거움을 앗아가고, 돈은 있으나 자유나 평안을 느끼지 못하는 상태에 자신을 가둘 수 있다.

완벽주의자의 약점	완벽주의자가 주로 하는 말
최악의 상황부터 떠올림	이건 아마 안 될 거야.
고립되거나 비밀스러워 보임	그 정보를 꼭 공유해야 해?
융통성이 없어 보일 수 있음	왜 내 계획을 바꿔야 하지?
규칙에 지나치게 의존	그냥 제대로 하는 법을 알려줘.
준비가 되어 있어도 자신감 부족	모르겠어…. 이 정도면 된 걸까?
완벽에 집착	…하기 전까지는 투자하지 않을 거야.
사소한 데 휩쓸려 길을 잃음	한번 확인해 볼게, 벌써 열 번째긴 하지만….

그림자 스타일이 까다로운 이유는 타고난 성향에 기대 행동할 때, 그 행동이 우리 개개인에게 너무나 '옳게' 느껴지기 때문이다. 하지만 그림자 스타일이 우리 삶의 다른 중요한 요소들에 미치는 영향을 외면한다면 만족스럽고 평안한 삶이 아닌 결핍으로 스트레스 받는 삶을 자초하게 된다.

곱셈 계수

일단 당신의 머니 스타일을 파악하고 나면, 공식의 두 번째 요소인 머니 스토리가 어떻게 그 스타일을 형성하는지 이해할 수 있다. 기억하자. 머니 스토리는 돈에 관한 당신의 생각과 행동 방식에 영향을 준 모든 사건의 총합이다. 여기에는 지금껏 당신이 해왔던 것들, 즉 돈과 관련해 마음속에 품었던 생각이나 믿음, 사고의 틀 역시도 포함된다.

이런 스토리는 일종의 촉매제로, 당신의 스타일이 드러나는 방식을 결정짓는 곱셈 계수처럼 작용하며 보통 다음 세 가지 방식 가운데 하나로 나타난다.

1. 일치한다. 이 경우는 당신의 스타일이 또렷하게 발현될 수 있는 자유로운 상황에서 모든 이점을 발휘하도록 독려받을 때 일어난다. 기본적으로 삶의 경험이 타고난 스타일과 딱 맞아떨어지는 순간, 삶은 만족스럽다. 하지만 솔직히 말해서 이렇게 완벽하게 일치하는 경우는 드물다. 어떤 영역에서는 쉽게 일치하

는 반면, 다른 영역에서는 그렇지 못하다. 예를 들어, 부모님이나 조부모님이 당신에게 돈과의 관계에 대해 알려줬다면, 당신은 당신의 스토리 속 그 부분에 있어 다른 부분보다 더 잘 맞아떨어진다고 느낄 수도 있다.

2. 증폭된다. 이 경우는 그림자 스타일이 발현될 때 나타난다. 어떤 상황에서는 장점의 가치가 증폭되어, 무심결에 건전하지 못한 방식으로 그 이점을 과도하게 앞세울 수 있다. 예를 들어, 그때그때 맞춰가도 일이 잘 풀렸던 경험이 쌓이면 그 방식이 당신의 단골 전략이 되고, 결국 돈과의 관계는 어긋나고 만다.

3. 축소, 왜곡된다. 이 경우는 여러 가지 이유로 인해 당신의 스토리가 타고난 이점을 억누르고 장애물에만 초점을 맞출 때 일어난다. 예를 들어, 부모가 당신의 진취성과 목표 달성 욕구를 제지하고, 대신 다른 사람들과 보조를 맞추는 데 집중하라고 부추겼을 수 있다. 물론 두 가지 모두 의미가 있지만, 이렇게 스타일이 위축되면 인생의 탁자 위에 최고의 자산을 남겨놓는 셈이다. 그 결과 당신은 강점이 아닌 약점의 자리에서 돈과의 관계를 이해하려 고군분투하는 가운데 답답함을 느끼게 된다.

당신의 머니 스토리 속으로 깊이 파고들어 이해하는 것이 중요한 이유가 바로 여기에 있다. 그래야 그 스토리가 당신의 타고난 머니 스타일을 어떤 식으로 드러냈는지 깨달을 수 있다. 일단 스토리를 인식하고 나면, 앞으로 그 스토리를 진척시키기 위해 스스로 행동에 나설 수 있는 힘을 얻게 된다.

케이티 밀크먼Katy Milkman은 펜실베이니아 대학교 와튼 스쿨 The Wharton School of The University of Pennsylvania의 교수로, 행동경제학 팟캐스트 〈초이솔로지Choiceology〉의 진행자이자 《슈퍼 해빗How to Change: The Science of Getting from Where You Are to Where You Want to Be》의 저자다. 나는 머니 스토리에 항구적인 변화를 주기가 쉽지 않다는 사실을 알고 있었기에 케이티에게 이렇게 물었다. "우리 행동을 더 나은 방향으로 바꾸기 위해 중요하게 알아두어야 할 것은 무엇이 있을까요?"[1]

그녀는 이렇게 말했다. "'내가 마주한 장애물은 무엇인가?'를 파악하세요. 그리고 그 장벽을 극복할 전략을 세우기 위해 맞춤형 도구들을 마련하는 겁니다."

지금쯤이면 당신이 어떤 장벽을 마주하고 있는지, 뚜렷한 미니 전략을 통해 스타일을 드러내는 데 있어 당신의 스토리가 제시하는 문제가 무엇인지 감이 오기 시작했을 것이다. 이런 장벽을 극복하기 위해 이번에는 머니 테라피를 받으며 돈과의 관계 속으로 깊이 파고들어 보자. 재무 코치와 일정을 잡거나, 재정 관련 수업에 참여하거나, 온라인 무료 자료들을 찾아보자. 이런 방법들은 케이티가 말한 '맞춤형 도구'를 개발하는 몇 가지 방식으로, 미래의 재정적 성공을 위한 효과적인 접근법을 세울 수 있다.

나는 변화가 가능하다는 것을 안다. 과거에 당신에게 일어났던 일이 반드시 미래의 가능성을 결정짓진 않는다. 무책임한·탐욕스러운·구두쇠·쏨쏨이가 헤픈 사람·절약가·수전노 등 돈과 관련해 과거에 어떤 꼬리표가 붙었든, 당신은 그 꼬리표를 떼어내고 당신이 되고자 하는 사람에 더욱 걸맞은 새로운 머니 전략을 세울 수 있다.

==하지만 핵심은 이렇다. 돈과 관련해 새롭게 시작하고자 한다면, 자신의 마인드셋에 주인의식을 가져야 한다.==

당신의 전략

앞의 머니 스타일 진단을 아직 마치지 않았다면 지금 해보자. 더 깊이 들어가고 싶다면, 다음의 연습을 시도하자.

첫 번째 연습: $DNA(머니 DNA) 배열

우리 몸속의 DNA는 성장과 발달을 위한 유전 지침을 담고 있다. DNA의 이중나선 구조는 이 지침을 안정적으로 유지하는 골조 역할을 한다. 마찬가지로, 당신의 $DNA는 돈을 벌고 그 돈을 불리는 방법에 관한 지침을 전달하는 안정적인 골조라고 할 수 있다.

당신의 $DNA는 당신이 겪은 **경험**과 주변에서 받은 **영향**을 바탕으로 만들어진다. 그리고 그 경험과 영향이 돈을 향한 당신의 **감정**을 결정한다. 내 경우로 예를 들자면, 아버지의 고객에게서 돈을 훔쳤던 경험이 $DNA의 첫 번째 가닥을 만들었다. 그리

당신은 당신이 되고자 하는 사람에
더욱 걸맞은 새로운 머니 전략을
세울 수 있다.

You can create
a new Money
Strategy that
better aligns
with who you
want to become.

– 루이스 하우즈

고 그 일에 대한 아버지의 분노가 돈을 바라보는 내 관점에 영향을 미쳤고, 그것이 다른 가닥이 되었다. 그 사건으로 내가 느꼈던 수치심, 분노, 무력감 같은 감정들이 두 가닥을 서로 이어주었다.

당신의 $DNA는 어떤 모습인가? 잠시 시간을 내어 자신의 머니 스토리로 이어진 몇몇 경험을 떠올려 보자. 각 경험이 당신에게 어떤 영향을 끼쳤는지 적고, 그 과정에서 어떤 감정들이 생겨났는지 분명하게 살펴보자. 이 세 가지가 서로 어떻게 연결되어 있는지 이해할 때, $DNA를 '재배열'하고 새로운 이야기를 써나갈 수 있다.

경험: _____

그 경험에 대해 스스로에게 들려주고 있는 감정 이야기:

_____

_____

_____

경험: _____

그 경험에 대해 스스로에게 들려주고 있는 감정 이야기:

_____

_____

_____

경험: _____

그 경험에 대해 스스로에게 들려주고 있는 감정 이야기:
_____
_____
_____

경험: _____

그 경험에 대해 스스로에게 들려주고 있는 감정 이야기:
_____
_____
_____

경험: _____

그 경험에 대해 스스로에게 들려주고 있는 감정 이야기:
_____
_____
_____

Step 2

머니 마인드셋을 재설정하라

지금까지 당신의 머니 스토리와 머니 스타일에 대해, 그리고 머니 전략을 바꿀 수 있는 당신의 힘에 대해 충분히 알아봤으니, 이제 돈과의 관계에서 리셋 버튼을 누를 차례다. 우선 과거를 돌아보며 돈과 맺은 관계를 치유하고, 그다음 당신의 의미 있는 사명과 돈이 어떻게 맞물리는지 살펴야 한다. 두 가지가 서로 균형을 이뤘을 때 비로소 머니 마인드셋을 재설정할 준비가 된다. 이것이 두 번째 단계로, 새롭게 개선될 돈과의 관계를 위한 기반을 쌓는 작업이다. 모든 사람은 자신만의 이야기를 써나가므로, 당신의 이야기와 그 결실은 나와는 다를 것이다. 내가 이 이야기를 전하는 이유는 당신의 여정에 기운을 북돋우고, 정보를 제공하며, 자신감을 불어넣기 위함이지, 맞춤형 재정적 조언을 건네려는 것이 아니다. 자, 이제 마인드셋을 새롭게 다져보자!

제4장

돈과의 관계를 치유하라
Heal Your Relationship with Money

동전만 있으면 아이들이 사탕을 살 수 있던 시절, 여덟 살 난 쌍둥이 형제는 아버지에게서 25센트 동전을 하나씩 받았다. 두 아이는 반짝이는 25센트 동전으로 무엇을 살 수 있을까 고민하며 동네 상점을 향했다. 한 아이는 주머니에 안전하게 동전을 넣은 상태였다. 그리고 다른 아이는 공중으로 동전을 튕겼다 다시 잡을 때마다 싱긋 웃으며 행복하게 걸음을 옮기고 있었다.

하지만 그것도 잠시뿐이었다. 손이 닿지 않는 곳으로 튀어오른 동전이 길가의 하수구로 떨어지고 말았다. 공포에 질린 눈으로 그 모습을 지켜보던 소년은 곧장 덮개 위로 몸을 던지고 좁은 틈새 사이로 닿는 데까지 팔을 뻗어보았다. 하지만 바닥에 손이 닿지 않아 끝내 동전을 건져 올릴 수 없었다. 실망감에 뱃속이 뒤틀리며 구역질이 났다. 새로 산 풍선껌을 씹으며 나오는 쌍둥이 형제를 본 순간 울음이 터져 나온 소년은 텅 빈 손으로 집으로 향했다.

형제가 집에 도착했을 때, 마당에서 아이들을 맞이한 아버지는 한 아이만 껌을 씹고 있다는 사실을 알아차리고는 물었다. "그래, 너는 뭘 샀니?"

아이는 시선을 피했다. 눈물이 차오르는 게 느껴졌다. "동전을 잃어버렸어요, 아빠."

"잃어버렸다니, 그게 무슨 소리냐?" 아버지의 목소리엔 질문보다 많은 것들이 담겨 있었다.

"그게, 동전을 튕기다가 그만…." 소년은 말문이 막혀 이야기를 잇지 못했다.

"돈 가지고 장난치면 안 되지!" 아버지는 버럭 소리를 지르더니 쿵쿵거리며 집 안으로 들어갔다. 마당에 외롭게 홀로 남겨진 아이는 뺨을 타고 다시금 흘러내리는 눈물을 느낄 수 있었다.

소년은 할아버지가 방금의 대화를 지켜보고 있었다는 사실을 알아차리곤, 무슨 말이라도 듣고 싶어 할아버지에게 다가갔다. 할아버지는 아이의 어깨를 끌어안으며 말했다. "돈을 가지고 놀면 안 된다는 건 네 아빠 말이 맞단다. 하지만 다르게 볼 수도 있지." 코를 훌쩍이던 아이가 할아버지의 얼굴로 시선을 돌리자, 할아버지는 찡긋 윙크하며 말을 이었다.

"어딜 가든 동전을 하나만 들고 다니면 안 된다는 거지."

이 어린 소년이 바로 그랜트 카돈Grant Cardone이다. 그랜트는 내게 그날 일이 어제처럼 생생하다고 말했다. 그는 여전히 돈을

제4장 돈과의 관계를 치유하라

장난스레 다뤄서는 안 된다고 믿고 있으며, 그가 돈에 관해 이야기하는 걸 들은 적이 있다면 알겠지만, 돈에 대해 매우 진지한 태도를 보인다. 또 한편으론, 돈은 언제나 넉넉할수록 좋다는 할아버지의 말에도 여전히 공감을 표한다.

그랜트는 돈을 잃을까 걱정하며 사는 대신, 돈을 소중히 다루는 법을 배움으로써 돈과 더 나은 관계를 맺는 방법을 터득했다. 그랜트는 내게 이렇게 말했다.

사람들 대부분은 돈에 대해 비밀스러워요…. 대개 자기 수입을 숨기고 싶어 하는 탓에 정확히 얼마를 버는지도 모르죠. 마약 중독자들은 자신이 약을 얼마나 맞는지 모르고, 알코올중독자는 자신이 얼마나 마시는지 몰라요. 무엇도 제대로 챙기지 않으니 결국 그 관계가 나빠지는 겁니다. 자신의 재정을 점검해야 해요. 저는 매일 아침 제일 먼저 재정 상황을 들여다봅니다. 그 덕분에 돈과의 관계가 훌륭한 거예요.

그랜트는 그 25센트짜리 경험을 자기 머니 스토리의 상처로 남겨둘 수도 있었다. 돈을 잃을까 봐 두려워하는 삶을 택할 수도 있었다. 하지만 그는 돈과의 관계에 뛰어들어 그 관계를 바로잡기로 했다. 그랜트의 의견에 동의하든 하지 않든, 그의 성공만큼은 부정할 수 없다. 현재 그랜트는 수십억 달러 규모의 자산을 운용하는 부동산 투자자이자 주식형 펀드 매니저이며, 20여 개

기업의 공동 창업자이자 투자자다. 그랜트가 했던 선택은 당신에게도 열려 있다.

알든 모르든, 당신은 돈과 관계를 맺고 있다. 지금까지 살펴본 것처럼, 그 관계는 당신의 머니 스토리에 따라 형성되어 왔다. 어린 시절 관찰과 경험을 통해 다른 사람과 어울리는 법을 배웠듯, 우리는 마찬가지 방식으로 돈과 관계 맺는 법을 배운다. 부모님이나 친척 어르신들을 비롯해 우리가 마주치는 사람들이 돈과 상호작용하는 모습을 바라보며 알아차린 사실들을 머릿속으로 해석한다. 다른 사람과의 관계를 치유하기도 어려운데, 하물며 돈처럼 복잡한 것과의 관계는 말할 것도 없다. 그러나 돈과의 관계를 개선해야 한다는 사실을 외면할수록 그 관계는 점점 더 나빠진다. 베스트셀러 작가이자 팟캐스트 〈온 퍼포스On Purpose〉의 진행자인 제이 셰티Jay Shetty는 이를 완벽하게 표현했다. "돈을 다루는 것을 불편하게 여길수록, 돈이 부족하다는 생각에 집착하느라 더 많은 시간을 쓰게 됩니다."[1]

돈과의 관계를 치유하지 않는 한, 그 무엇도 나아질 수 없다. 당신이 돈을 소중하게 여기지 않으면 돈도 당신을 아끼지 않는다.

내가 돈과 맺은 관계

나는 자라면서, 우리 가족에게 집은 있으나 내가 다니는 곳은 공립 학교이고 돈은 '나무에서 자라'는 게 아니라는 이야기를 끊임없이 들어왔다. 그리고 돈에 대한 이러한 인식은 소년들 대부분이 원하는 비디오 게임을 둘러싸고 일찍부터 시작됐다.

하루는 집으로 돌아가 닌텐도 게임기를 사 달라고 부모님을 졸랐다. 학교와 오락실에서 아이들이 신나게 게임 무용담을 늘어놓는 걸 들어왔던지라, 나도 그 무리에 끼고 싶었다. 부모님은 우리에겐 그런 걸 살 여유가 없다고 분명하고도 단호하게 말씀하셨다. 최신 장난감을 사달라고 할 때마다 같은 말을 반복하시는 부모님을 보며, 나는 그 문제에 대한 부모님 입장이 확고하다는 걸 알아차렸다.

여름날이면 동네 아이들이 길 아래쪽 교회 주차장을 가득 메웠다. 아이들은 롤러블레이드 하키를 할 때 골대로 쓰려고 커다란 파란색 재활용 쓰레기통을 주차장 양 끝에 뒤집어 놓았다. 우리는 팀을 나누고 경기를 시작했다. 하지만 롤러블레이드가 없는 건 나뿐이었다. 다른 아이들은 하키채를 들고 바퀴를 구르며 공을 쫓았다. 그리고 거기에, 낡아빠진 하키채를 빌려 들고 다른 친구들과 함께 골을 넣으려 운동화를 신고 뛰어다니는 내가 있었다. 부모님이 내게 롤러블레이드를 사주실 여유가 될 때까지 기다렸더라면, 나는 결코 아이들과 함께 어울릴 수 없었을 것이다.

내 어린 시절 대부분이 그랬다. 우리 집에 여유가 없다는 이유로 나는 언제나 약간 동떨어진 느낌이었다. 이를테면 잘나가

당신이 돈을 소중하게 여기지 않으면
돈도 당신을 아끼지 않는다.

If you don't care
for your money,
your money won't
care for you.

- 루이스 하우즈

는 아이들이 모임을 꾸렸을 때가 그랬다. 나도 그 모임에 들고 싶었다. 여덟 살이던 나는 그 모임에 들어가 누군가의 아지트에 모여, 간식을 먹으며 닌텐도를 하는 내 모습을 상상했다. 하지만 아이들은 아무나 받아주지 않았다. 모임에 들어가는 방법은 두 가지뿐이었다. 제시하는 문제를 풀고 테스트를 통과하거나 5달러를 내는 것. 돈이 없던 나는 테스트를 보기로 했다. 첫 번째 질문. 달에 첫걸음을 내디딘 사람의 이름을 대시오. 음… 아무 생각도 안 났다. 두 번째 질문. 미국의 1~3대 대통령의 이름을 대시오. 워싱턴… 어… 하아. 세상 바보가 된 기분이었지만 그래도 남아 있는 마지막 방법을 시도해야 했다. 나는 집으로 돌아가 어머니께 용돈을 달라고 했다.

하지만 어머니는 돈이 없다고 하셨다. 우리는 소파 쿠션 아래나 동전이 굴러다닐 만한 곳을 모조리 살피며 집안을 샅샅이 뒤졌다. 발견한 동전은 모두 빈 신발 상자에 넣어가며 마침내 필요한 돈을 모았다. 어머니께서 어떻게든 방법을 마련해 주셨지만, 나는 돈이 없다는 게 어떤 것인지 뼈저리게 깨달았다. 그런데 우스운 일이 벌어졌다. 마침내 두 아이에게 돈을 건네고 그 '모임'이란 곳에 들어갔건만, 첫 번째 만남을 마치고 집으로 돌아오는 길에 수치심이 밀려왔던 것이다. 나는 모임에 들어갈 만큼 똑똑하지 않았을 뿐더러, 친구를 사귀려고 돈까지 내야 했다.

나는 나중에야 깨달았다. 이 경험에서 얻을 수 있었던 더 중요한 메시지는 단순히 내게 돈이 없었단 사실이 아니라 내가 그

다지 소중한 사람이 아니었다는 것을.

청년 시절 내가 돈과 맺은 관계는 이러한 모든 경험에서 비롯됐다. 나에게 돈은 삶에 꼭 함께하고 싶은 슈퍼히어로 같은 친구였지만, 곁에 두기엔 너무 강렬했다. 수중에 돈이 있을 땐 더욱 커다란 통제력과 새로운 힘, 무언가를 할 수 있는 능력이 주어진 듯했다. 반대로 빈손일 땐 삶 속으로 다시금 돈을 불러들이고 싶었음에도, 돈이란 걸 어떻게 다뤄야 하는지도 몰랐고, 제대로 이해하지도 못했다. 내가 돈과 맺은 관계는 위험하면서 수치스러운 동시에 짜릿하고 두려운 것이었다.

창업 초기, 나는 돈을 잃을까 두려워 지나치게 일에 매달리곤 했다. 돈을 아껴가며 밤낮없이 일했다. 하루의 시작과 끝이 명확한 직장과는 달리, 사업이 계속 돌아가야 한다는 감정적·재정적 압박감이 언제나 나를 짓눌렀다.

오랫동안 돈이 없다 보니, 돈 생각만 하면 불안했다. 어쩌다 돈이 생겼을 때도 여전히 불안했다. 가진 만큼 누리지도 못했을 뿐만 아니라 무언가를 사고 싶다는 생각조차 들지 않았다. 내 관심은 오직 은행에 돈이 충분한가에 쏠려 있었다. 이런 경험을 했기에, 나는 인생의 새로운 장을 맞이할 때마다 계속해서 변화하고 성장하는 재정 상황에 발맞춰 돈과의 관계도 다양한 방식으로 치유할 수 있으리라고 생각한다.

얼마 전까지만 해도 나는 내 돈에 간섭하는 사람들을 무의식적으로 경계했다. 감정에 휘둘려 속상해하고 화를 냈다. 안타깝게도 당시의 나는 어떤 반사적인 메시지를 세상에 쏟아내고 있었다. 하지만 이제는 그런 반응이 도둑질하다 들켰을 때 아버지가 느꼈던 분노와, 어린 시절 이용당하고 학대받았다는 내 감정이 뒤섞인 데서 비롯되었다는 것을 안다. 나는 사람들이 약속을 지키지 않을 때면 그들이 내게서 무언가를 훔치는 것처럼 느끼곤 했다. 지금도 무언가 불공정하다고 느낄 때면, 다소간 불만 섞인 반응을 내보이고 싶은 마음이 남아 있다. 그러나 이제는 그런 반응이 어디에 뿌리내리고 있는지 알기에, 반응하기 전에 한 걸음 물러나 상황을 살피며 선택지를 따져볼 수 있다.

나는 여전히 누군가에게 점심이나 커피를 선뜻 대접받지 못한다. 어리석게 들릴 수도 있지만, 우리는 모두 성장하는 중이다. 누나와 함께 살던 시절, 누군가 내게 금전적으로 도움을 줄 때면 죄책감을 느끼는 일이 많았고, 여유가 생긴 지금도 누군가가 나를 대신해 결제하는 일이 편치만은 않다. 이제는 종종 그런 호의를 받아들이기도 하지만, 그러기 위해 마음을 여는 일에도 꾸준한 연습이 필요하다. 다른 이의 선물을 받아들이면서 상대방에게서 그 너그러움을 빼앗지 않는 것 역시 보다 풍요로운 삶의 일부이기 때문이다. 돈과 왜 이런 식으로 관계를 맺었는지 자각하고 있으니, 나는 어떤 식으로든 진전을 이뤄내고 있는 셈이다.

만약 돈을 잃으면 길바닥에 나앉을 거라고 생각해 본 적이 있는가? 어쩌면 당신은 결핍이 가득한 환경에서 자랐을지도 모른다. 혹은 가족이나 친구 관계에서 자신이 중요하거나 소중한 존재라고 느끼지 못했을 수도 있다. 그렇다면 이런 생각들이 마음속에 가득했을 것이다.

- 돈이 있든 없든, 나는 이 관계에서 충분한 사람일까?
- 나는 돈을 가질 만한 사람일까?
- 내 능력에 값을 치르려는 사람이 있을까?
- 나는 돈을 갖기엔 너무 미성숙해.
- 나는 돈을 갖기엔 경험이 부족해.
- 나는 돈을 관리할 자격이 없어.

이런 생각을 수없이 떠올렸대도, 내 말을 믿어보자. <mark>당신은 자격이 충분하다.</mark> 너무 늦지도 않았고 너무 어리지도 않다. 모든 종류의 치유는 자기 행동에 책임지고, 왜 그렇게 행동하는지 묻고, 그 깨달음을 바탕으로 움직이는 데서 시작된다. 경험·자격·기술과 같은 것들은 일단 당신의 의미 있는 금전적 사명Meaningful Money Mission을 명확히 하고 나면 얻을 수 있다.

많은 사람이 다양한 방식으로 말해왔듯, 새로운 행동 방식으로 사고하는 것보단, 새로운 사고방식으로 행동하는 것이 더 쉬운 법이다. 다시 말해, 믿음을 품기까지 기다리지 말고 먼저 행동하자. 그러면 믿음이 뒤따를 것이다.

머니 트라우마

"우리를 잠에서 깨워 평생토록 일하게 만드는 트라우마는 돈에 관한 것이 유일합니다."

이는 세계에서 가장 부유한 가문을 10년 넘게 연구해 온 일곱 개 기업의 설립자, 스콧 도넬Scott Donnell이 내게 했던 말이다. 돈과 관련해 어떤 상처를 지니고 있든, 우리는 여전히 매일 돈을 다뤄야 한다. 그저 외면하거나 피할 수는 없다. 우리는 돈과 마주해야 한다. 그와 동시에 돈에 대한 트라우마에 따라 우리가 돈에 접근하는 방식이 결정되고, 그 결과 우리는 남은 평생을 돈을 '위해' 일하게 된다. 결국 돈에 대한 트라우마를 방치한다면, 이 트라우마는 우리의 자신감과 자존감, 심지어는 정체성마저도 좌우할 수 있다.

겨우 열 살쯤 되었을 때, 나는 돈과 관련해 트라우마로 남을 만한 심각한 일을 겪었다. 당시 나는 아버지가 주신 미국 우편공사의 자그마한 저금통에 내가 받은 동전이나 지폐를 자랑스럽게 모으고 있었다.

10대 시절 우리 누나는 여름이면 친구들을 불러 모아 어울리곤 했다. 나는 몇몇 또래 남자아이들에게 잘 보이고 싶어, 침대 아래 넣어두었던 저금통과 그 안에 모아둔 돈을 보여주었다. 뿌듯했던 것도 잠시였다. 몇 시간 후 저금통을 확인했을 때 돈이 몽땅 사라진 상태였다. 돈을 도둑맞은 것이었다. 그것도 내 방에서.

그러고 나서야 나는 실수를 깨달았다. 저금통 밑에 비밀번호가 적힌 스티커가 붙어 있었다. 나도 모르게 그들에게 돈 훔치는 법을 고스란히 알려준 셈이었다.

나는 쿵쾅거리며 계단을 내려갔다. "저금통 안에 돈이 있었고 내가 그걸 너희한테 보여줬어. 근데 봐봐. 지금은 없잖아." 그들이 순순히 자백하고 곧바로 돈을 돌려줄 거라고 기대했다. 하지만 그 아이들을 입을 모아 이렇게 말할 뿐이었다. "우리가 안 가져갔어." 그리고 그걸로 끝이었다.

그 경험과 내가 이전에 저질렀던 도둑질, 그리고 다른 여러 가지 일들을 통해서 나는 돈을 빼앗겼을 때의 기분과 돈을 빼앗았을 때의 기분이 어떤 것인지 알게 되었다. 내가 다른 사람에게 느낀 것도, 다른 사람이 내게 느낀 것도 모두 깊은 실망감이었다. 그 결과 나는 10년이 지나 어른이 되어서까지도 내가 저지른 절도 행위에 엄청난 죄책감을 느끼곤 했다.

돈에 관련된 트라우마는 많은 경우 사람과 돈 사이에 합의된 교환 가치가 어긋날 때 발생한다. 예를 들어, 내가 교환에 대한 상호 간의 합의 없이 상대의 가치를 착취하고 있다면, 나는 그 관계에서 감정적·정신적·심리적으로 균형에서 벗어나 있는 셈이다. 그와 반대로, 내가 마음에서 우러난 친절을 바탕으로 금전을 베풀고 있다면, 그것은 기꺼이 가치를 나누는 것이므로 균형 잡힌 상태라고 할 수 있다.

어린 시절 돈을 (혹 다른 무엇이라도) 훔쳤을 때 나는 어긋나 있었다. 그건 내가 번 것도 아니었으며, 그 돈에 대한 권리도 내겐 없었다. 균형이 무너진 상태에서 나는 내면의 감정적 상처를 입었다. 절도를 반복할수록 상처는 더욱 깊어졌고 이야기는 힘을 더해가며 그런 행동을 끊어내기가 더욱 어려워졌다. 나는 그런 행위를 당연시하고 나아가 정당화한다면 아무런 대가 없이 그 불균형 상태를 감당할 수 있으리라고 생각했다. 누군가를 그런 식으로 이용한다는 건 분명 나를 무력하게 하는 행동임에도, 도둑질하는 순간만큼은 힘을 얻은 것처럼 느껴졌다.

이런 불균형의 감각은 당신이 별거 아니라고 치부하는 사소한 일에서 비롯될 수 있다. 하지만 시간에 흐르며 그런 일들이 쌓인다면 더욱 큰 상처가 남게 된다. 부모가 좋은 뜻에서 꺼낸 말이 의도치 않게 이런 상처를 남기곤 한다. 우린 그럴 여유가 없어. 그게 얼마짜린 줄 알아? 돈은 나무에서 자라는 게 아니야. 이거 사주려고 내가 얼마나 열심히 일했는데 그걸 망가뜨려? 이게 무슨 낭비야! 그 밖에도 많다. 부모들은 의도치 않게 아이들에게 돈과 관련된 부정적 함의를 심어주고 만다.

어떤 일을 하거나 서비스를 제공하고 있음에도 합당한 보수를 받지 못한다고 느껴질 때 역시 이런 불균형을 느낄 수 있다. 이어질 내용에서 살펴보겠지만, 머니 습관Money Habit을 이용해 이런 상황에 대처할 수 있다. 하지만 지금은 당신이 당시에는 깨닫지 못한 채 여러 가지 방식으로 돈이 남긴 상처들을 키워왔다는 사실을 인정하는 것만으로도 충분하다.

누군가 당신의 돈을 훔쳤든, 당신과 당신의 돈을 이용했든, 돈을 얻어내기 위해 당신을 조종하거나 돈에 얽힌 방식으로 관계를 착취했든, 그런 일들엔 트라우마가 남는다. 그리고 당신은 그와 관련된 이야기를 스스로 되뇌어 왔다. 물론, 그 이야기가 사실일지도 모른다. 하지만 그 이야기를 그대로 두는 한, 당신은 돈과의 관계를 결코 치유할 수 없다. 당신이 힘을 되찾고 상처에서 회복되기 전까지 상처는 사라지지 않을 것이다.

당신에게 일어난 일이 좋았다거나, 적절했다거나, 괜찮았다는 뜻은 아니다. 하지만 상처를 치유하는 방법을 배움으로써, 당신은 미래에 더 큰 힘을 얻게 되고 그 일이 남긴 감정적 영향을 최소화할 수 있다. 그 기억 자체를 잊지는 못하겠지만, 예전처럼 그 기억에 얽힌 무기력한 감정을 느끼지는 않을 것이다.

수월하게 돈을 버는 데 있어 이 상처들이 왜 중요할까? 이 상처들에 에너지가 깃들어 있기 때문이다. 과학자라면 이를 양자물리학이라 부를지도 모른다. 종교인이라면 기도의 힘이라고, 무신론자는 플라세보 효과(위약을 썼을 때 환자가 진짜 약으로 믿어 좋은 반응이 나타나는 효과 - 옮긴이)라고 부를 수도 있다. 영성을 추구하는 사람들은 끌어당김의 법칙이라고 부를 것이다. 그게 무엇이든, 돈이 남긴 상처에 얽힌 에너지는 그와 유사한 에너지를 끌어당긴다. 결핍의 사고방식 속에서 고통스러운 에너지를 품고 살아간다면, 더 많은 고통과 결핍을 끌어당기게 된다. 하지만 돈이 남긴 상처를 치유하고 긍정적인 에너지 속에서 살아간다면 당신은 마음을 열고 더 많은 긍정적 풍요를 끌어당길 수 있다.

돈을 당신의 친구로 삼아라

나는 지금껏 돈과의 관계를 치유하기 위한 여정을 거쳐왔기에, 누군가가 내게 호의를 베풀 때 전처럼 죄책감을 느끼지 않으며, 나 역시 즐겁게 사람들을 대접한다. 더 이상 수치심이나 죄책감에서가 아니라 넉넉한 마음에서 베푸는 것이다. 내가 삶 속에서 창출하고 있는 가치를 감사히 여기며 친구와 가족들에게 선물을 나누고자 한다.

하지만 누군가가 자신에게 주어지는 선물을 거절한다면 그건 에너지의 교환을 막는 일이다. 선물을 거절한다는 건 실상 상대방에게서 호의를 베풀 기회를 빼앗는 것과 같다. 반대로 답례의 말을 전하지 않거나 고마워하지 않는다면, 그 또한 에너지의 흐름을 차단하는 것으로, 나나 다른 사람이 관계에 불어넣은 가치를 충분히 존중하지 않는다는 신호로 비추어진다.

나는 돈을 받을 때 돈에게 감사를 표현하는 것도 좋은 습관이라고 생각한다. 맞다. 이렇게 말해보자. "나한테 와줘서 고마워. 이 돈을 건네주신 당신께도 감사합니다." 이렇게 하면 더 많은 것을 맞이할 수 있는 에너지 흐름을 만들 수 있다. 마찬가지로 당신이 누군가에게 돈을 줄 수 있을 땐 이렇게 말해보자. "내게 이런 돈이 생겨서 더 많이 나눌 수 있음에 감사드립니다."

돈이 남긴 상처에 얽힌 에너지는
그와 유사한 에너지를 끌어당긴다.

The energy
connected with
money wounds
attracts similar
energy to it.

- 루이스 하우즈

세계적인 베스트셀러 《운을 부르는 부자의 본능Happy Money: The Japanese Art of Making Peace with Your Money》의 저자 혼다 켄Ken Honda도 같은 것을 제안한다.

돈이 들어올 때 아리가토(arigato), 즉 '감사합니다'라고 말하세요. 그리고 돈을 쓸 때나 삶에서 돈이 빠져나갈 때도 다시 한 번 인사하세요. 아리가토. 당신과 함께해 준 돈에게 감사하세요. 짧은 방문이었을지라도 머물러 준 것에 감사를 표하는 겁니다. 돈은 그런 마음을 소중히 여길 거예요.
그렇게 밤이 되면 돈은 이렇게 말할 겁니다. "혼다에겐 갈 만해." 그리고 돈은 돌아오게 되죠.²

에너지가 어느 쪽으로 흐르든 좋은 느낌을 받을 수 있도록 마음을 열자. 만약 그 흐름을 차단한다면, 당신은 "안 돼, 난 할 수 없어"라고 말하며 당신에게 흘러오는 기회를 막는 셈이다. 하지만 그 흐름을 기분 좋게 받아들인다면, 당신은 그런 상황을 더 많이 끌어내기 위해 자기 자신을 새롭게 단련하게 된다.
혼다 켄에 따르면, 돈과의 관계를 치유하는 핵심은 돈을 친구로 삼는 것이다.

저는 사람들에게 이렇게 즐겨 묻습니다. 만약 돈이 사람이라면, 어떤 사람일까요? 늘 농담을 던지며 당신을 즐겁게 해주는 유쾌한 사람일까요? 아니면 당신을 해치거나 겁주려는 암살자 같은 사람일까요? 그것도 아니면 당신을 위협하는 깡패 같은 사람일까요?

당신이 불평을 일삼으면 돈은 그렇게 재밌고 유쾌한 사람이 될 수 없습니다. 당신의 불평불만 때문에 돈은 악당이 되죠. 누구도 그런 무서운 사람을 집에 들이고 싶지 않을 겁니다.

돈의 입장으로 생각해 보세요. 당신이 돈에 대해 불평해 왔다면 돈 역시 같은 마음일 겁니다. 당신이 돈에 대해 불평만 늘어놓는다면, 돈은 이렇게 말하겠죠. "아니. 당신에겐 가지 않겠어."[3]

이는 돈에 대해 느끼는 감정을 솔직히 들여다보고, 돈을 바라보는 관점을 바꿔 감정을 변화시키겠다고 다짐하는 것이다. 그래야만 비로소 돈과의 관계에 올바른 에너지 흐름을 조성할 수 있다. 만약 당신이 돈을 곁에 두길 원하지 않는다면, 돈이 찾아올 리 있겠는가? 하지만 돈을 친구로 삼는다면 돈은 환영받는다고 느끼게 된다. 나는 켄의 관점이 마음에 든다. 그의 관점을 취하면 우리는 자아의 틀에서 벗어나 더 넓은 시각으로 세상을 바라볼 수 있다. 우리는 돈과 관계를 맺고 있으며 그 관계가 상호적이라는 사실을 깨달을 때, 왜 우리가 돈 문제로 씨름하고 있는지 더욱 명료하게 이해할 수 있다.

우리는 돈과 감정적으로 강렬하면서도 밀접한 관계를 맺는다. 숫자가 얽혀 있긴 하지만, 계산적으로만 따질 수 있는 관계가 아니다. 돈이 우리에게 남긴 상처는 우리의 기억과 그 기억에 대해 스스로 들려주고 있는 이야기에 결부되어 있다. 그런 기억들 하나하나에는 에너지가 깃든다. 보통의 우리는 과거로 돌아가 우리의 발자취를 되짚거나 되돌릴 수 없다. 하지만 조 디스펜자Joe Dispenza는 상처를 반드시 없애야 하는 건 아니라고 말한다. 상처와 연결된 이야기를 새롭게 들려줌으로써 그 상처에 대한 기억을 치유할 수 있다는 것이다.

우리는 과거의 이런 기억들로 인해, 크고 작은 트라우마를 겪을 수 있다. 하지만 동시에, 행동을 취하고, 가치를 키우고, 새로운 기술을 배우고, 불편함을 감수하고, 두려움을 극복하게 하는 동기를 얻기도 한다. 다시 말해 우리는 우리 이야기에 휘둘리는 무기력한 희생자가 아니다.

예를 들어, 아버지가 교통사고로 다치셨을 때 나는 더 이상 아버지의 경제적 지원에 기댈 수 없었다. 분명 충격적인 일이었지만, 한편으론 그 일로 인해 나는 재정적 미래를 스스로 책임지게 되었다. 같은 맥락에서, 초등학교 4학년 시절 피구를 할 때 제일 나중에 뽑혔던 경험은 다시는 그런 일을 겪지 않도록 운동 실력을 키우게끔 나를 몰아붙였다. 결국 그 동력이 프로 미식축구 무대와 미국 핸드볼 국가대표팀으로 나를 이끌었다. 중요한 건 상처 그 자체가 아니라, 그 상처에 대한 기억을 어떻게 해석하고, 어떻게 대응하느냐이다.

우리는 돈과 감정적으로
강렬하면서도 밀접한 관계를 맺는다.

Our relationship
with money is
an emotionally
intense, intimate
relationship.

– 루이스 하우즈

이런 상처를 치유하려는 우리의 목표는 분노나 원망, 수치심에서 비롯되는 것이 아니다. 오히려 우리가 처한 상황이나 우리가 몰랐던 것들로부터 자신을 용서하고 수용하려는 마음에서 비롯된다. 그럴 때 우리는 세상에 무언가를 증명하려는 자리에서가 아니라, 우리만의 의미 있는 사명을 추구하려는 자리에서 삶을 위해 최선을 다하는 가운데 타인에게 이바지함으로써 그 기반을 세워나갈 수 있다.

머니 테라피를 시작하라

돈과 건강한 관계를 맺는 일은 춤을 추는 것과 같다. 내면과 연결되는 법을 배워야 하지만 감정에 휩쓸려선 안 된다. 돈이 당신을 함부로 대하거나, 당신의 시야를 가리거나, 돈에 접근하는 대가로 건전한 경계를 허물도록 내버려두어서도 안 된다.

스스로 불편한 질문을 던질 줄 알아야 하고 개인적 가치관을 일관되게 지킬 줄도 알아야 한다. 커다란 보상을 안겨줄 수 있는 무언가에 투자하기 전, 어느 순간에 깊이 파고들어 신중하게 검토해야 하는지도 알아야 한다.

나는 이런 이유에서 당신에게 머니 테라피를 제안한다. 당신이 돈에 부여한 모습은 당신 자신에게서 비롯된다는 사실을 이해하는 것이 중요하다. 돈은 그 자체로 고유한 인격체가 아니며, 당신이 투영한 모습을 드러낼 뿐이다. 당신이 돈을 바라보는 시각과 감정을 바꾸면, 돈과 상호작용하는 방식도 달라진다.

그러므로 여유를 가지고 돈을 바라보는 시각과 감정을 돌아볼 필요가 있다. 거기엔 수치스럽거나 창피한 일들, 차마 말하기 두려운 일들이 있을 수도 있다. 일단 그런 것들을 드러내는 것이 첫 번째 단계다. 그렇게 함으로써, 어떤 계기에서 그런 행동이 나타나는지 파악하고, 왜 그런 방식으로 돈을 쓰는지 분명하게 인식할 수 있다.

치유의 여정을 시작해 보자.

1. 머니 트리거를 찾아라. 내 친구 한 명은 부모님이 섬유유연제 시트를 살 여유가 없다고 말했던 순간을 기억한다. 그래서 그 시트를 살 수 있는 사람들은 분명 부자일 거라고 생각했다. 어른이 된 지금까지도 건조기 시트 향기를 맡으면 자기와 같은 사람들에겐 돈이 충분치 않다는 제한된 시각을 떠올린다. 이건 풍요가 아닌 결핍의 이야기다.

당신은 어쩌면 촉각적 유인보다는 감정적 유인에 반응할 수도 있다. 예를 들어, 다가오는 청구서를 처리할 돈이 충분치 않으면, 어린 시절 부모님이 청구서를 두고 다투던 기억에서 비롯된 감정이 치솟을 수 있다. 그 결과 기분을 환기하려 쇼핑에 돈을 흥청망청 쓰거나 청구 요금을 내기 위해 성급한 투자 결정을 내릴 수 있다.

돈을 둘러싼 감정적 유인에 대해 생각해 보자. 그에 얽힌 이야기는 무엇인가?

2. **글로 적어보자.** 일기를 쓰는 건 당신의 생각과 감정을 꺼내 더 자세히 살필 수 있는 훌륭한 방법이다. 1~2주간 꾸준히 일기를 쓰며, 돈과 관련해 감정적 반응이 느껴질 때마다 기록해 보자.

적은 내용을 읽다 보면, 당신이 돈과 관련해 왜 그런 식으로 행동하고 있는지를 설명해 주는 생각과 근거들이 불쑥불쑥 튀어나와 깜짝 놀랄지도 모른다. 쓰고 있는 내용을 판단하지 말고 그냥 떠오르는 대로 쏟아내며, 어떤 것들이 떠오르는지 지켜보자.

3. **믿을 만한 사람에게 털어놓자.** 믿어도 좋다. 길게 봤을 때, 속으로만 담아두는 건 도움이 되지 않는다. 당신이 겪고 있는 일을 입 밖에 내어 말하는 것이야말로 그 경험을 소화하는 데 도움이 된다. 상담가나 코치, 영적 지도자, 또는 믿을 만한 친구에게 이야기를 털어놓으며 마음을 연다면 정서적으로 자유로워질 수 있다. 이렇게 발산하는 과정에서 당신은 마땅히 누려야 할 평안을 얻게 된다.

다만 상대를 고를 땐 돈과 긍정적인 관계를 맺고 있는 사람인지 반드시 신중하게 확인해야 한다. 그렇지 않으면, 바람직하지 못한 관계에서 오는 부정적인 영향에 노출될 수도 있다.

4. **자신을 용서하고 타인에게 너그러워져라.** 어떤 종류의 테라피라도 용서의 과정이 자리한다. 과거 돈과 관련해 어떤

실수를 저질렀든(우리는 모두 그런 실수를 한다), 교훈을 얻고 나면 그 실수를 놓아주어야 한다. 머니 테라피에선 오랫동안 붙들고 있던 죄책감이나 수치심을 놓아버리는 것이 큰 부분을 차지한다.

당신의 성숙한 자아에 어울리지 않는 방식으로 돈을 사용했던 순간들을 용서하자. 타고난 머니 스타일을 억누르고 당신이 옳다고 느끼던 길을 거슬렀던 순간들을 용서하자. 돈을 소중히 여기지 않았던 순간들, 돈이 당신을 소중히 여기지 않는다며 실망했던 순간들을 용서하자. 그 당시 당신에겐 안정감을 줄 만한 정서적 도구가 없었기에, 불안과 스트레스 속에서 살아남기 위해 행동할 수밖에 없었다. 치유의 여정을 맞이하는 지금, 당신은 돈과의 관계 또한 함께 치유하고 있다. 내려놓아야 한 단계 더 나아갈 수 있다. 만약 자신을 용서하고, 배웠던 치유의 교훈을 삶에 녹여내는 방법을 찾지 못했다면, 나는 여전히 남아 있을 상처로 인해 감정적 반응을 이어갔을 것이다. 치유의 여정을 시작하고 상처를 치유하지 않는 한, 우리는 돈을 둘러싼 감정적 투쟁-도피의 반응 속에 계속해서 머물 수밖에 없다.

5. **트리거를 극복하기 위해 연습하라.** 머니 스토리에 얽힌 부정적인 감정을 표출하고 나면, 마음이 열리며 더욱 많은 긍정적 행동이 흘러나오게 된다. 돈과 관련해 특정한 감정을 유발하는 유인을 파악하면, 예전처럼 반응하려는 순간을

눈치채고 다른 선택을 할 수 있다. 이후에는 그런 유인에 대한 새로운 반응을 연습하는 일만 남는다.

예를 들어, 소중히 여기는 누군가가 당신이 돈을 현명하게 관리하지 못한다는 뉘앙스로 말했을 때, 부모님이나 가까운 사람이 돈 문제로 당신을 꾸짖던 기억이 떠오를 수 있다. 그럴 때 상처나 후회의 측면에서 반응하기보다는, 그 유인을 인정하고 치유된 돈과의 관계를 통해 상황을 바라보며, 대화에서 감정을 덜어내고 더 배울 수 있는 질문을 던지는 건강한 방식으로 대응하자.

6. 건강한 경계를 세워라. 건강한 경계를 세우려면 당신이 아끼는 사람들과 단단히 마음을 먹고 대화를 나눠야 할 때가 있다. 예컨대 내가 특정한 목적으로 건넸던 돈이 알고 보니 합의된 것과는 전혀 다른 방식으로 쓰인 경우가 있었다. 그것만으로도 힘겨웠지만, 나는 그들의 행동이 내게 괜찮지 않음을 알리기 위해 대화를 나눠야 했다. 우리는 이미 감정적으로 어긋나 있었다. 다시 신뢰를 쌓기 위해선 새로운 합의를 창출하는 데서 새롭게 시작해야 했다.

이런 대화를 나눌 땐, 무엇을 원하는지, 어떤 에너지를 느끼고 싶은지, 그 결과 어떠한 평안에 이르고 싶은지 명확히 해야 한다. 모든 관계에서는 꼭 돈에 관련되지 않은 것을 포함해, 가치의 교환이 일어난다. 기억하자. 경계는 당신을 제한하기 위해 고안된 것이 아니다. 오히려 올바른 경계가 섰을 때 당신은 안전하고 자유로울 수 있다.

7. 성장을 위해 동기를 부여하라. 게임을 좋아하는 나는 무언가를 극복하기 위한 동기부여가 필요할 때면 그 상황을 게임으로 만드는 소소한 방법을 찾곤 한다. 상처를 치유하고 돈과 관련해 현명한 선택을 내렸다면, 의미 있는 무언가로 자신에게 자그마한 선물을 안겨주자.

꼭 비용이 들거나 거창할 필요는 없다. 그저 소리 내어 자신을 칭찬할 수도 있고, 느긋한 목욕 시간을 선물할 수도 있다. 누군가와 커피를 마시거나 함께 스파를 찾는 것처럼 관계적 성격을 띠는 것도 가능하다. 핵심은 돈과 새로운 관계를 맺을 수 있도록 자신에게 보상을 주고 동기를 부여하는 소소한 방식을 마련하는 것이다.

돈과의 관계를 치유하고 나면, 엉망이었던 나머지 부분들도 제자리를 찾아간다. 오랜 상처가 주는 고통을 표출하고 에너지 흐름이 트였을 때, 나는 비로소 중요한 것들에 집중할 수 있었다. 나를 자극하던 문제가 인생에 다시 모습을 보였을 땐, 그 사실을 알아차리고 다르게 대응했다. 나는 '아니요'라고 말했고, 경계를 세웠으며, 장벽을 넘어섰다. 더는 사람들의 비위를 맞출 필요가 없다고 느꼈기에, 원치 않는 만남도 갖지 않았다.

나는 부족한 사람이야. 그러니 다른 사람들을 불편하게 하거나 속상하게 하지 말고 그들에게 맞추는 게 나을 거야. 이런 생각

속에 얽혀 있던 모든 것들이 사라지기 시작했다. 나는 건강과 사명, 관계에 집중하며 내 결단과 의도를 드러내기로 했다.

아미르 레빈$^{Amir\ Levine}$과 레이첼 헬러$^{Rachel\ S.\ F.\ Heller}$는 엄청난 인기를 끈 베스트셀러 《그들이 그렇게 연애하는 까닭^{Attached}》에서 관계의 주요한 세 가지 유형을 탐구했다. 회피형과 불안형 두 가지는 부정적 유형이고, 나머지 안정형은 긍정적 유형이다.

이 관계 유형을 우리의 머니 스타일과 스토리에 덧씌워 본다면 돈과의 관계를 훨씬 잘 이해할 수 있다. 회피형 사람들은 돈을 하찮게 여기며 멀리하려는 경향을 보인다. 설령 정말로 돈을 원할지라도 자신도 모르게 수중에 돈이 들어오지 않도록 온갖 행동을 취한다. 불안형 사람들은 정반대 방식으로 돈을 대한다. 한 푼 한 푼에 안달하고 집착하고 매달리며, 일반적으로 돈과의 관계 속에서 좌절된 삶을 살아간다. 이들은 돈으로 자신의 가치를 인정받고자 하지만, 돈은 결코 그런 일을 해줄 수 없다.

돈과 건강한 관계를 맺는 사람은 먼저 자기 자신과 안정적인 관계를 맺고 있다. 이들은 돈을 피하지도, 두려워하지도 않는다는 점에서 안정적이다. 돈을 둘러싼 세상 속에 자신감을 드러낸 결과로 돈은 그들에게 더욱 수월하게 흘러드는 경향을 보인다.

나 역시 자신을 치유하고 깊은 안정감을 찾고서야 돈과의 관계를 회복할 수 있었다. 그리고 바로 그때, 의미 있는 사명을 실행하는 데 필요한 돈의 역할을 진정으로 이해하기 시작했다.

트라우마와 트리거를 이해하고 치유하는 법을 배우면, 진실성을 가지고 자신과의 약속을 지키는 가운데, 의미 있는 사명을 이행하려는 목적으로 돈을 벌면서 더 효과적으로 나아갈 수 있는 자격을 스스로 부여하게 된다.

당신의 전략

첫 번째 연습: 행동으로 믿음을 실천하라

돈과의 관계를 치유하고 싶다면, 당신의 믿음부터 바꿔야 한다. 하지만 이는 말처럼 쉽지 않다. 직관에 반하지만, 믿음을 바꿀 수 있는 하나의 방법은 먼저 행동을 변화시키고 그 행동을 중심으로 새로운 믿음이 형성되는 과정을 지켜보는 것이다.

이를 실천에 옮기기 위해, 유익한 행동과 해로운 행동, 긍정적 생각과 부정적 생각을 정리하는 표를 작성해 보자. 돈을 둘러싸고 떠오르는 부정적인 생각은 왼쪽 아래 칸에 적는다. 이는 떨쳐내야 할 생각들이다. 오른쪽 아래 칸엔 부정적 생각들이 유발하는 해로운 행동을 적는다.

왼쪽 위 칸엔 돈과 관련해 당신이 취할 수 있는 유익한 행동을 적고, 오른쪽 위 칸엔 그 행동에 일치하는 긍정적 생각을 적는다. 이렇게 생각과 행동의 관계를 파악하면, 해로운 행동 대신 유익한 행동을 취하고, 부정적 생각 대신 긍정적 생각을 더 많이 떠올리게 할 방법을 찾게 될 것이다. 이 표를 활용해 효과적으로 치유를 시작할 수 있다.

유익한 행동 ←——————→ 긍정적 생각
• 베풀자. • • • •	• 나는 풍요롭다. • • • •

부정적 생각 ←——————→ 해로운 행동
• 항상 부족하다. • • • •	• 가진 걸 놓지 않을 거야. • • • •

두 번째 연습: 내려놓고 도약하라

어떠한 관계든 그 관계를 치유하려면, 무엇을 놓아버려야 하는지 파악하고 용기 있게 실천해야 한다. 그 반대편엔 당신이 이제껏 놓치고 있던 빛과 자유가 있다. 도약하기 위해선 내려놓는 법을 배워야 한다.

이 연습은 더 큰 포부를 담고 있으며, 솔직한 성찰과 자기 인식이 필요하다. 조용히 앉을 곳을 찾고, 방해가 될 만한 것들은 치워버리자. 충분히 몰입되었으면, 돈에 대한 쓸모없는 생각·감정·믿음을 떠올려 보자. 이런 요소를 식별하고 거기에 이름을 붙이자. 이것이 바로 당신을 짓누르는 짐 덩어리다. 이제 그

것들을 놓아버리기로 하자. 그렇게 했을 때 한결 가벼워질 자신의 모습을 그려보자. 포부를 갖자. 꿈을 크게 꾸자. 그리고 구체적인 청사진을 그리자.

마지막 단계로, 글로 적어보자. 지금 기분이 어떠한가? 당장 내일부터 새롭게 생각하고 인식하고 느낄 수 있게끔 현재 시제로 작성하자. 이 가벼움을 간직한 채 돈과의 관계를 치유해 나가자. 이는 다음 장에서 돈이 당신의 의미 있는 사명과 어떻게 연결되는지 살피는 데 있어 중요한 역할을 한다.

세 번째 연습: 머니 멘토를 찾아라

돈과 건강한 관계를 맺고 있는 사람을 알고 있는가? 치유의 여정에서 당신보다 몇 걸음 앞서 있는 사람에게 배움을 얻는 건 도움이 된다. 당신이 따르고 싶은 머니 스토리와 스타일을 가지고, 돈과 건강한 관계를 맺고 있는 사람을 떠올려 보자.

그리고 그 사람에게 연락해 점심이나 커피 약속을 잡자. 그들과 이야기를 나누며 새로운 시각을 받아들이자. 그들의 믿음을 빌려와도 좋다. 만남을 마친 뒤에는 무엇을 배웠는지 기록하고, 그들의 생각이 당신에게 어떤 영향을 미쳤는지 알려주자. 상황이 맞고 상대가 기꺼이 응한다면, 정기적으로 만나 당신과 돈의 관계가 어떻게 성장하고 있는지 함께 이야기를 나누자. 더 많은 돈을 벌수록 돈이 가져올 다양한 기회와 도전 속에서 당신을 이끌어줄 머니 멘토를 곁에 두는 일이 더욱 중요해질 것이다.

제5장

돈, 그리고 의미 있는 사명

Money and Your Meaningful Mission

더 많은 돈을 버는 데 있어 당신을 두렵게 하는 것은 무엇인가? 내가 이야기를 나눴던 많은 사람들은 자신이 부유해진다면 어떻게 변할지 두려워했다. 내로라하는 부자이면서 동시에 누구보다 너그러운 성품을 가진 사람이 등장하는 프로그램을 마지막으로 본 게 언제인가? 아마 최근은 아닐 것이다. 오히려 돈 좀 있다는 사람들은 보통 무심하고 냉담하게 묘사되고 때론 노골적인 악당으로 그려지곤 한다.

==하지만 기억하자. 돈은 당신이 어떤 사람인지 결정하지 않는다. 그저 이미 가지고 있는 모습을 드러낼 뿐이다.== 시대를 관통하는 지혜로운 문헌들에서도, 돈이 그 자체로 나쁜 것은 아니지만 다른 선한 것들은 제쳐두고 오직 돈만을 사랑할 때 문제가 틀어진다고 강조해 왔다. 달리 말해, 돈과의 관계가 어긋나면 더욱 풍요로운 삶을 추구하는 일에도 지장을 준다.

돈은 단지 하나의 도구이며, 가치의 저장 수단일 뿐이다. 동시에, 증폭과 확대의 힘을 지닌 촉매제이기도 하다. 세상에 거대한 선을 행할 수 있는 당신의 능력에 관해선 특히 그렇다. 아이러니하게도 의미 있는 무언가를 해보려는 순간에 오히려 돈과의 관계에서 비롯된 문제들이 수면 위로 드러나곤 한다.

예를 들어 당신에게 사람들이 더 오랫동안 건강하게 살 수 있도록 신체 단련을 돕고자 하는 열정이 있다고 해보자. 그런데 만약 당신이 돈과 회피형 관계를 맺고 있다면 자신의 서비스에 정당한 값을 매기기 어려울 것이다. 그 결과 생계를 유지하지 못해 원치도 않는 샐러리맨의 삶에 매달리게 된다. 반대로 불안형 관계를 맺고 있다면, 청구서를 감당할 수 있을까 하는 불안에 사로잡혀 건강치 못한 생활 습관에 빠질 수 있다. 그 결과 하는 일에도 타격을 입고, 결국 자신의 사명과 맞지 않는 직장으로 돌아가게 된다. 관계 유형은 다르다 할지라도 결과는 똑같다. 그러나 돈과의 관계가 안정적이라면 당신이 가장 중요하게 여기는 의미 있는 사명을 돈과 더욱 수월하게 연결할 수 있을 것이다.

나는 이전 책 《그레이트 마인드셋》에서 의미 있는 사명을 찾는다는 개념을 깊이 있게 풀어냈다. 이 개념은 돈을 비롯해 모든 사람과 생기 넘치는 관계를 맺기 위해 당신이 어떤 사람이 되어야 하는가에 관한 탄탄한 토대를 마련해 준다. 어떤 사명이 의미를 지니려면, 그 사명은 무엇보다 독자적이어야 한다. 개개인에게 울림을 주어야 한다는 것이다. 누군가가 당신에게 떠맡기려는 사명이어서도 안 되고, 당신의 의사에 반하여 부과된 것이어서도 안 된다. 사명은 자신에게 중요한 방향을 향하는 의도적인 선택이어야 한다.

그 누구도 당신을 대신해 의미 있는 사명을 정해줄 수 없다는 것, 이것이 바로 핵심이다. 《사랑으로 변한다 Love Does》를 쓴 베스트셀러 작가 밥 고프 Bob Goff는 이렇게 말했다. "예전에는 내가 정말 중요하게 여기는 일을 이뤄내지 못할까 봐 두려웠지만, 이제는 중요치 않은 일에 성공할까 봐 겁이 납니다."[1] 그리고 흥행 배우 짐 캐리 Jim Carrey는 이렇게 말했다. "원치 않는 일에서도 실패할 수 있다면, 사랑하는 일을 하는 게 낫지 않을까요?"[2] 자신이 진정으로 중요하게 여기는 일을 할 때, 후회 없는 삶을 살 수 있다.

의미 있는 사명은 삶에서 더욱 중요한 무언가를 건드린다. 당신의 영혼 깊은 곳을 일깨워 자신을 넘어서는 위대한 무언가에 도전하게 한다. 마치 영웅의 모험처럼, 이 사명에는 뚜렷한 지향점과 목적이 있으며, 저항을 뚫고 나가 사명을 완수하라고 외치는 소리가 들려온다. 이러한 사명을 수행하는 사람들은 종종 더 나은 모습으로 새롭게 빚어진다. 그리고 언제나 그 종착지는 당신이 지금껏 이뤄낸 어떤 것보다 더 장대하고 위대한 의미를 내포한다. 따라서, 이전에 해본 일이거나 손쉽게 다시 해낼 수 있는 일이라면 그것은 진정한 사명이라 할 수 없다.

이 글을 쓰는 지금, 나의 의미 있는 사명은 《그레이트 마인드셋》을 쓰던 때와 다르지 않다.

사람들의 삶의 질을 개선하고 그들이 짊어진 짐을 극복하도록 도움으로써 매주 1억 명에게 이바지하는 것.

의미 있는 사명이 대체 돈과 무슨 관계냐고 물을 수도 있다. 밀접한 관계가 있다. 이유는 간단하다. 돈은 사명을 이행할 수 있는 능력을 배가시킨다. 간단히 말해서, 나에게 돈이 없었다면 1억 명은 고사하고, 누구에게도 다가서기 힘들었을 것이다. 놀라운 프로그램을 만들고, 팀원들을 고용해 전 세계 사람들과 매력적인 콘텐츠를 나누려면 돈이 든다. 희망과 성장과 열망의 메시지를 더 멀리까지 전하려면, 이를 실현케 할 자원을 마련하기 위한 돈이 필요하다. 사명을 보다 분명히 하고 더 많은 돈을 벌 수록, 더욱 많은 사람을 도울 수 있다.

당신도 마찬가지다. 돈이 당신의 의미 있는 사명을 살아 숨 쉬게 한다.

우선순위의 시계추

여기엔 두 가지 방식이 있다. 우선 돈을 벌고 나서 사명을 찾을 수도 있고, 먼저 사명을 찾은 후 그것을 수익화할 수도 있다.

두 가지 접근 모두 효과가 있다. 한 예로, 억만장자 마크 큐반 Mark Cuban은 부자가 되기 위해 열정을 좇는 건 어리석은 일이라

돈이 당신의 의미 있는 사명을
살아 숨 쉬게 한다.

Money can
make your
Meaningful
Mission
come alive.

- 루이스 하우즈

고 공개적으로 말해왔다. 마크는 우선 돈을 좇고, 그 돈을 활용해 자신의 사명과 맞닿은 방식으로 세상에 선한 영향을 행사하라고 조언한다.

나 역시 초창기엔 사명을 찾아가는 과정에서 일단 더 많은 돈을 벌어야 했기에 이런 방식이 효과가 있었다. 하지만 당시 나는 돈과의 관계는 물론 나 자신과의 관계도 치유하지 못한 상태였다. 이제 와 돌이켜보면, 그때 내 사명을 좀 더 분명히 하고 모든 관계를 치유하는 데 더 많은 시간과 에너지를 쏟았더라면, 가파른 성장 곡선을 그리며 좀 더 수월하게 돈을 벌 수 있었을 것이다.

돈만을 우선시한다면, 진정성 있는 삶에서 멀어질 우려가 있다. 우리는 만족스럽지 못한 일을 할 때 금세 공허해지곤 한다. 반드시 그렇게 된다는 뜻은 아니지만, 진실하지 못한 삶을 살아갈 위험이 뒤따른다.

돈과의 관계를 바로잡지 못한 채 돈 버는 일에만 몰두할 경우, 쉽사리 길을 잃을 수 있다는 또 다른 잠재적 위험이 존재한다. 사명으로 이끄는 선택들이 더 많은 돈을 향한 욕구만을 동력으로 삼는다면, 그 동력을 유지하기란 어려울 것이다. 더 많은 돈을 벌기 위해 개인적인 가치를 굽힐 수도 있고, 그럼에도 충분치 못하다고 느낄 수도 있다. 게다가 당신의 머니 스토리가 타고난 머니 스타일을 해로운 방향으로 증폭시키거나 축소시켜 잘

못된 결정으로 이끈다거나, 심지어는 삶의 질을 떨어뜨릴지도 모른다. 거기에 회피형이나 불안형 관계 성향까지 더해진다면, 심각한 어려움에 직면할 수 있다.

내가 우선순위의 시계추라고 부르는 것을 살펴보면 그 반대의 접근을 확인할 수 있다. 열정을 쏟기만 하면 돈은 결국 따라온다는 것이다. 이 접근이 내게 큰 울림을 준다는 걸 인정해야겠다. 요즘 나는 내 열정에서 엄청난 동력을 얻고 있으며, 마음도 자연스레 그쪽을 향한다. 그러나 이런 접근법이 현실에서 언제나 잘 통한다고 생각하지는 않는다. 모두가 알다시피, 사랑하는 일을 하지만 아무도 알아주지 않는 배고픈 예술가들이 있다. 그들에게 자기 작품을 널리 알릴 자금이 있었다면 세상은 얼마나 더 풍부해졌을까? 더 나은 세상을 만들 수 있는 아이디어가 있지만 이를 실현할 자금이 없는 전도유망한 사업가나, 세상의 부당함을 바로잡으려 애쓰지만 후원자가 없는 운동가는 어떠한가?

열정만으론 충분치 않다. 돈만을 좇아서도 안 된다. 둘 사이를 연결할 수 있는 건 아직 당신이 습득하진 못했지만, 의미 있는 사명을 수익화하기 위해 반드시 필요한 능력이다. 배고픈 예술가는 '신념을 버린다'라는 생각에 자신을 홍보하기 두려울 수 있다. 그러나 실제로는 다른 이들에게 자신의 메시지를 전달하기 위해 마케팅·영업·네트워킹·협업 같은 기술을 배우기만 하면 된다. 마찬가지로, 자기 차고에서 목공품을 만드는 열정적

방법에 얽매여
목적을 놓치지 말자.

Don't let the
how stop
you from
focusing on
and pursuing
your why.

- 루이스 하우즈

인 목수가 자신의 상품으로 수익을 내려면 영업과 마케팅 기술을 배워야 한다.

오해하진 말자. 나는 열정이 좋은 출발점이라고 생각한다.

만약 다시 시작할 수 있다면 나는 우선 의미 있는 사명에서 출발해 인생의 각 시기에 따라 할 수 있는 최선을 다하여(이것이 핵심이다) 사명에 부합하는 방식으로 돈을 벌었을 것이다. 나의 경우, 의미 있는 사명을 선명하게 인지한 순간부터 그 사명이 길을 이끌었고 돈은 자연스레 뒤따랐다. 물론 그 과정에서 사명을 효과적으로 수익화하기 위해 필요한 능력을 개발하고, 머니 습관을 활용하는 훈련도 쌓아야 했다.

스스로 물어보자. 돈이 문제가 아니라고 했을 때 나라면 무엇을 할 것인가? 매일같이 나를 빛내줄 것은 무엇인가? 방법에 얽매여 목적을 놓치지 말자. 목적을 분명히 하고 나면, 우선순위의 시계추 위에서 균형점을 찾을 수 있다.

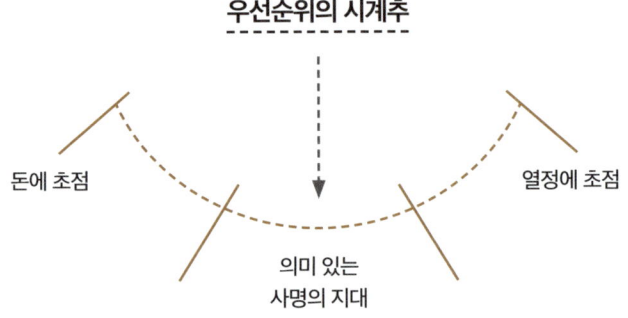

돈에 초점
- 열정은 나중에 찾을 수 있다고 생각한다.
- 우선 돈 버는 데 집중한다.

열정에 초점
- 좋아하는 일을 찾아간다.
- 돈이 뒤따르리라 믿는다.

의미 있는 사명의 지대
- 사명에 따라 움직인다.
- 삶의 시기에 맞춰 조정한다.
- 돈과 사명의 조화를 추구한다.
- 성공에 필요한 기술을 익힌다.
- 사명을 수익화하는 데서 오는 두려움을 극복한다.

사람들 대부분은 열정과 돈, 그리고 현실이 하나가 되는 지점에서 가장 큰 성공을 경험한다. 인생에서 사명에 일치하면서 동시에 좋아하는 일을 하기까지, 그저 돈을 벌기 위해 내키지 않는 일을 해야만 하는 시기도 있을 것이다. 그래도 괜찮다. 그런 시기엔 자책하기보다는 그렇게 돈을 버는 자기 자신을 받아들이자. 다만 사명을 잊어서는 안 된다. 언제나 의미 있는 사명과 돈 사이의 더 완벽한 조화를 목표로 해야 한다.

목적과 일치시켜라

왜 돈을 벌고 싶은가? 장차 열정을 좇기 위해서인가, 아니면 현재의 열정을 뒷받침하기 위해서인가? 당신의 동기는 의미 있는 사명과 일치하는가, 아니면 자존심이나 다른 사람의 시선에 더 치우쳐 있는가?

반대로 애초에 더 많은 돈을 벌고 싶지 않을 수도 있다. 의식적으로든, 무의식적으로든 자신이 충분히 좋은 사람이 아니라거나, 충분히 똑똑하지 않다거나, 충분한 재능이나 자격이 없다고 여긴다면, 분명 자신이 그릴 수 있는 최고의 모습에 부합하지 않는 결정을 끊임없이 내리게 될 것이다. 엄청난 일들을 해내고 놀라운 성과를 낼 수는 있지만, 치유를 통해 자기 의심을 극복하지 못한다면 마음속 깊은 곳에선 늘 스트레스와 고통을 느낄 수밖에 없다. 계속해서 어딘가 어긋났다는 느낌을 받는다. 괜찮은 삶처럼 보일지 모르나, 위대해질 수는 없다. 결국 고착 상태에 빠지고 만다. 거기서 벗어나는 길은 기나긴 여정이다. 나는 안다. 나 역시 그 길을 걸어왔다.

한때 나는 프로 미식축구 선수가 되어 좋아하는 일로 돈을 버는 것이 내 인생의 목표라고 생각했다. 하지만 AFL에서 뛰는 동안 주급으로 고작 250달러를 받았을 뿐이었다. 팀에서 방세를 내주긴 했지만, 생활을 이어가려면 푸드스탬프(미국에서 저소득층 가구에 식료품 구입을 지원하기 위해 제공되는 바우처 형태의 정부 보조금 제도 - 옮긴이)에 의존해야 했다. 비록 경제적으로는 가난했지만, 꿈꾸던 일을 하고 있었기에 풍요롭다고 느꼈다. 훈련과 경기에 나설 땐 차가 있는 동료와 카풀을 했다. 오랫동안 품어왔던 꿈을 실현해 급여를 받는다는 건 가슴 벅찬 일이었다. 나는 사명에 따라 살고 있다고 느꼈고, 실력을 키워 몸값을 높이겠다는 목표도 세웠다.

프로 미식축구 선수라는 인생의 한 장이 끝났을 때, 나는 시행착오를 거치며 파악한 링크드인 플랫폼과 대면 행사를 통해서 아이디어와 사람, 해결책을 이어주는 연결고리가 되었다. 청중을 모으기 위해 탐구하고 실험하며 다양한 시도를 하는 데 시간을 쏟았다. 그러다 어느 순간, 내가 배운 것들을 나눔으로써 돈을 벌 수 있겠다는 사실을 깨달았다. 그것이 나만의 의미 있는 사명인지 확신할 순 없었지만, 내게 주어진 명확한 인식과 기술에 기대어 생계를 꾸릴 새로운 길을 모색했다. 그리고 그 일로 어디까지 갈 수 있을지 확인해 보기로 했다. 나는 일대일 상담을 시작했다. 그것은 곧 대면 행사와 책으로, 그리고 나중에는 온라인 교육과정으로까지 이어졌다.

그 시절 링크드인을 통해 사람들을 도왔던 덕분에, 누나 집 소파에서 벗어날 만큼의 돈을 마련할 수 있었다. 물론, 다른 사람들에게 도움을 주는 삶을 살아가며 그 일을 즐기기도 했지만 그것이 내 궁극적인 꿈은 아니었다. 더욱 위대한 사명이 저 밖에서 나를 기다리고 있었다. 나는 마케팅 일을 통해 충분한 돈을 마련하고서 〈더 스쿨 오브 그레이트니스〉라는 프로그램을 시작했다. 그리고 머지않아 의미 있는 사명의 지대 한가운데 서게 되었다.

어쩌면 지금 당신은 재기하기 위해 돈을 마련해야 하는 시기를 지나고 있을지도 모른다. 하지만 그 사실을 나쁘게 생각하거나 부끄러워할 필요는 없다. 돈과의 관계를 치유하고, 사명을 이루겠다는 마음으로 살아가며, 내가 알려주는 머니 습관을 토대로 행동에 나선다면, 더 확실하게 준비를 마치고 의미 있는 사명을 수익화할 수 있을 것이다.

당신의 사명을 수익화하라

사명을 추구하는 과정에서 돈을 벌어도 괜찮다. 어떤 사람들은 이 말이 잘못되었다고 할 수도 있다. 이렇게 말할지도 모른다. 돈은 상관없어요, 루이스. 저는 그저 사람들을 돕고 싶을 뿐이에요. 하지만 돈이 많을수록 더 많은 재원을 확보해, 더 많은 사람에게 이바지할 수 있다.

〈뉴욕타임스〉 베스트셀러 《수도자처럼 생각하기Think Like a Monk》의 저자 제이 셰티와 나는 주기적으로 만나 심도 있는 문제에 대해 논의하길 즐긴다. 우리는 '돈을 벌면서 동시에 영적인 삶을 살 수 있을까?'와 같은 난처한 질문을 주제로 내 프로그램의 에피소드 한 편을 녹화하기로 했다. 제이와 나는 서로 다른 세계에서 자랐지만, 이 질문에 대해 비슷한 신념을 가지고 있음을 곧 깨달았다. 하지만 인간이란 마더 테레사 아니면 돈이라는 만악의 근원에 굶주린 범죄자일 수밖에 없다는 믿음을 품고 자라온 사람들도 많다.

제이가 자란 곳에서는 누군가 부유할 경우, 부자가 되기 위해 분명 교활하거나 못된 짓을 했을 거라고 여기는 분위기가 있었다. 제이는 20대 시절 인도에서 수년간 수도자로 생활하며 배운 것들을 사람들에게 알려주기 위해 영상을 제작했다. 그는 자신의 경험과 관찰에서 얻은 통찰을 나눔으로써 사람들이 새로운 방식으로 삶을 바라볼 수 있도록 돕고자 하는 사명을 품고 있었다.

그 무렵 제이는 자신이 돈을 벌 수 있을지 확신하지 못했다. 영적인 삶을 살면서 동시에 돈을 벌 수 있는 건지 의문을 품었다. 제작했던 영상이 수억 뷰를 기록했음에도 재정적으로 허덕이고 있었다. 넉 달 후면 집을 잃게 될지도 모를 상황에 부닥치자, 그는 자신이 오래도록 세상에 남기고 싶었던 영향력에 당시의 상황이 부정적으로 작용하고 있음을 깨달았다. 제이는 자신의 신념에 도전했다. 안락한 잠자리와 든든한 식사 같은 기본적인 필요에 투자하고, 메시지를 키워 더 많은 이에게 닿을 수 있도록 더 큰 팀을 꾸릴 기회를 마련했다. 그렇게 더 많은 돈을 벌고 동시에 더 높은 차원에서 봉사하고자 했다.

제이는 돈과 영성 사이의 균형을 두고 씨름하며 얻은 영감을 바탕으로 강력한 질문을 던졌다.

사명을 추구하는 과정에서
돈을 벌어도 괜찮다.

It is okay to
make money
in pursuit of
your mission.

- 루이스 하우즈

영적인 사람들이 부자가 될 수 없다면, 이는 곧 그들이 가난해야 한다는 뜻입니다. 또 부유한 사람들은 모두 영적이지 않다는 말이 되죠. 이것이 우리가 살고자 하는 세상일까요?
여러분이라면 가장 부유한 사람들, 혹은 가장 많은 자원을 소유한 사람들이 영적 지향 없이 살아가는 그런 세상에 살고 싶을까요? 저는 차라리 가장 영향력 있는 사람들이 깊은 영적 의도를 가진 세상에서 살고 싶습니다.[3]

나에게 영성이란 조화를 이루고 내면의 평안을 누리는 일이다. 하지만 당신이 재정적으로 허덕이고, 꽉 막힌 듯한 기분으로 빚에 얽매여 있다면, 내면의 평안을 누리기란 쉽지 않다. 오히려 정반대다. 실제로는 돈이 부족해 영적 성장을 방해받는 것이다.

물론 어떤 사람들은 돈을 이기적으로 쓰기도 한다. 하지만 우리가 이런 통념에 맞서 더 나은 세상을 만들고자 돈을 쓴다면 어떨까? 오프라 윈프리Oprah Winfrey를 예로 들어보자. 그녀는 자신의 프로그램에서 나눈 대화를 통해 수백만 명의 생각을 바꿔놓았다. 또한 당신 주변에도 장학금을 제정하거나, 세상을 바꾸는 단체를 지원하거나, 도시를 더 살기 좋은 곳으로 만들었던 부자들이 있을 것이다. 이들은 단지 마음만 넓었던 게 아니라, 그에 걸맞은 두둑한 재력도 갖추고 있었다.

왜 돈에만 초점을 두어선 안 된다고 생각하는지 충분히 이해하며 나 역시 동의한다. 하지만 돈이 있다면 의미 있는 사명을 이행하는 능력은 배가된다. 당신은 좋아하는 일을 하면서 동시에 돈을 벌 수 있다. 의미 있는 사명을 분명하게 이해하고 있다면, 그 사명을 뒷받침하고자 돈을 목적으로 삼는 건 아무런 문제가 없다. 의미 있는 사명에 부합하는 수익 사업을 일으키거나 고소득 직업을 통해 당신이 발휘할 수 있는 최대한의 영향력을 행사하는 것도 가능하다.

조금 다르게 생각하라

이런 일을 해낸 대표적인 인물로 티모시 사이크스^{Timothy Sykes}를 들 수 있다. 티모시는 스물한 살에 성인식에서 받은 돈으로 주식 거래를 시작해 백만장자로 자수성가했다. 툴레인 대학^{Tulane University}에서 자선 활동 수업을 듣던 중 메이크어위시 재단^{Make-A-Wish Foundation}의 소원 성취 자원봉사자가 되어 지금도 기부를 이어가고 있으며, 졸업반 땐 동전주 거래로 번 돈을 대학에 장학금으로 기부하기도 했다.

더 많은 일을 하고 싶었던 티모시는 팀원들과 함께 티모시 사이크스 재단^{Timothy Sykes Foundation}을 설립했다. 그는 단순한 기부를 넘어, 다른 사람과의 협력을 통해 혼자서는 낼 수 없었던 더 거대한 영향력을 행사하는 방향으로 의미 있는 사명을 확장했다.

〈더 스쿨 오브 그레이트니스〉에 출연한 티모시는 내가 후원하는 자선단체인 펜슬 오브 프로미스^{Pencil of Promise}에 100만 달러를 기부하겠다고 기쁜 마음으로 발표했다. 100만 달러는 누구에게나 큰돈이지만, 그는 돈보다 중요한 것이 있음을 안다고 내게 말했다. "많은 이들이 100만 달러 기부 같은 명시적인 숫자에 주목하죠. 물론 멋진 일입니다. 하지만 중요한 건 돈으로 무엇을 할 수 있느냐예요. 만약 돈이 없다면, 단체를 돕기 위해 무엇을 할 수 있는지를 물어야 합니다."

티모시는 돈으로 할 수 있는 값비싼 것들은 모두 경험해 봤다. 전용기와 일등석을 이용해 전 세계 100여 개 국가를 여행했고, 아무나 갈 수 없는 고급 레스토랑에서 만찬을 즐겼으며, 옷과 시계, 자동차들을 실컷 사들였다. 하지만 그는 결국 그런 것들이 인생의 본질이 아니라고 말한다. 티모시에게 그런 취미 거리는 즐겁긴 하지만 충만함을 주진 않는다.

만약 그렇게 사는데도 행복하지 않다면, 다르게 생각해 볼 필요가 있습니다. 단순히 돈을 버는 것 이외에, 당신은 살면서 무엇을 할 수 있나요? 당신의 삶은 무엇을 위한 것인가요?[4]

나도 전적으로 동의한다. 누구에게나 꿈과 목표가 있다. 하지만 때론 그런 꿈과 목표들이 스스로 멋져 보이거나 기분 좋아지고 싶은 욕구에서 비롯되기도 한다. 혹은 그 의도가 자존심에서 비롯될 수도 있다. 이를테면, 부모님이 자랑스러워하길 바라거나, 남들에게 깊은 인상을 주고 싶다거나, 친구들 사이에서 돈보이고 싶어서일지도 모른다. 우리는 흔히 자신과 친구들의 성과를 비교하며 친구들만큼 혹은 그 이상을 이뤄내야 한다는 압박을 느끼곤 한다.

하지만 다른 이에게 힘을 실어주는 의미 있는 사명을 세운다면, 이는 곧 자신을 위한 재생가능 에너지로 돌아온다. 삶이 힘겨워지는 순간에도 단지 자신이 아닌 더 거대한 무언가를 위해 움직이고 있다는 사실 덕분에 매일 아침 눈을 뜨고 어려움에 맞설 힘이 생기는 것이다.

이제 의미 있는 사명을 이행하기 위해 더 많은 돈을 벌 준비가 되었다면, 내가 전문가들과 나눈 수많은 대화와 방대한 연구, 그리고 삶과 사업에서 직접 겪은 경험을 토대로 발전시킨 일곱 가지 머니 습관을 만나게 될 것이다. 확실히 하기 위해 다시 한 번 말하자면, 이 습관들은 강력하긴 하지만 어디까지나 성장을 위한 길잡이일 뿐 재정적 조언이 아니다.

자, 이제 더 많은 돈을 벌어보자. 그리고 그 과정에서 더 많은 이들에게 도움이 되어보자.

당신의 전략
첫 번째 연습: 승수 효과(The Multiplier Effect)

돈은 당신이 누구인지 결정하지 않는다. 단지 어떤 사람인지 드러낼 뿐이다. 그리고 당신은 지금 모습만으로도 충분히 세상을 놀라게 할 수 있다. 당신이 가진 최고의 자질과 현재 당신이 인류에게 무엇을 이바지하고 있는지 확인할 수 있도록 표를 만들어 보자. 뽐내도 괜찮다!

한쪽 칸에는 당신의 긍정적인 자질을 나열해 보자. 예를 들어, 당신이 다른 사람을 위해 하는 일들이나 더 나은 세상을 만드는 데 쓰는 재능과 기술, 당신이 베푸는 방식이나 열정을 쏟는 이상 같은 것들이다.

맞은편에는 더 많은 돈이 생겼을 경우 자신의 장점이 어떻게 증대될 것인지를 현재 시제로 적어보자. 예를 들어, "나는 부유하고 풍요로우니, 동물 보호소에 매달 정기적으로 후원할 수 있다"와 같은 식이다.

당신은 이 연습을 통해 의미 있는 사명과 돈 사이를 연결하고, 스스로 준비가 되었다고 세상에 선언할 수 있다.

현재 나의 멋진 점	돈이 나의 기여를 확장하는 방식
지역 동물 보호소에서 봉사할 때 크나큰 즐거움을 느낀다.	나는 부유하고 풍요로우니 시간을 내어 자원봉사 하는 것과 더불어 동물 보호소에 매달 정기적으로 후원할 수 있다. 보호소는 이 후원금으로 더 많은 직원을 고용하고 새로운 장비를 구입할 수 있다.

두 번째 연습: 나의 돈으로 어떻게 더 나은 세상을 만들 수 있는가?

이제 당신의 의미 있는 사명에 돈이 더해졌을 때, 그 돈이 어떻게 더 나은 세상을 만들 수 있을지 꿈꿀 차례다. 당신을 포함한 모든 사람은 각자의 고유한 위치에서 변화를 만들 수 있다. 다음 제시된 항목들을 참고해, 더 나은 세상을 만들기 위해 돈을 어떻게 사용하면 좋을지 간단히 메모하듯 '사업 계획'을 그려보자. 티모시 사이크스와 편하게 저녁 식사를 하는 도중, 당신이라면 사람들을 위해 100만 달러를 어떤 식으로 사용하겠느냐는 질문을 받았다고 상상해 보자. 당신이라면 어떻게 대답하겠는가?

대상. 어떤 사람을 돕고 싶은가? 그 사람이나 집단을 구체적으로 묘사해 보자.

문제. 그들은 어떤 문제에 직면해 있는가?

고통. 그 문제로 인해 어떤 아픔을 겪고 있는가? 그 아픔이 삶에 어떤 영향을 미치는가?

처방. 그들을 돕기 위해 무엇을 할 것인가? 어떻게 하면 그 고통을 덜어줄 수 있을까?

방향. 그들에게 어떤 해결책을 제시할 수 있는가? 그들은 그 해결책을 이용해 어떤 식으로 문제를 풀어낼 것인가?

영향. 당신의 해결책이 어떻게 그들을 더 나은 방향으로 변화시킬 것인가?

결과. 당신의 해결책으로 달라진 그들의 삶은 어떤 모습인가? 어떻게 하면 그들이 또 다른 사람에게 도움을 건넬 수 있을 것인가? 이 해결책이 어떻게 더 나은 세상을 만들 것인가?

Step 3
더 많은 돈을 맞이하기 위해 준비하라

이제 일곱 가지 머니 습관의 힘을 활용해 전략적으로 접근할 차례다. 각 습관은 그 자체로도 강력하지만, 134쪽 그림에서 볼 수 있듯이 습관 위에 습관을 쌓아갈 때 극적인 변화가 일어난다. 세 번째 단계에선 당신이 더 많은 돈을 맞이할 수 있도록 이 강력한 습관들을 활용하는 법을 다룬다. 언제나 그렇듯, 나만의 고유한 이야기를 똑같이 따르거나 내가 했던 그대로 한다고 해서 통장 잔고가 저절로 늘어날 거라는 생각은 말자. 나 역시 당신과 마찬가지로 성장하는 중이다. 하지만 당신은 이 강력한 습관들을 통해 더 나은 당신을 그려내고 돈과의 관계를 치유하여 풍요로운 삶을 누릴 수 있는 최적의 자리에 서게 될 것이다.

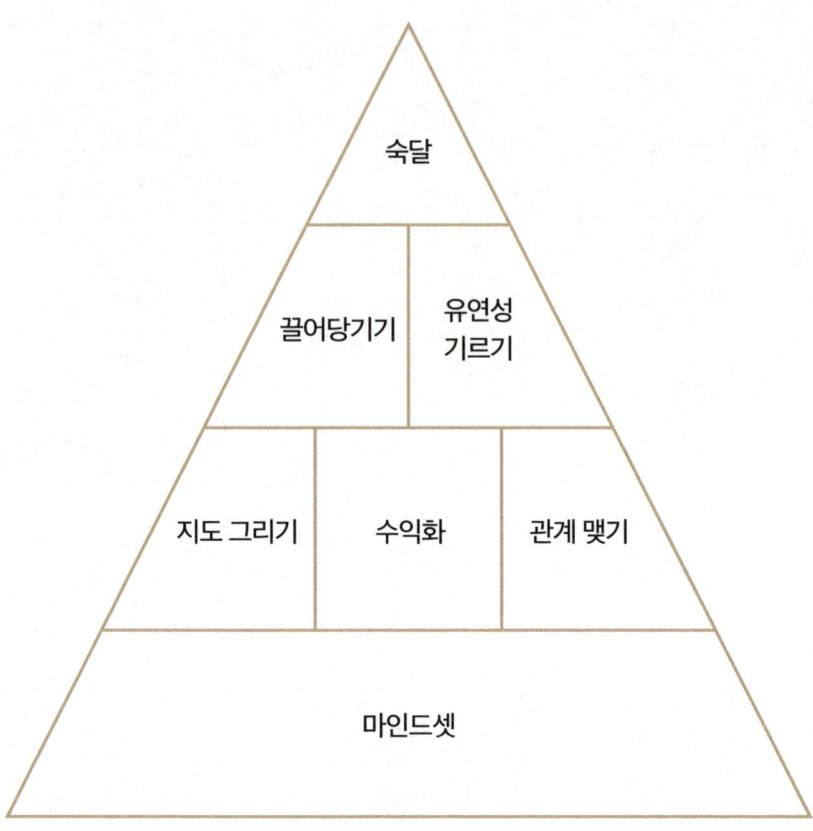

제6장

첫 번째 습관: 마인드셋

Habit 1: The Mindset Habit

베풀며 살자

감사는 풍요에 이르는 길이다

수년 전 처음으로 마스터마인드(공통된 목표를 향해 서로 지지하고 성장시키기 위해 모인 소수의 집단 – 옮긴이) 행사에 참석했을 무렵, 나는 링크드인 교육을 통해 이제 막 주목받기 시작하던 단계였다. 참석자가 스무 명이 채 안 되는 작은 주말 행사였지만 아무렇게나 모인 사람들은 아니었다. 모두 성공한 기업가거나 수백만 달러 규모의 사업체를 운영하는 사업가들이었고 그중 몇몇은 연 매출이 수천만 달러에서 수억 달러에 이르는 회사의 소유주였다. 이제 막 사업에 발을 들여 여전히 미숙한 입장으로 무엇이든 배우려 애쓰고 있던 나는 성장하기 위해선 나보다 훨씬 똑똑하고 경험 많은 사람들과 함께해야 한다는 사실만은 분명히 알고 있었다.

위축되기도 하고 두렵기도 했지만, 나는 그 시점에 할 수 있는 유일한 일을 했다. 다른 회원들 속으로 뛰어들어 그들에게 링크드인 활용을 도와주기 시작한 것이었다. "이거 제가 해결해 드릴게요. 기꺼이 해드리겠습니다." 나는 아무런 대가도 요구하지 않았고 다른 뜻도 없었다. 진심으로 도움이 되고 싶었을 뿐이었다.

주말이 끝날 무렵, 나는 다섯 명의 회원과 깊은 관계를 맺게 되었다. 행사가 끝난 후에도 그들과 연락을 이어가며 어떤 식으로 그들의 링크드인과 소셜 네트워크 전략에 도움을 주면 좋을지 물었다. 회원들은 자신들이 배운 내용에 감명받았을 뿐만 아니라, 그 내용이 자신들의 사업에 직접적인 도움이 된다는 사실에 더욱 고무되어 나와 더 많은 일을 함께하고자 했다. 자기만의 고객층을 보유하고 있던 회원들은 내가 그들에게 알려준 내용을 자기 고객들에게도 전수해 주길 바랐다.

그들은 내게 제안했다. "루이스, 당신이 알려준 것들 정말 대단했어요. 함께 웨비나(온라인 세미나 - 옮긴이)를 열고 싶습니다. 우리 고객들에게도 그 내용을 알려줄 수 있을까요?" 그렇게 해서 나는 석 달 동안 다섯 번의 웨비나를 진행하며 50만 달러의 매출을 올렸다. 그때까지 내가 올린 연간 수익은 25만 달러가 최대였다. 나는 이 경험으로 완전히 새로운 세상에 눈을 떴고, 내 사업은 물론 인생까지 송두리째 달라졌다.

나는 그 경험을 통해 더 많은 돈을 벌고 싶다면, 먼저 가진 것을 베풀며 다른 사람에게 이바지해야 한다는 사실을 깨달았다. 만약 당신이 통장 잔고를 불리고 좀 더 풍요롭게 살고 싶다면 자신의 자원과 지식, 재능, 시간, 에너지를 기꺼이 나눠야 한다. 이는 경력을 쌓든, 사업을 시작하든, 세상에서 앞으로 나아가고자 하든 마찬가지다. 내 경험에 비추어 보면, 나누기 시작하는 순간 성공에 가속이 붙는다.

베풂의 또 다른 모습은 감사다. 감사하는 마음을 가질 때, 더 많은 것을 창조하고, 끌어당기고, 실현하려는 추진력에 불이 붙는다. 베풂과 감사는 서로 떼어놓을 수 없다. 하지만 만약 당신이 죄책감이나 의무감에서 베푼다면, 이는 감사하는 마음이라고 할 수 없다. 감사하는 마음에서 풍요로운 삶으로 가는 문이 열린다면, 베풂으로써 그 삶을 현실로 만들 수 있다. 감사하는 마음을 품는다면 기쁨이 넘쳐나고 긍정적인 감정이 샘솟으며, 좋은 에너지와 깊은 충만감이 따라온다. 충만감이 쌓일수록 삶은 더욱 온전해진다. 결과적으로 당신은 더욱 건강한 기반 위에서 돈을 비롯한 모든 좋은 것들을 끌어당길 수 있다.

돈이나 베풀 만한 다른 게 없을지라도, 감사는 언제든 실천할 수 있다. 그렇기에 아침에 눈을 뜨는 순간부터 매일 감사를 연습해야 한다. 누군가와 함께 있을 땐, 아무런 비용을 들이지 않고도 손쉽게 감사를 표현할 수 있다. 마음속으로 '나는 …에 감사합니다'라고 떠올리기만 해도 충분하다. 나 역시 화창한 날 문 앞에 나가 두 팔을 벌리고 '제게 주어진 모든 것에 감사합니다'라며 되뇌곤 한다.

나누기 시작할 때
성공에 가속이 붙는다.

Success starts
to accelerate
when you
begin to give.

– 루이스 하우즈

감사의 마음과 태도를 가지고 긍정의 자리로 들어서 서로 주고받을 수 있는 상태에 이를 때, 베풂이 시작된다. 감사하는 마음을 품을수록 더욱 자연스레 아량을 베풀 수 있다. 반면, 고마움을 느끼지 못하고 감사하는 마음이 없다면 나누고픈 마음을 기대하긴 힘들다. 또한, 스스로 실망하거나 자신을 사랑하지 않는다면 다른 사람과 협력하거나 그들을 도우며 힘을 보태는 일은 쉽지 않을 것이다.

어떤 사람들은 이런 원칙을 마법 공식처럼 여기며 마치 1달러를 베풀면 다음 날 2달러가 돌아올 거라는 생각으로 억지로 실천하려 든다. 하지만 이 원칙은 그런 식으로 작동하지 않는다. 첫 번째 마인드셋 습관은 세상에 무엇이든 좋은 걸 내놓으면 언젠가 어떤 형태로든 더 나은 모습으로 되돌아오리라는 믿음을 필요로 한다.

감사하는 마음으로 너그럽게 베푸는 자세를 익힌다면 더 풍요롭고 풍족한 삶으로 향하는 길에서 앞으로 이어질 다른 습관들의 효과를 크게 증폭시킬 수 있다.

감사의 힘

감사하며 살아갈 때 삶은 더욱 풍요롭다. 감사와 행복의 연관성을 뒷받침하는 과학적 근거는 명백하다.

예일 대학교 실리만 칼리지Silliman College at Yale의 학장을 지냈고 팟캐스트 〈더 해피니스 랩The Happiness Lab〉을 진행하고 있는 로리

산토스Laurie Santos 박사는 스트레스에 지친 대학생들을 돕고자 행복 과학에 관심을 가지게 되었다. 로리 박사는 행복 과학과 행복에 대한 흔한 오해, 행복을 실천하기 위한 실용적 방법에 초점을 맞춘 '행복의 과학The Science of Well-being'이라는 강좌를 개설해 학생들을 가르치기 시작했다. 이 강좌는 1,200명에 달하는 엄청난 수강생을 수용하기 위해 콘서트홀에서 진행되어야 했다.

〈더 스쿨 오브 그레이트니스〉에 출연해 진행한 인터뷰에서, 로리는 한 연구 결과를 소개했다. 어떤 사람에게 20달러를 주고 하루가 끝날 때까지 그 돈을 직접 쓰거나 다른 사람과 나누라고 요구했을 때, 자신을 위해 돈을 쓴 사람보다 타인을 위해 돈을 쓴 사람들이 더 큰 행복을 느꼈다.[1]

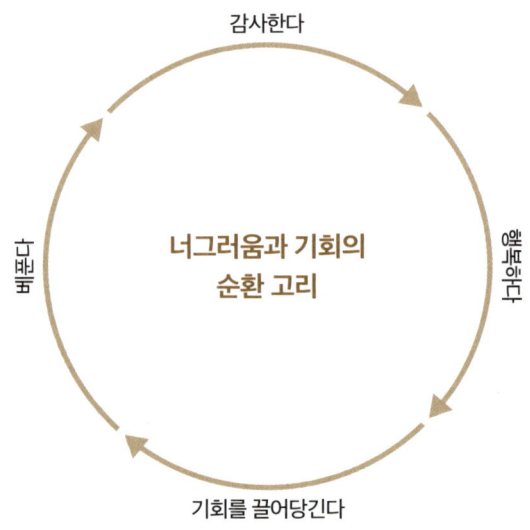

감사하며 살아갈 때
삶은 더욱 풍요롭다.

A grateful
life is a
richer life.

- 루이스 하우즈

베풀 줄 아는 사람들이 감사할 줄 안다. 감사할 줄 아는 사람이 더 행복하다. 더 행복한 사람이 더 많은 기회를 끌어당긴다.

어떻게 베풀어야 할지 알고 싶을 때 이렇게 자문하면 놀라우리만큼 명료할 수 있다. 베풀 줄 아는 사람이라면 어떻게 행동할까? 예를 들어, 나는 예배에 참석했을 때 보통 약간의 헌금을 낸다. 하지만 위 질문을 던져보면, 베푸는 사람들은 더 많은 헌금을 낼 것이란 답을 얻게 된다. 의무감이나 부담감 때문이 아니라 자신이 어떤 사람인지 표현하는 방식으로써 베푸는 것이다. 나는 베푸는 사람이 되기로 했고, 그래서 더 많은 헌금을 낸다.

물론 이런 일이 언제나 쉽지만은 않다. 사업이 잘 풀리지 않거나 경제가 불확실성으로 가득할 때 우리 대부분은 앞으로 닥칠 일을 어렴풋이 짐작만 할 뿐이다. 하지만, 두려움이 아닌 신념을 기반으로 살아간다면, 베푸는 태도를 택할 수 있다.

얼마나 많이 나누느냐의 문제가 아니다. 베푸는 사람이냐 아니냐의 문제다. 누군가에게는 1, 2달러가 될 수도 있고, 누군가에게는 수천, 수백만 달러가 될 수도 있다. 형편껏 나눈 2달러가 200만 달러보다 결코 가치가 덜하지 않다. 너그럽고 열린 마음으로 돈을 대한다면, 두 사람은 모두 돈에 대해 신뢰할 만한 사람으로서 세상과 교류할 수 있는 위치에 서게 된다.

당신의 에너지가 어디로 흐르고 있는지 살펴보자. 베푸는 일이 진정성 있고 기분 좋게 느껴진다면 당신은 기꺼이 베풀고 싶어질 것이다. 하지만 이용당하는 기분이 들거나 자신의 정체성에 어긋난다고 느껴지면 베풀고 싶은 마음이 사라질 것이다. 내적으로든 외적으로든 어떤 압박을 마주하게 된다면 우선 스스로 잘하고 있는지, 돈과의 관계는 어긋나지 않았는지 확인하자.

살면서 마주하는 대부분 상황은 적어도 돈과 직접적인 연관은 없다. 그렇기에 명확한 판단을 내릴 수 있도록 또 다른 질문을 던지면 좋다. **감사할 줄 아는 사람이라면 어떻게 할 것인가?** 지금까지 자신에게 얼마나 많은 것들이 주어졌는지 자각하고, 자신에게 찾아온 그 수많은 것들에 감사하며, 앞으로도 더 많은 것들이 다가오리라고 믿는다면, 지금 당장 돈이나 시간, 에너지, 관심을 얼마간 나눈다고 해서 더 많은 것들을 창출해 내는 데 제약이 되진 않는다.

자신의 가치에 믿음을 가지고, 자기 능력을 신뢰하며, 정체성에 일치하는 삶을 살아간다면, 현재의 당신과 당신이 되고자 하는 모습에 적합하게 자원을 활용함으로써 돈과 관련된 더 많은 기회를 창출할 수 있을 것이다.

베풂이라는 씨앗을 심어라

어릴 적, 아버지는 두 누이와 나를 데리고 한 시간쯤 차를 달려 오하이오주 벨폰테인의 YMCA 캠프 윌슨Camp Willson을 방문하곤 하셨다. 가족 캠프가 열리는 주말이면 나는 수영을 하거나 연못에서 낚시하며 야외 활동을 즐겼고, 아름다운 자연과 하나가 된 것만으로도 즐거워했다. 하지만 어느 무더운 여름날은 조금 달랐다. 우리는 단순히 놀거나 호수에서 수영이나 하려고 캠프에 간 것이 아니었다. 우리는 나무를 심으러 갔다.

이른 아침 캠프장에 들어섰을 때, 흙먼지 가득한 언덕진 공터 위에 30센티 남짓한 묘목 수천 그루와 작은 모종삽이 잔뜩 실린 거대한 픽업트럭이 서 있었다. 아버지는 우리를 트럭 주위로 불러 모으시더니, 인간으로서 책임감을 가지고 우리가 살고 있는 공동체에 이바지하며 기회가 닿는 대로 선행을 베풀어야 한다고 하셨다.

아버지는 이렇게 말씀하셨다. "우리 가족에게 너무나 큰 즐거움을 안겨준 이 장소에 보답할 기회란다. 언젠가 우리가 떠난 뒤에도 지금 심는 나무들이 수십 년, 어쩌면 수백 년 동안 사람들과 동물들에게 그늘을 드리우며 아름다움과 영감을 줄 거야. 그리고 이 캠프장을 풍요롭게 해주겠지."

아홉 살이던 나는 아버지의 말씀에 별다른 감흥을 느끼지 못했다. 38도에 가까운 오하이오의 한여름 날씨 속에서 시원한 호수에서 뛰놀아야 할 시간에 나무를 심겠다고 주저앉아 땅을 파고 있자니, 너무 바보 같을 뿐이었다.

우리는 종일 그곳에 머물며 해 질 무렵까지 빈터를 따라 줄지어 1,000그루가 넘는 나무를 심었다. 내내 불평만 늘어놓던 나를 보고 나무 심기를 재치 있게 게임이자 경쟁으로 바꿔주신 아버지 덕분에, 나는 겨우 나무 심기에 빠져들 수 있었다.

그 후로 10년 동안 우리는 매년 캠프장을 찾아 자그마한 나무들이 천천히 자라나는 모습을 지켜봤다. 하지만 그 작은 숲은 여전히 그리 대단해 보이지 않았다. 그러다 아버지가 교통사고로 외상성 뇌손상을 입으신 후로는 캠프장을 찾지 않았다. 불과 몇 해 전 아버지가 돌아가시고 나서야 나는 다시 캠프 윌슨을 찾았다. 우리가 나무를 심은 지 꼭 30년 만이었다.

캠프장 진입로에 들어섰을 때, 10~15미터 높이로 우뚝 서서 캠프장을 둘러싸고 완전한 숲을 이룬 나무들의 모습을 보고 나는 너무나 놀랐다. 그리고 아버지께서 삶과 고마움, 베풂에 대해 소중한 가르침을 주셨던 어린 시절 그날을 떠올리지 않을 수 없었다.

옛 격언은 이렇게 말한다. "자신이 그 그늘에 앉으리라 기대하지 않으면서도 나무를 심는 데 진정한 삶의 의미가 있다." 이 말은 양방향으로 통한다. 오늘 나는 베푸는 마음으로 씨앗을 심을 수 있다. 씨앗을 심어도 내게 직접적인 이득은 없겠지만 누군가는 그 혜택을 누릴 것이다. 마찬가지로, 누군가가 정작 자신은 누리지 못할 걸 알면서도 심어놓은 나무 덕분에 그 그늘 아래서 내가 행복을 맛볼 수 있다. 우리는 때로는 씨앗을 뿌리고, 때로는 누군가 심어둔 씨앗에서 자라난 나무 아래서 그늘을 즐긴다.

아마도 이런 이유에서 그렇게나 많은 위대한 격언들이 받는 것보다는 주는 것이 낫다고 이르는 모양이다. 베풂에서 오는 외적인 이득도 있지만, 베푸는 과정에서 내적으로 성장하고 평안을 얻는 덕분에 우리는 언제나 풍요로운 삶을 확실하게 경험할 수 있다.

　나는 내가 베푸는 모든 것이 어떤 형태로든 다시 내게 되돌아오리라고 믿는다. 그것은 10배, 100배, 심지어는 1,000배에 이르는 풍요로운 돈의 형태로 돌아올 수 있다. 혹은 깊어진 인간관계나 기억, 평화, 또는 즐거움일 수도 있고, 나와 내가 사랑하는 사람들에게 더욱 풍요로운 삶을 안겨주는 여러 가지 다양한 형태일 수도 있다.

　죽었을 때, 우리 중 그 누구도 돈을 가지고 갈 수는 없다. 세계 제일의 부자도 모든 걸 남겨둔 채 떠난다. 그런 사람들이 돈을 붙들고 있는 대신, 씨앗을 심는 마음으로 베푼다면 어떨까? 씨앗이 무엇으로 자라날지는 통제할 수 없지만, 언제, 어디에, 어떻게 심을지는 결정할 수 있다. 죽어서는 결코 할 수 없는 일이다.

　내 프로그램에서 여러 차례 인터뷰했던 토니 로빈스^{Tony Robbins}는 이 비밀을 입증하는 자신의 이야기를 들려준다. 열일곱 살이던 토니는 차 뒷좌석에서 잠을 청하며 생계를 유지하기 위해 하루 열여덟 시간씩 일했다. 받아야 할 돈이 수천 달러였지만, 받아낼 수가 없었다. 수중에 26달러가 전부였던 토니는 남은 돈을 털어 근처 뷔페에서 마지막 식사를 만끽하기로 했다.

　식사를 하고 남은 17달러를 주머니에 넣던 순간, 토니는 말끔하게 차려입은 소년이 어머니로 보이는 여성과 함께 들어오는 모습을 보았다. 신사처럼 행동하는 소년의 모습이 인상적이었다. 자리를 나서던 토니가 멈춰서서 어머니께 저녁을 대접하는 모습이 보기 좋다고 말하자, 소년이 대답했다. "아, 제가 사드리는 게 아니에요. 아직 일을 하는 게 아니라서 돈이 없거든요."

"이젠 있잖니." 토니는 이렇게 말하며 마지막 남은 17달러를 소년의 테이블 위에 올려두었다. 토니의 표현에 따르면, 그는 마지막 한 푼까지 내어준 뒤 느낀 자유로움에 힘입어, 마치 '날아오르듯' 식당을 빠져나왔다.

집에 돌아온 토니는 우편함에서 무엇을 발견했을까? 그에게 빚졌던 사람이 보낸 편지였다. 빚을 갚지 못해 미안하다는 말과 함께 밀린 돈 전액에 대한 수표가 들어 있었다.

토니는 두려움과 분노가 만든 결핍의 사고방식에서 벗어나 사랑과 베풂에서 비롯된 풍요의 마인드셋을 배우고 있었기에, 가진 게 없던 상황에서도 베풀 수 있었다. 자신이 그리는 최고의 모습에 다가설수록 더 많은 돈이 흘러들었고, 덕분에 베풂을 이어갈 수 있었다.

당신도 마찬가지다. 가진 것이 많지 않은 상황에서도 돈을 잘 관리할 수 있음을 보인다면, 더 많은 돈이 자연스레 당신에게로 흘러들 것이다. 돈은 당신이 믿을 만한 사람인지 알고 있다. 그리고 더욱 많이 베풀며 가진 것에 더 깊이 감사할수록 그 신뢰는 점점 단단해진다. 어느 날 마법처럼 베푸는 사람이 될 수는 없다. 지금 당장 시작하자. 돈에 있어 믿을 만한 동반자라는 사실을 보여주자.

돈뿐만 아니라, 당신이 가진 어떠한 자원이라도 마찬가지다. 이제 막 링크드인을 이용해 사람들을 돕기 시작했을 무렵, 나는 내 시간과 지식을 아낌없이 나눴다. 도움이 필요한 사람들을 위해 무료 상담과 워크숍을 수없이 진행하고, 만남도 끊임없이 이어갔다.

다른 사람을 돕는 일은 그저 사람을 도왔다는 사실만으로도 나를 더욱 건강하게 만들었다. 게다가 그때 심었던 베풂의 씨앗들이 훗날 결실을 보았다. 특히 〈더 스쿨 오브 그레이트니스〉 초창기 시절, 내가 도움을 줬던 이들 가운데 많은 사람이 프로그램을 찾아주었다. 돈을 목적으로 베풀었던 것은 아니었지만, 그 덕분에 돈이 내게로 흘러들었다.

나는 이것이 세상이 돌아가는 방식이라고 믿는다. 수월하게 돈을 벌어보고 싶다면 베푸는 법을 익혀보자. 당신이 감사함을 느끼며 베풀 줄 아는 그릇이 아니라면, 애써 번 돈마저 모두 새어 나가 만족감은커녕 공허함만 남을 것이다. 기꺼운 마음으로 도움의 손길을 내미는 협력자가 되기 위해, 돈과 시간과 능력을 비롯해 당신이 가진 모든 것을 베풀 수 있도록 연습하자.

누적되는 나눔

한 가지는 분명히 하자. 이 마인드셋 습관은 '부자 되기 속성 계획'이 아니다. 씨앗을 심으면 열매가 열리기까지 시간이 걸린다. 그래서 많은 이들이 이 과정을 건너뛴다. 지름길을 택했다고

수월하게 돈을 벌고 싶다면
나누는 법을 익혀라.

If you want
to make
money easy,
get good at
giving it away.

- 루이스 하우즈

생각하지만, 실제로는 답답했던 출발점으로 되돌아가는 우회로를 고른 셈이다. 설령 돈은 많이 벌지라도, 돈이 안겨주리라 기대했던 한층 풍요로운 삶은 만나지 못한 채 공허함만 남게 된다.

기업가이자 팟캐스터이며 베스트셀러 《'한 번 더'의 힘The Power of One More》의 저자인 에드 마일렛Ed Mylett은 다섯 살 생일 파티를 들어 설명했다. 아이들 모두가 피냐타(멕시코의 각종 행사에 쓰이는 전통 인형으로, 도자기·종이·천 등의 재질로 만들어졌다. 속에는 사탕이나 과자 같은 먹거리가 들어 있으며, 인형을 두들겨 깨뜨린 후 그 안의 먹거리를 나누어 가진다 - 옮긴이)를 차례차례 두들겼지만, 작은 소녀가 인형을 깨뜨려 사탕이 흘러나오고 나서야 모두가 함께 즐기며 축하할 수 있었다. 그의 요지는 무엇이었을까? 피냐타가 깨지기까지 상당한 힘이 누적되어야 한다는 것이었다.

에드는 내게 이렇게 말했다. "사람들 대부분은 사탕이 쏟아질 때까지 기다리지 못합니다. 하지만 시간이 걸릴 뿐, 보이지 않는 진전이 일어나고 있는 겁니다. 의욕이 꺾이거나 어떻게 해야 할지 모르겠는 순간이 오면, 당신이 쌓아온 누적의 힘을 믿으세요."[2]

"당신은 그 잠깐을 견딜 수 있나요?" 에드는 《생각하라 그리고 부자가 되어라Think and Grow Rich》의 저자 나폴레온 힐Napoleon Hill의 말에 빗대어 내게 물었다. "우리는 흔히들 모든 게 영원하다고 생각합니다. 우리 대부분이 그래요. 그래서 순간의 조건에 기대어 영구적인 결정을 내리고 맙니다. 그 대신 자신에게 이렇게 말해보세요. 이 순간의 고통 너머에는 또 다른 내가 있다."[3] 그게 바로 앞으로 펼쳐질 당신의 모습이다. 당신은 모자람이 없으며 계속해서 성장하고 있다. 그러나 더욱더 성장하고자 한다면 더 많은 결실이 누적되는 방식으로 기꺼이 베풀어야 한다.

당신에게 이런 질문을 던지고 싶다. 당신은 사탕이 쏟아질 때까지 기꺼이 기다릴 수 있겠는가? 성장해 가는 당신의 모습과 당신이 심은 씨앗들이 미래의 더욱 풍요로운 삶을 보상해 주리라 믿으며 하루하루를 쌓아가겠는가? 베푸는 마인드셋이 수월하게 돈을 버는 데 도움을 주리라 믿으며 감사하는 마음으로 꾸준히 나누겠는가?

누적되는 나눔의 힘을 보여주는 또 다른 사례로 TED(테드)의 대표이자 《가장 다정한 전염Infectious Generosity》의 저자인 크리스 앤더슨Chris Anderson을 들 수 있다. 크리스의 설명에 따르면, TED 강연의 상징성이 이렇게 널리 퍼진 데는 한 가지 이유가 있었다. TED가 그 강연을 나눴기 때문이었다. 크리스는 공동 창업자로부터 TED를 인수할 기회를 얻었을 때, TED가 본래 다루던 기술 · 엔터테인먼트 · 디자인Technology · Entertainment · Design의 범주를 넘어 지식을 키우고 공유할 수 있으리라는 가능성에 크게 고무되었다. 그래서 그는 TED를 영리기업으로 인수하는 대신 자신의 비영리 재단으로 편입시켜, 원한다면 누구나 지식을 나눌 수 있도록 했다.

강연 자체는 한정적이었지만, 크리스는 공익을 위해 새로 설립된 비영리기구를 운영하려면 강연을 온라인에 무료로 배포하는 것이 최선이라고 판단했다. 전 세계 누구든 무료 라이선스를 신청해 TED 강연을 열 수 있었다. 단지 앞에 TEDx라고 붙이기만 하면 됐다. 크리스의 재단은 기본적인 규칙과 수단을 제공하며 주최자들이 원하는 장소에서 연사를 초청해 자유롭게 행사를 꾸릴 수 있도록 했다. 이런 나눔과 신뢰를 바탕으로 TED는 커뮤니티를 구축할 수 있었다.

그 결과는 세상을 바꿔 놓았다. 2025년 기준, 7만 명이 넘는 사람들이 아무런 대가 없이 손해를 감수하며 자발적으로 TEDx 행사를 주최하고 있다. 이들은 연간 2만 5,000개의 영상을 제작하며, 사이먼 시넥Simon Sinek이나 브렌 브라운Brene Brown과 같은 걸출한 목소리를 우리에게 들려준다.

TED는 자기 브랜드를 무료로 개방하여 사람들이 거듭 활용할 수 있도록 했다. 크리스는 이렇게 말했다. "우리는 더 나은 세상을 만들고자 우리가 가진 경쟁의 비밀을 털어놓습니다. 다른 이들이 우리의 전략에서 배우기를 바랍니다."[4]

머니 자석이 되어라

마인드셋 습관에서는 감사하는 마음으로 베푸는 것뿐만 아니라 돈을 둘러싼 생각의 틀을 바꿔 새로운 방식으로 사고할 수 있도록 자신을 다시 프로그래밍하는 것 또한 중요한 부분을 차지한다. 너무나 많은 사람이 의도치 않게 흘러들어 오는 돈의 흐름을 막고 있다.

"모든 이가 필요로 하며 간절히 원하는 돈은 그 자리에서 사람들을 기다리고 있습니다. 그들의 삶에 돈이 들어오지 못하는 이유는 단 한 가지예요. 돈이 그들의 삶 속으로 흘러오는 걸 스스로 막고 있기 때문이죠."[5] 공전의 히트를 기록한 베스트셀러《시크릿 Secret》의 저자 론다 번 Rhonda Byrne 이 돈과 끌어당김의 힘에 관해 이야기하던 중 내게 해준 말이다. 당신은 다음과 같은 생각들로 돈의 흐름을 막고 있을지도 모른다.

1. **부족하다는 생각**. 나는 무엇도 살 수 없을 정도로 돈이 부족하다는 생각에 엄청난 스트레스를 받으며 '내가 돈이란 걸 벌 수 있을까? 내게 돈이 들어오긴 할까?'라고 자문하곤 했다. 그때 나의 멘토 크리스 호커는 이렇게 말했다. "돈은 네가 준비됐을 때 찾아오는 거야."

   만약 그때 내게 돈이 생겼대도 오래 지켜내진 못했을 것이다. 투자하는 법도 배우지 못했을 것이고, 무턱대고 써버리거나 지나친 걱정에 붙들고만 있었을지도 모른다. 어떻게 하면 돈이 내 삶을 드나들게 할 수 있는지도 몰랐을 것이고 선뜻 베풀지도 못했을 것이다.

   마음속에서 돈이 부족하다는 생각은 내가 부족한 사람이라는 생각으로 이어졌다. 돈과 의미 있는 방식으로 마주하기 전에 나 자신부터 가다듬어야 했다.

2. **자격이 없다는 생각.** 우리는 스스로 마음 맞는 것을 끌어당긴다. 만약 당신이 결핍과 부족함, 무가치함에 마음을 두고 있다면 삶 속에서 그런 것들을 더 자주 마주하게 될 것이다. 당신에게 정말 자격이 없다면, 돈을 비롯한 여타 좋은 것들이 당신에게 흘러들어 올 이유가 있을까?

돈을 원한다고 아무리 말해봐야 소용없다. 자기 자신에게 자격이 없다고 생각한다면 돈이 들어오는 길을 스스로 막고 있는 셈이다. 무의식적으로 재정적 성공의 기회를 가로막거나, 익숙한 지대에 머물며 위험해 보이는 일이라면 더 큰돈으로 이어질 가능성이 있더라도 피해버리고 만다.

큰돈을 벌 기회가 눈앞에 있어도, 기회를 미루거나 스스로 발목 잡고 있지는 않은가? 마음속 깊은 어딘가에선 성공을 두려워하고 있는지도 모른다. 하지만 스스로 가치 있고 풍요로운 사람이라고 믿는다면, 돈을 비롯해 당신이 마땅히 누려야 할 축복들이 밀려들 문이 활짝 열릴 것이다.

3. **돈은 부정적이란 믿음.** 어린 시절 들었던 돈에 대한 부정적인 이야기들은 무의식 속에 남아, 성인이 된 당신의 삶 속에서 돈의 흐름을 가로막는 믿음과 행동으로 굳어진다. 예를 들어, 더 많은 돈을 벌고 싶다고 말하면서도 속으론 부자가 나쁘다고 생각한다면, 스스로 부자가 되는 길을 차단하는 셈이다.

당신의 머니 스토리 가운데 더 이상 도움이 되지 않는 부정적인 이야기는 무엇인가? 이제는 긍정적인 이야기로 바꿔야 함에도 여전히 붙들고 있는 이야기는 무엇인가? 이야기를 바꾸는 데는 노력이 필요하지만, 이는 자신을 위해 마땅히 해내야 하는 일이다.

우리 아버지는 가족들이 모여 스포츠 경기를 볼 때 약이나 질병에 관한 광고가 나오면 TV 소리를 꺼버리곤 하셨다. 질병이나 약물에 관한 정보가 가족들의 마음속에 계속해서 스며드는 것을 원치 않으셨던 것이었다. 사람은 듣는 것을 믿게 되고, 그 믿음이 결국 현실이 된다는 심오한 진실을 아버지는 이해하고 계셨다.

론다 번은 말했다. "**끌어당김의 법칙**Law of Attraction은 **당신이 믿는 만큼만 작용합니다.**"[6] 부정적인 것들을 들여놓는 대신, 마음의 경로를 바꾸거나 대화의 방향을 조정하고, 생각을 전환하거나 아예 그 상황에서 벗어나는 편이 낫다. 도움이 되지 않는 생각과 믿음들이 자리 잡지 못하도록 마음의 경계를 세워야 한다.

4. 현재의 직업이 유일한 희망이라는 믿음. 어쩌면 당신은 부모님이 평생 한 직업만으로 살아온 모습을 지켜봤을지도 모른다. 부모님의 모든 수입은 거기서 나왔고, 주변의 모든 이들 역시 일한 시간만큼 돈을 버는 방식에 만족했을지도 모른다. 그러다 보니 당신도 돈을 버는 길은 오직 그 방법

뿐이라는 생각에 익숙해졌을 것이다.

돈을 버는 방법이 오직 하나뿐이라고 믿는 순간, 부업을 시작하거나, 다양한 방식으로 투자하거나, 꾸준한 수입원을 만들거나, 뜻밖의 재정적 행운을 얻는 등 돈이 찾아오는 다른 가능성의 문이 닫혀버린다. 또한 실패가 두려워 더 큰 가치를 창출하거나 더 많은 돈을 버는 데 필요한 위험을 감수하지 않게 된다.

직장을 잃을까 두려워한다면, 임금 인상을 요구할 만큼 스스로 가치 있게 여기지 못하고, 잠시 쉬어갈 여유조차 허락하지 못하며, 승진이나 새로운 기회를 여는 데 도움이 될 새로운 기술을 배워야겠다는 생각조차 못 할 것이다. 당신이 이러한 믿음에서 벗어날 때, 재정적 안정을 탄탄히 하고, 계산된 위험을 감수하며, 새로운 소득 기회에 마음을 열 수 있다.

론다 번은 금전적으로 허덕이던 시절, 매일 긍정의 말을 되뇌며 다시금 마인드셋을 단련했다. **나는 돈이 충분하다. 나는 필요한 것을 끌어당긴다. 나는 손대는 일마다 성공한다.** 그녀는 이미 가지고 있는 것들과 다가올 것들에 감사하는 마음을 표현하려 했다. 청구서 요금을 내야 할 때를 포함해 돈과 관련해 부정적인 감정이 솟아날 때마다 긍정적으로 느낄 수 있도록 뒤집어서 생각했다.

론다는 우편함을 열고 또다시 쌓인 청구서를 볼 때마다 속이 철렁 내려앉았다. 하지만 그 두려움에 사로잡히진 않았다. 오히려 끌어당김의 법칙에서는 자기 생각이 상상이건 실제건 중요하지 않다는 사실을 깨달았다. 그때부터 게임을 시작했다.

론다는 청구서를 펼쳐 들 때마다 종이 한 장을 꺼내 들고 기쁘게 외쳤다. "와! 방금 우편으로 1,200달러를 받았어!" 그러고는 다음 청구서를 열고 받게 될 금액에 기뻐하며 그날 받은 총액 목록에 숫자를 더했다. 나중에는 자신이 받는 돈이 충분치 않다고 느끼며 숫자 뒤에 0을 덧붙여 총액을 키우고는 외쳤다. "좋았어! 오늘은 15만 달러가 들어왔어!" 그렇게 기분이 나아진 론다는 자리에 앉아 또 다른 게임을 즐기며 자신이 감당할 수 있는 만큼의 청구서를 처리했다.

론다는 청구서를 비용으로 보는 대신 기업에 내는 후원금이라고 상상했다. 가령, "이 회사는 훌륭하게도 내게 전기를 공급해 주었으니, 여기에 후원해야겠어. 이 돈이면 그 회사 직원들이 자녀 교육도 하고, 먹을 것도 사고, 주택 대출금도 갚을 수 있을 거야"라는 식이었다. 그녀는 이 상상의 후원금이 회사 직원들에게 좋은 방향으로 쓰일 거라고 생각하며 돈에 대한 감정을 바꿔 나갔다. 청구 요금 납부를 베풂의 행위로 재구성한 것이었다.

하지만 은행 명세서를 받아 들었을 때, 상황은 녹록지 않았다. 신용카드 두 장은 모두 한도를 꽉 채운 상태였고, 갚을 방법도 없었다. 론다는 매직을 꺼내 들고서 명세서에 적힌 금액에

0 네 개를 덧붙이고는 이렇게 적었다. "감사합니다. 납부했어요."[7]

론다의 장난기 어린 해결책을 보면 앨런 와츠Alan Watts의 말이 떠오른다. "지금, 이 순간 하고 있는 일에 온전히 몰입하는 것, 일이라 부르는 그것이 사실은 놀이임을 깨닫는 것, 그것이 인생의 진정한 비밀이다."[8]

혼다 켄은 열아홉 살 때 통장에 든 약간의 돈만 가지고 미국으로 건너와 1년짜리 실험에 나섰다. 만나는 사람들의 너그러움에 기대 '친절 지수kindness factor'를 탐구하려는 계획이었다. 한번은 공원에서 만난 남성에게 혹시 근처에서 거의 돈을 들이지 않고 식사할 수 있는 식당이 있는지 물었다. 그러자 그 남자는 혼다를 식당으로 안내했을 뿐만 아니라 식대까지 대신 내주었다. 더욱이 혼다가 머물 곳이 없다는 사실을 알게 되자 자기 집으로 초대하여 묵게 해주었다.

1년이 지난 후 혼다의 통장엔 일본에서 가져왔던 돈이 고스란히 남아 있었다. 혼다는 한 번도 굶주린 적이 없었고 매일 밤 잘 곳도 있었다. 그때가 1987년이었고 혼다는 여전히 그때 받았던 호의를 되갚으며 살고 있다. 해외에서 젊은 미국인 관광객을 만나면 식사를 대접하곤 한다.[9]

혼다는 자신을 둘러싼 세상에 이바지할 때 무엇을 핵심으로 여기는지 말해줬다.

당신은 청구서에 압도당하는 대신, 세상에 이바지할 수 있는 아이디어를 창의적으로 떠올릴 수 있습니다. 만약 당신이 자신의 존재와 재능을 이용해 좀 더 창의적으로 세상과 사람들에게 이바지할 수 있다면, 행복한 돈의 흐름을 만들 수 있습니다. 그 결과, 더 많은 돈을 맞이하게 되죠.[10]

즐거운 일이랍시고 당장 감당할 수도 없는 일을 저지르거나 천문학적인 빚을 지면서까지 가진 돈을 죄다 퍼주는 식으로 '그런 척'을 하라는 것이 아니다. 다만, 생각의 틀을 뒤집고 돈을 향해 유쾌한 에너지를 뿜어낼 방법을 찾을 수 있다면, 당신은 돈을 끌어당기는 자석이 될 것이다.

감사하는 마음을 실천하라

감사하는 마인드셋을 기르고 베풂의 근육을 키우기 위한 몇 가지 간단한 일상 연습법이 있다.

1. **돈을 나눠보자.** 동네 커피숍에 들렀을 때, 주변 사람들에게 마음을 기울여 보자. 유난히 끌리는 사람이 있다면 그들과 돈을 나눠보자. 음료를 만들어주는 바리스타일 수도 있고 미소를 건네는 손님일 수도 있다. 거창한 금액일 필요는 없다. 자동차 컵홀더에서 찾은 동전이나 지갑 속 5달러짜리 지폐도 괜찮다. 이런 식으로 풍요로움과 긍정적인 태도를

나눔으로써 끌어당김의 법칙을 일으켜 당신에게로 더 많은 것들이 되돌아오게 할 수 있다.

2. **돈을 발견하는 즐거움을 누려보자.** 외출하기 전, 밖을 돌아다니는 동안 얼마를 발견하면 좋을지 액수를 정해보자. 다시 한번 말하지만, 동전 하나가 될 수도 있고 지폐 한 장이 될 수도 있다. 당신이 원한다면 얼마든 상관없다. 그 가능성에 마음을 열자. 그리고 혼다 켄이 제안했듯, 돈을 발견하면 당신에게 와줘서 고맙다고 인사를 건네고 어디로 가고 싶은지 물어보자.

3. **매일 감사하는 마음을 갖자.** 침대에서 일어나는 순간, 당신이 감사히 여기는 세 가지를 떠올리며 하루를 시작해 보자. 마음속으로 떠올리기만 해도 괜찮고, 한 걸음 나아가 감사 일기를 적어도 좋다.

하루를 보내는 동안 주변 사람들에게 곁에 있어 줘서 고맙다고 표현해 보자. "오늘 회의 중에 도와주셔서 감사합니다", "커피 챙겨주셔서 고마워요. 제 것까지 신경 써주시다니, 정말 감사합니다", "오늘 이렇게 긍정적으로 시간 내주셔서 감사합니다. 큰 힘이 됐어요." 매일 점심시간, 더 나은 삶을 만들어준 세 사람에게 감사 문자를 보내보자. 그것도 아니면 단 몇 초 만이라도 주변 사람에게 감사의 마음과 그 이유를 전해도 좋다.

마지막으로 매일 밤 잠자리에 들기 전, 그날 감사했던 일 세

가지를 떠올려 보자. 다시 말하지만, 글로 적는 게 효과적이라면 그렇게 해도 좋다. 그런 다음 잠드는 동안 현재에 집중하며 긍정적인 상태 속에서 자신이 어떻게 변하고 있는지 관찰하자. 감사하는 마음에 집중하며 한 주를 보낸 후, 자신에게 어떤 변화가 있었는지 돌아보자.

핵심은 호기심과 용기, 열린 마음, 유쾌함을 가지고 마인드셋 습관에 접근하는 것이다. 흔히 말하듯, 베푸는 자세를 취할 때 우리는 풍요의 흐름과 하나가 된다. 마찬가지로, 감사하는 마음을 더 자주 표현할수록 삶 속에서 번영의 기운을 느낄 수 있다.

수월하게 돈을 벌고자 할 때 가장 먼저 길러야 할 습관이 마인드셋인 이유가 바로 여기에 있다.

당신의 전략

첫 번째 연습: 감사는 공짜다

감사하는 마음은 아무런 비용도 들지 않지만, 원하는 모든 것을 얻는 핵심이다. 매일 감사하는 습관을 들이는 것이 비결이다. 좀 더 간단히 하기 위해, 제시문을 활용해 당신의 삶에 존재하는 풍요의 목록을 만들어보자.

이 연습을 꾸준히 할수록 세상을 바라보는 시선이 달라지고 풍요를 끌어당길 수 있는 자리에 설 가능성도 커진다.

다음 제시문을 일일 감사 연습의 출발점으로 삼자.

월요일: …덕분에 나는 신체적으로 강해졌다.

화요일: …덕분에 나는 감정적으로 온전해졌다.

수요일: …덕분에 나는 영적으로 깨달았다.

목요일: …덕분에 나는 즐겁게 미소 지을 수 있었다.

금요일: …와 함께한 대화와 만남 덕분에 오늘 희망을 품을 수 있었다.

토요일: …와 같은 새로운 생각 덕분에 사고의 폭이 넓어졌다.

일요일: …와 같은 달라진 자기 믿음 덕분에 새로운 가능성을 보게 되었다.

이 제시문을 그대로 써도 좋고 스스로 만들어도 좋다. 하루하루 감사의 마음을 표현하자. 감사하는 마음은 공짜이며, 당신이 더 많은 것을 맞이할 준비가 되었음을 세상에 알려준다.

두 번째 연습: 지금 돈을 나눠보자

이 연습은 나눔을 행동으로 옮기는 것이다. 다음 장으로 넘어가기 전에, 조금이라도 돈을 나눠보자. 깊이 고민하지 말고 단순하게 생각하자. 다음과 같은 방식으로 실천할 수 있다.

- 당신이 관심을 두는 의제를 떠올리고 그와 관련된 활동을 하는 단체를 찾아 지금 당장 온라인으로 후원한다.
- 경제적으로 고생하는 친구나 지인을 떠올리고, 젤^{Zelle}(미

국에서 널리 쓰이는 개인 간 송금 서비스 - 옮긴이)이나 벤모$^{Ven-mo}$(미국의 모바일 결제 서비스 - 옮긴이)를 이용해 지원한다.
- 자기계발에 투자하고 있는 사람을 알고 있다면, 연락을 취해 강좌나 교육과정에 지원하겠다고 제안한다.
- 커피숍이나 드라이브스루에서 뒷사람의 주문을 대신 결제한다.
- 같은 식당에서 밥을 먹고 있는 누군가를 대신해 식대를 몰래 결제한다.
- 상점에서 낯선 이에게 다가가 현금을 건넨다.

이 가운데 어느 것을 택해도 상관없고, 당신만의 방식을 만들어도 좋다. 중요한 건 지금 당장 베푸는 일이다. 그리고 어떤 식으로든 베풀 수 있음에 감사하자.

세 번째 연습: 베풂의 씨앗을 심어라

장기적인 안목으로 오늘 심을 수 있는 '베풂의 씨앗' 목록을 떠올려 보자. 그리고 앞으로 수년 뒤, 그 나무가 어떤 모습일지 몇 문장으로 적어보자. 그 그늘에는 누가 앉아 있을까? 그들은 어떤 도움을 받을까? 함께 땅을 일궈줄 사람은 누구일까? 심는 씨앗의 크기는 작지만 꿈은 크게 꾸자.

씨앗	나무 그늘
나는 고등학생 멘토링을 좋아하는 기업가다. 지역 학교에 연락해, 한 달에 한 번씩 학생들을 만나 직접 겪은 경험을 활용해 자신만의 기업을 세우는 법을 알려주고자 한다.	10년 후, 이 학생들은 우리가 함께한 시간을 토대로 성장한다. 이들은 자기만의 기업을 세웠고, 그 기업은 오늘날 우리가 상상도 못 하는 방식으로 혁신을 일으키고 있을 것이다. 그리고 이번에는 이들이 직접, 자기만의 기업을 세워 다른 이들에게 영향을 미치고자 하는 여고생들을 멘토링할 것이다.

제7장

두 번째 습관: 지도 그리기

Habit 2: The Mapping Habit

인생을 계획하라

7학년에서 8학년으로 넘어가는 여름, 부모님은 나를 미주리에 있는 크리스천 사이언스 Christian Science(1879년 미국의 메리 베이커 에디 Mary Baker Eddy가 창립한 기독교 계통의 신흥 종교 - 옮긴이) 여름 캠프에 보냈다. 나는 그곳에서 인생의 궤도를 바꿀 만한 계획을 세웠다. 가을이 되면 집에서 차로 일곱 시간 거리에 있는 크리스천 사이언스 사립 기숙학교에 입학하리라는 결심이었다. 반대는 있을 수 없었다.

첫째 누나는 이미 대학에 진학했고 둘째 누나는 곧 고등학교를 졸업할 참이었다. 형은 4년 반의 수감 생활을 마치고 최근에 집으로 돌아온 상태였다(루이스 하우즈의 형 크리스티안 하우즈 Christian Howes는 LSD 판매 혐의로 4년 반을 복역했다 - 옮긴이). 늦둥이 막내였던 나는 외로웠다. 아이들 대부분이 자신이 이해받지 못한다고 느끼는 시기를 겪는다는데, 나 역시 예외는 아니었다.

그 한 가지 이유로, 부모님 사이에는 팽팽한 긴장감이 흘렀다. 나는 부모님이 다투실 때마다 터져 나오는 고함과 쾅쾅거리며 닫히는 문소리를 외면하느라 애를 쓰곤 했다. 부모님이 의도한 건 아니었겠지만, 내가 무의식적으로 받아들인 가족의 분위기는 나의 감정적·정신적 트라우마와 혼란, 불안정함의 원인이 되었다. 나는 또래 친구들과 함께 어울려 마음 편히 지낼 수 있는 여름 캠프만을 손꼽아 기다렸다.

다른 여름 캠프와 마찬가지로, 우리는 하루에 다섯에서 열 가지 활동을 하며 바쁘게 지냈다. 농구도 하고, 수상 스키도 타고, 줄에 매달려 호수로 뛰어들거나 말을 타기도 했다. 그 밖에도 다양한 활동들이 있었다. 크리스천 사이언스 교인들을 위한 캠프였던지라 매 활동을 시작하기 전, 5분 동안 '메츠^{mets}'라는 형이상학적 의도 설정의 시간을 가졌다. 우리는 영적이고 형이상학적인 관점에서 스스로 질문을 던지며 다음 활동에 어떤 태도로 임하고 싶은지 방향을 설정했다. 나는 여기서 무엇을 이루고 싶은가? 이 순간 나는 어떤 모습을 보이고 싶은가? 어제 일어났던 일들 가운데 반성하며 이야기 나누고, 정리해 보고 싶은 일은 무엇인가?

그 2주 동안 매일 메츠를 실천하며 앞으로 살아갈 방식에 대해 현실에 발을 딛고 의식적으로 더 깊이 고민할 수 있는 토대를 마련했다. 이 습관과 의식들은 지금도 연설에서부터 직업적·개인적 교류에 이르기까지 다양한 상황에서 내게 도움을 준다. 명확한 꿈과 비전, 목표를 마음에 품을 때, 그것을 성취하기 위해 가장 진실한 방법으로 할 수 있는 일이라면 무엇이든 하게 된다.

캠프에서 만난 친구들 대부분이 미주리주 세인트루이스에 있는 크리스천 사이언스 사립 학교에 다니고 있었다. 나는 그들과 즐겁게 어울렸고 그들은 마음을 다해 나를 받아주었다. 그래서 나는 8학년부터 고등학교 졸업까지 앞으로 5년간 내 삶을 제자리로 돌려놓을 수 있는 길은 그 학교에 입학하는 것이 유일하다고 결론지었다.

집으로 돌아오는 길, 오하이오주 콜럼버스 공항에서 부모님을 보자마자 나는 이렇게 말했다. "거기 친구들 긍정적이고 활기차요. 저도 곁에서 그런 기운을 받고 싶어요. 미주리주 세인트루이스에 있는 그 학교에 보내주세요." 부모님은 사립 기숙학교에 보낼 형편이 안 된다, 가족은 함께 있어야 한다, 성적이 부족하다 등등 대번에 이유를 줄줄이 늘어놓으셨다. 하지만 나는 알았다. 나는 그 학교에 갈 것이었다.

여름 내내 부모님을 졸랐다. 무엇보다, 새 학기가 시작되기 전 해야 할 일들을 하나하나 계획했다. 기숙학교에 지원서를 내고, 에세이를 쓰고, 다니던 교회에서 추천서를 받았으며 장학금을 찾아 신청했다. 필요하다면 과외도 받고 보충수업도 듣겠다고 부모님께 약속했다. 그리고 때가 되었을 때, 부모님은 마침내 허락해 주셨다!

기숙학교는 엄격했고 수업도 힘들었지만, 그곳에서의 경험 덕분에 나는 단단한 정신적 기반을 다질 수 있었다. 그 정신적 기반은 고등학교와 대학교에서 운동하는 데 힘이 되어준 일종의 비법 소스였다. 지금도 나는 그때 학교에서 배운 많은 습관과 가르침을 바탕으로 매일을 살아간다. 그리고 내 프로그램에서 다양한 대화를 나누다 보면, 그때의 강력한 교훈들이 되살아나는 것을 느낀다.

그때 계획을 세우고 끝까지 밀어붙이지 않았다면, 오늘의 나는 이 자리에 없었을 것이다.

왜 계획에는 진전이 없는가

당신은 새해 목표를 세우는가? 세웠다면 얼마나 지켰는가? 미국인의 23퍼센트는 새해 첫 주가 끝나기도 전에 결심을 포기한다. 1월 말이면 또 다른 43퍼센트가 결심을 내려놓는다. 다짐을 지켰다면, 당신은 새해 계획을 끝까지 실천한 9퍼센트에 속하는 것이다.[1]

금전 계획을 세울 때도 비슷한 문제를 겪는 듯하다. 왜 그럴까? 우리가 주로 힘들어하는 몇몇 문제들이 있다.

1. **동기를 잃는다.** 누구나 인생에서 돈과 관련해 여러 시기를 겪는다. 나도 한때는 단지 돈만을 위해서 일했다. 트럭을 몰고, 잔디를 깎고, 클럽에서 보안요원으로 일하기도 했다. 이런 일들은 나만의 능력이나 관심사와는 전혀 관련이 없

었다. 그저 청구서를 감당해야 했을 뿐이다. 어떻게 해야 흥미롭고 보람차게 돈을 벌 수 있을지 확실하게 알지 못한다면, 반복되는 일상에서 길을 잃고, 더 나아지려는 동기를 잃어버리기 쉽다.

2. **스스로 시선을 돌린다.** 투자자이자 기업가인 알렉스 홀모지Alex Hormozi는 다음과 같이 지적했다. 많은 사람이 다음에 무엇을 해야 할지 계획을 세우기보다는 현실과 마주하지 않으려 시선을 돌린다. 소파에 앉아 드라마 한 시즌을 몰아보거나, 비디오 게임을 하거나, 소셜 미디어만 내려다보는 등의 도피처로 쉽사리 빠져든다. 상황이 이러니, 자신이 하는 일이 얼마나 마음에 들지 않는지, 상황을 개선하려면 무엇을 해야 하는지 굳이 생각하지 않는다. 그러나 이렇게 하루하루를 보내다 보면 결국은 아무것도 달라지지 않는다.

3. **다음 단계에 압도된다.** 당신의 수입이 다섯에서 여섯 자리로 늘어났는지, 여섯에서 일곱 자리 혹은 일곱에서 여덟 자리로 늘어났는지는 중요하지 않다. 얼마가 됐든, 일정 수준에서 다음 단계로 올라서는 과정은 정신적·감정적으로 버거울 수 있다. 새로운 단계에 도달할 때마다 우리에겐 거기에 맞춰 적응할 만한 기준이 없다. 그래서 더 높은 수준을 향해 끝까지 밀고 나가는 대신, 핑계를 대며 계획을 미뤄두고 익숙한 자리에 안주하기 쉽다.

4. 번영의 습관을 피한다. 자기계발 전문가이자 《페라리를 판 수도승The Monk Who Sold His Ferrari》, 《더 웰스 머니 캔트 바이 (돈으로 살 수 없는 부)The Wealth Money Can't Buy》를 쓴 세계적인 베스트셀러 작가 로빈 샤르마Robin Sharma는 내게 강력한 개념 하나를 공유해 주었다. 이는 로빈의 책 《에브리데이 히어로The Everyday Hero Manifesto》에 담긴 사고방식으로, 세상이란 본래 뜻대로 되지 않는다며 삶의 결과를 통제할 수 없다는 피해의식에 갇히지 말고, 영웅적 사고방식으로 전환하라는 것이다.

로빈은 우리가 사용하는 단어들에 세심한 주의를 기울이라고 제안한다. 우리는 자신이 처한 상황을 비관으로 가득한 어휘로 설명하는 대신 긍정적 어휘를 사용할 수 있으며, 그렇게 할 때 경제적·개인적·신체적·직업적 측면에서 원하는 걸 획득할 기회가 더 많이 찾아온다는 것이다.

스크린만 바라보는 대신 스스로를 계발하기 위해 영감을 주고 마음을 북돋는 책을 읽는 것 또한 번영의 습관이다. 기본적인 습관을 바꾸는 것만으로도 재정적 상황을 개선하려는 목표에 커다란 변화를 불러올 수 있다.

머니 비전을 세워라

한 관광객이 작은 어촌 마을을 방문했다. 관광객은 그곳에서 현지 어부와 이야기를 나누게 되었다. 어부의 소소한 생업을 감탄하며 바라보던 관광객이 물었다. "한 번 물고기 잡는 데 얼마나 걸리십니까?"

그러자 어부가 대답했다. "그리 오래 걸리지 않소."

"바다에 오래 나가 있으면 물고기를 더 많이 잡을 수 있지 않겠습니까?"

"하루 한 번이면 나와 마을 가족들의 생계를 유지하는 데는 충분하오."

"그럼 남는 시간엔 무얼 하시나요?"

"늦잠도 자고, 낚시도 좀 하고, 아이들과 놀아주고, 아내와 낮잠을 즐기기도 하지. 저녁이면 마을에 가서 친구들과 어울리며, 한잔하면서 기타도 치고 노래도 부른다오. 풍족한 생활이지 않소."

관광객이 어부의 이야기에 끼어들었다. "저는 하버드에서 MBA(Master of Business Administration의 약자로 경영학 석사 과정 – 옮긴이)를 수료했습니다. 도움을 드리고 싶네요. 날마다 더 오랫동안 어획을 진행하시면, 여분의 생선을 팔 수 있을 겁니다. 그러면 추가 수익으로 더 큰 배를 살 수 있고요."

"재밌구먼. 그러고는?"

"더 큰 배로 여분의 수익을 내 두 번째 배를 살 수 있고, 그렇게 계속 일하다 보면 어선 선단을 꾸릴 수 있지요. 그리고 나선 중간 상인에게 생선을 파는 게 아니라 가공업체와 직접 거래할 수 있고요. 심지어는 어르신의 공장도 세울 수 있을 겁니다. 그렇게 자산을 갖추고 대도시로 넘어가 대기업을 운영할 수도 있지요."

"그때까지 얼마나 걸리겠소?"

"음, 아마 20~25년쯤 걸릴 겁니다."

그러자 어부가 물었다. "그다음엔 무얼 하면 되겠소?"

관광객이 신이 나서 대답했다. "흥미로운 일들을 할 수 있지요. 사업이 정말 커지면 주식 거래를 시작해 수백만 달러가 넘는 돈을 벌 수도 있을 겁니다."

"수백만 달러? 그래, 수백만 달러가 생기면 뭘 하면 되겠소?"

"그때가 되면 바닷가 근처 작은 마을에 살면서 늦잠도 자고, 아이들과 놀기도 하고, 낚시도 하고, 아내와 함께 낮잠도 자고, 저녁이면 친구들과 한잔하면서 음악을 즐기면 되지요."

어부는 고개를 끄덕이고는 대답했다. "미안하지만 선생, 내가 지금 딱 그렇게 하고 있소이다. 굳이 25년을 허비해야 하는 이유를 모르겠구려."[2]

나는 강력한 메시지를 보여주는 이 단순한 이야기를 좋아한다. 어떤 형태의 풍요로운 삶을 원하는지 알아야만 그 삶을 계획할 수 있다. 그리고 풍요로운 삶을 어떻게 정의할지는 자신만이 정할 수 있다.

방향을 명확히 하지 않을 때, 우리는 흔히 성장과 발전에 보탬이 되지 않는 일들이나 타인에게 이바지하지 못하는 일들에 시간을 낭비한다. 보통 그럴 때 불안이나 절망, 스트레스가 찾아오고, 괜히 자신에게 문제가 있는 건 아닌지 자책하게 된다. 이런 일들은 대부분 우리가 더욱 풍요로운 삶을 계획하지 않은 탓에 발생한다.

나는 어떤 면에선 마을 어부에게 매력을 느끼기도 한다. 나도 살면서 이따금 그런 시기를 겪기도 했다. 힘을 빼고 최소한으로 살아가는 것도 즐거울 수 있다. 그런 삶 역시 즐겁고 재미있으며 스트레스도 크지 않다. 당신이 정의하는 풍요로운 삶이 그런 모습이라면, 그렇게 살면 된다. 낚싯대를 들고 당신만의 마을을 찾자.

그러나 내가 관광객의 말에 전적으로 동의하는 건 아니지만, 당신에겐 가족과 공동체, 나아가 주변 세상을 더 나은 방향으로 이끌 수 있는 재능과 잠재력이 있다. 만약 그 잠재력을 끝내 묵혀둔다면, 당신은 스스로 깊은 성취감을 누릴 수 있는 동시에 놀라운 방식으로 타인의 삶을 풍요롭게 해줄 수 있는 한층 더 충만한 삶을 놓치게 될 것이다.

당신이 그리는 풍요로운 삶을 어떤 모습이든 죄책감이나 수치심을 느낄 필요는 없다. 어쩌면 당신은 돈이 부족하지만 않다면 가족·친구들과 함께하는 소박하고 간소한 삶이 더 괜찮다고 느낄 수도 있다. 혹은 오랜 시간 일하며 벌어들인 수백만 달러로 자신과 가족들에게 한층 더 많은 기회를 제공하는 삶을 그릴 수도 있다.

나의 머니 비전은 세월에 따라 변화하고 발전해 왔다. 내게

당신에게 풍요로운 삶이란
어떤 의미인지 숙고하자.

Take the time
to understand
what a rich life
means to you.

- 루이스 하우즈

풍요로운 삶이란 정서적·영적·재정적 확장성과 성장 가능성을 포함한다. 내가 그리는 풍요로운 삶에는 의미 있는 관계, 건강한 신체, 재정적 안정, 영적인 조화가 담겨 있다. 또한 우리 팀이 매주 1억 명의 사람들에게 도움의 손길을 내밀어 그들이 그리는 풍요로운 삶을 이루는 데 영향을 미칠 수 있을 만큼의 자원을 갖추는 것도 포함된다.

기준을 낮춰라

당신에게 풍요로운 삶이 무엇을 의미하는지 시간을 가지고 생각해 봤다면, 이제는 그곳에 닿기 위한 계획과 전략을 세울 때다. 미래를 그리지 않으면 과거를 답습할 뿐이다.

삶에서 어느 방향으로 나아가고자 하는지 지향점을 분명히 한다면, 또다시 과거의 함정에 빠지거나 한때 치유되었다고 믿었던 트라우마가 재발하는 일을 막을 수 있다. 이제는 과거에 미뤄뒀던 계획들을 좇을 수 있도록 스스로 길을 열어줄 차례다.

나는 지난 몇 년간 어머니께 원하는 것을 찾아보시라고 권했다. 먼저 이렇게 여쭸다. "꼭 해보고 싶었는데 아직 못 해본 일이 뭐예요?" 어머니는 하와이에 가보고 싶다고 하셨다. 그래서 우리는 함께 자리에 앉아 계획을 세웠다. 2주 후, 어머니는 비행기에서 내려 하와이 빅아일랜드의 열대 꽃향기를 깊이 들이마셨다. 얼굴에 번진 환한 미소는 어머니가 느낀 성취감과 많이 닮아 있었다.

그 이후로도 어머니는 꾸준히 새로운 일에 도전하고 있다. 새로운 댄스 수업을 듣고, 뜨개질 모임과 교회 성가대에도 들어가셨으며, 다양한 신체 활동에도 도전하셨다. 가족·친구들과도 전보다 더 뜻깊은 시간을 보내시고 있다. 새로운 모험에 나설 때마다 어머니에게서 젊은 기운이 밝게 빛나는 것 같아, 너무 보기 좋다. 나는 이제 어머니께 이렇게 말씀드린다. "계속하세요!" 설레고 즐거운 일을 많이 경험할수록 다음 계획을 세우기도 수월해진다. 어머니가 첫걸음을 내디딘 후, 그 추진력에 몸을 싣고 새로운 활동을 이어가는 모습이 자랑스럽다.

신경과학자이자 《왜 나는 항상 결심만 할까 The Willpower Instinct》의 저자 켈리 맥고니걸 Kelly MacGonigal은 의지력을 '마음 한편에선 원하지 않더라도, 가장 중요한 가치와 목표에 부합하는 선택을 내릴 수 있는 능력'이라고 정의한다.[3] 의지력이란 한 가지만을 밀어붙이거나 다른 욕구를 억누르는 것이 아니라는 것이다. 오히려 본인의 목표에 자신의 정체성과 가고자 하는 방향을 분명하게 일치시키고, 그 목표를 성취하는 데 도움을 주는 신경학적 도구를 활용하는 힘에 가깝다고 설명한다.

이런 도구 가운데 하나가 기준을 낮추는 것이다. 맞다. 제대로 읽었다. 처음에는 미흡한 결과에 만족하거나 포기하는 것처럼 들릴 수도 있다. 하지만 이는 장기적으로 진정 원하는 것을 얻어내기 위한 위대한 첫걸음이다. 예를 들어, 투자를 시작하거

미래를 그리지 않으면
과거를 답습할 뿐이다.

If you never
map out
your future,
you'll tend
to retrace
your past.

- 루이스 하우즈

나 빚을 청산하는 방법을 찾고 있다고 해보자. 하루아침에 모든 걸 바꾸려 하기보다는, 당신을 올바른 방향으로 이끌어 줄 작은 행동 하나를 꾸준히 실천하는 데서 시작하자. 그 한 가지를 반복해서 이뤄내다 보면 탄력이 붙는다. 무언가를 해냈다는 데서 감사함을 느끼면 자신감이 솟는다. 이렇게 자신감이 붙으면 힘든 하루를 보내는 순간에도 목표에 힘을 실어줄 수 있는 환경이 만들어진다.

이 도구가 멋있는 점은 주변 사람들이 당신의 변화를 의식하기 시작한다는 것이다. 당신이 알아채기도 전에, 그들 역시 영감을 받아 자신들만의 머니 비전을 그리고 작은 첫걸음을 내디딘다. 켈리는 생물학적으로 일어나는 정신적·신체적 반응이 의지력의 요소 가운데 하나라는 걸 내게 설명해 주었다.

> 투쟁·도피 본능과는 반대로, 우리를 진정시키는 '멈추고 계획하기pause and plan' 본능이 있습니다. 이 본능이 작동하려면 우선 자기 목표가 무엇인지 스스로 인식해야 해요.
> 유혹에 흔들리거나, 산만해지거나, 자기 의심이 찾아오는 등, 목표와 다짐에서 벗어나려는 순간이 찾아오면 멈추고 계획하기 본능이 발휘됩니다. 이 본능은 심박수를 늦추고, 집중력을 높이며, 목표와 가치를 되새기는 데 도움이 되는 뇌 영역을 활성화하죠.[4]

목표를 명확히 하는 일은 멈추고 계획하기 본능을 강화하는 첫 번째 단계로, 목표 달성에 위협이 되는 방해 요소를 인식하는 데 도움을 준다. 이 본능이 강해질수록 매일의 목표 달성을 방해하는 요인들을 쉽게 알아차릴 수 있고, 더욱 효율적인 방식으로 다시금 궤도에 오르기가 수월해진다.

풍요의 해

나는 《역전하는 법Die with Zero》의 저자 빌 퍼킨스Bill Perkins가 제안한 하나의 개념을 무척 좋아한다. 이 개념을 **추억 배당금**memory dividends이라고 부르는 빌은, 나중으로 미루기보다는 인생에서 가장 큰 만족을 얻을 수 있는 시기에 경험을 쌓도록 돈을 쓰라고 제안한다. 많은 이들이 나이가 들어서야 추억을 쌓겠다고 돈을 쓰곤 하지만, 정작 그때가 되면 원하는 경험을 하기엔 몸이 따라주지 않는다는 사실을 깨달을 뿐이다.

한 예로, 나는 그리스를 여행한 젊은 부부의 이야기를 들었다. 부부가 그리스의 어느 고대 유적을 보기 위해 계단을 오르려던 찰나, 한 노부부에게서 꼭대기에 올라가면 자기들 대신 사진을 좀 찍어줄 수 있겠냐는 부탁을 받았다. 노부부는 평생 그곳을 방문하고자 했지만, 막상 도착했을 땐 안타깝게도 계단을 오를 힘이 없었다.

퍼킨스는 이런 이유에서, 인생을 살아가며 의지할 수 있도록 풍요로운 추억을 선사하는 경험에 투자하라고 말한다. 시간이

지남에 따라 복리처럼 불어나는 추억 배당금을 늘려가라는 것이다. 이렇게 접근한다면 당신은 시간적 가치가 담긴 경험을 쌓기 위해 전략적으로 돈을 사용할 수 있는 인생의 지도를 그리게 된다. 그렇게 쌓인 경험은 사진과 영상, 모험, 우연한 만남, 아름다운 순간들, 훗날 소중하게 간직될 추억의 형태로 배당금을 지급하여 당신의 삶을 더욱 풍요롭게 해줄 것이다.

에미상Emmy award을 수상한 예술가이자 〈뉴욕타임스〉 베스트셀러 작가이며, NBA 애틀랜타 호크스Atlanta Hawks의 공동 구단주인 동시에 울트라 마라토너이기도 한 내 친구 제시 이츨러Jesse Itzler는 추억을 쌓기 위해 인생 전체를 1년 단위로 설계하라고 말한다. 제시는 계획을 실천할 수 있도록 벽에 붙여 유용하게 쓸 수 있는 '빅 애스 캘린더Big Ass Calendar'까지도 제공한다. 그는 달력을 작성하며 한 해 동안 담고 싶은 중요한 일정이나 여행, 경험을 계획하는 법을 보여준다. 예컨대, 벽에 붙여놓은 거대한 달력의 잘 보이는 곳에 중요한 계획들을 적어넣고 그 주위로 나머지 할 일들을 채우는 식이다.

이 방법이 도움이 될 것 같다면 당신도 한번 시도해 보자. 이렇게 당신이 투자하고자 하는 특별한 경험을 기반으로 완벽한 1년 계획을 세운다면 어떨까? 다른 계획이 모두 어그러져도 핵심 기억을 만들 수 있다면, 그 경험과 모험만으로도 인생에 커다란 행복을 더해주었으니 풍요로운 한 해였다고 말할 수 있지 않을까?

분기마다, 혹은 2개월마다 이런 핵심 기억을 만드는 데 돈을 쓴다고 상상해 보자. 그렇게 네 가지에서 여섯 가지 경험을 먼저 달력에 적고, 그 주변으로 인생의 나머지 일들을 채워 넣는다. 그러고 나면 빌 퍼킨스가 말한 추억 배당금을 만들기 위한 재정 계획을 세울 수도 있을 것이다.

이렇게 40년을 이어간다고 해보자. 당신에겐 적어도 240개의 특별한 여정과 순간, 경험이 쌓일 것이고, 각각에 더해지는 다양한 경험들까지 합치면 평생에 걸친 추억은 수천 가지에 이르게 된다.

향후 40년, 아니 5년까지의 경험을 모두 설계할 필요는 없다. 어떤 사람들은 인생 전체를 계획하고 모든 결정을 세워두려 하지만, 내가 보기에 인생은 그 정도로 예측 가능하지 않다. 때로는 몇 년 앞을 내다보는 일조차 쉽지 않다. 그러니 앞으로의 열두 달에만 집중하자. 그 1년은 어떤 모습일까? 그 경험에 얼마를 썼든 상관없이, 인생에서 가장 풍요로운 한 해가 되었을까?

만약 지금 당신에게 1년을 계획하는 일조차 버겁게 느껴진다면, 하루부터 시작해 보자. 돈 한 푼 들이지 않고도 풍요로운 하루를 보낼 수 있다면, 그 하루는 어떤 모습일까? 삶에서 가장 풍요로운 순간은 돈을 쓰는 데서 오는 게 아니라, 관계나 친밀함, 즐거움, 깨달음을 경험하는 데서 찾아온다. 그런 순간들은 소중한 사람과 함께 어려움을 극복하는 데서 비롯되며, 반드시 돈이 필요하지만은 않다. 당신의 풍요로운 하루에는 헬스장 가는

돈 한 푼 들이지 않고도
풍요로운 하루를 보낼 수 있다면
그 하루는 어떤 모습일까?

What would
a rich day in
your life look
like if you didn't
spend a dime?

– 루이스 하우즈

시간, 아이를 하교시키는 일, 사랑하는 사람과 나누는 깊은 대화 같은 순간들이 담겨 있을지도 모른다. 돈이 있다면 더 많은 선택지를 둘 수 있지만, 내면의 삶과 관계가 풍요롭지 않다면 그 돈은 오히려 불행을 키울 뿐이다.

사실상 돈은 행복을 보장하지 않는다. 그렇다면 돈을 전혀 쓰지 않고 보내는 풍요로운 하루는 어떤 모습일까?

- 혼자일까, 아니면 다른 사람과 함께일까?
- 다른 사람과 함께라면 누구와 시간을 보내고 있을까?
- 무엇을 하고 있을까?
- 어떤 종류의 취미나 관심사, 혹은 특별한 경험에 몰두하고 있을까?
- 어떤 감정을 느끼고 있을까?
- 이런 풍요로운 하루에서 어떤 부분에 감사하고 싶을까?

이제, 돈을 쓴다고 했을 때의 풍요로운 하루는 어떤 모습일지 생각해 보자. 친구와 함께 점심을 먹을까? 다른 사람과 추억을 쌓을 수 있는 특별한 행사에 참석할까? 바닷가로 떠나거나, 산을 오르거나, 놀이공원을 찾거나, 소중한 친구를 위해 파티를 열까? 당신이 그리는 이상적인 풍요의 날은 어떤 모습이며, 또 어떤 느낌일까?

돈을 쓰는 날과 안 쓰는 날, 둘 중 어느 쪽이 더 낫다고 말하려는 게 아니다. 하지만 풍요로운 하루와 돈을 분리해서 생각할 때, 우리에게 새로운 가능성이 열린다. 그 이후 두 가지 방식을 다시 통합해 우리가 바라는 이상적인 형태의 풍요로운 하루를 만들 수 있다.

당신은 연습을 통해 이것을 삶의 자세로 굳힐 수 있다. 아침에 침대에서 일어나며 이렇게 자문해 보자. 경험이나 관계, 만남을 더 풍요롭게 만들기 위해 내가 오늘 할 수 있는 한 가지는 무엇일까? 이미 마인드셋 습관을 실천하고 있다면, 바닥에 발을 딛고 하루를 시작하는 순간부터 당신은 감사하는 마음의 정신적 태도를 갖추고 있는 셈이다.

그러나 당신이 무엇을 하든 돈과의 관계를 치유하지 못하고 내면을 가다듬지 않았다면, 온 세상 돈을 그러모았대도 더 풍요로운 삶을 살 수는 없을 것이다. 당신은 우선 자기 자신과 풍요로운 관계를 맺고, 타인과 맺은 관계를 치유하며, 돈과의 관계도 바로잡아야 한다. 그래야만 번영 속에서 충만함을 느낄 수 있다.

풍요로운 삶이란 자기중심적인 삶이 아니라 다른 사람과 함께하는 순간과 그 기억들에 집중하는 삶이다.

다음 단계를 설계하라

〈월스트리트저널The Wall Street Journal〉 베스트셀러 1위를 차지한 《파이브 팩터Your Next Five Move》의 저자 패트릭 벳-데이비드Patrick

Bet-David는 성공을 계획하는 열쇠로 순서 정하기의 힘을 이야기했다. 예를 들어, 두 사람이 같은 비전을 품고 있다고 해보자. 두 사람 모두 프로 미식축구 선수가 되길 꿈꾼다. 성공에 이르기까지 수많은 단계와 선택지가 존재하지만, 더 나은 순서를 세운 사람이 필연적으로 더 빠르게 목표에 도달한다. 반면, 덜 효율적인 순서를 선택한 사람은 끝내 목표에 도달하지 못할 수도 있다.

패트릭은 자신을 둘러싼 삶이 무너지기 시작하는 순간, 이 순서 정하기의 힘을 몸소 체험했다. 스물여섯 살 때 패트릭은 여자친구에게서 이별을 통보받았다. 그녀보다 사업을 더 사랑한다는 이유에서였다. 곧이어 어머니의 문자가 도착했다. "엄마를 사랑해 주던 우리 작은 아들은 대체 어디 간 거니?" 그리고 나선 1만 5,000달러를 지급하기로 했던 고객에게서 계약을 철회하겠다는 메일을 받았다. 이 모든 일이 아침 6시 10분도 되기 전에 벌어졌다. 패트릭은 이렇게 묘사했다.

> "그 순간 무얼 해야 할지 아무 생각도 나지 않았어요. 머릿속을 맴도는 건 하나였죠. *다음 다섯 수 Five Moves 는 무엇일까? 다음엔 뭘 해야 하지?* 그때부터였어요. 사업에서 제가 하는 모든 일이 '다음 다섯 수'로 귀결되었던 건."[5]

우리는 흔히 돈을 더 벌고 싶다고, 가진 게 넉넉지 않아 답답하다고 말한다. 하지만 정확히 언제까지 얼마를 벌고 싶은지 뚜렷한 비전 없이 더 많이 원한다고만 되풀이할 뿐이다.

누나 집 소파에서 빈털터리로 지내던 시절, 나는 **아홉 달 안에 강연 한 번으로 5,000달러를 벌겠다**는 비전을 종이에 적었다. 그 아래 서명을 하고 액자에 넣어 벽에 걸었다. 적어놓은 글귀는 매일 눈앞에서 나를 마주 보고 있었다. 마음이 흐트러질 때마다, 나의 의지가 담긴 글귀는 그 자리에서 내가 행동에 나서기만을 기다렸다.

단지 목표를 적어두고 생각하는 것만으로 첫 번째 성과를 이뤄낸 것이 아니라는 걸 알아주길 바란다. 나는 돈이 없는 이유에 대해 스스로 만들어낸 온갖 핑계들을 극복하고, 매일매일 행동에 나서야 했다. 대중 강연을 연습하고, 온오프라인 무료 강연을 펼치고, 나라는 브랜드를 쌓고, 인간관계를 넓히며 기회의 자리를 모색하는 데 한 주 대부분을 보냈다. 믿기 힘들겠지만, 아홉 달이 되기 직전 나는 처음으로 5,000달러를 벌어들였다. 그전까지는 강연으로 돈을 벌어본 적도 없었고, 사람들 앞에 서면 늘 떨기만 하던 나였는데도 그런 일이 일어났다!

그때의 내가 해냈다면 당신도 할 수 있다. 믿어도 좋다. 당장은 수입이 전혀 없거나 혹은 이미 일곱 자리 수익을 내고 있다 하더라도, 당신의 머니 스토리가 미래에 어떤 모습이었으면 하는지 명확히 할 필요가 있다. 소파에 앉아 있는다고 돈이 저절로 무릎 위로 떨어지진 않는다. 재정상의 다음 단계로 나아가는 게 어렵게 느껴진다면 다음 질문들을 던져보자.

1. 나는 얼마를 벌고 싶은가?
2. 왜 그만큼 벌고 싶은가?
3. 번 돈으로 무엇을 할 것인가?
4. 그 돈을 언제까지 벌고 싶은가?
5. 극복해야 할 두려움은 무엇인가?
6. 무엇을 배워야 하는가?
7. 누구와 관계를 맺어야 하는가?
8. 어떤 기술을 익혀야 하는가?
9. 어떤 행동을 취해야 하는가?

"사람은 먹는 대로 살아간다." 이런 말을 들어봤을 것이다. 하지만 내면의 속삭임에 따라 당신의 삶이 결정된다는 사실도 알고 있는가? 더 정확히 말하자면, "당신은 생각하는 대로 살아간다." 무엇을 생각하는지, 어디에 집중하는지, 스스로 무엇을 되뇌는지에 따라, 삶의 방향이 결정된다. 그 방향은 좋은 쪽일 수도 있고 나쁜 쪽일 수도 있다.

그래서 의미 있는 사명을 갖는 것이 중요하다. 인생의 목적이나 사명이 없다면, 계획도 지도도 없이 어디로 도착할지도 모를 여행을 떠나는 것과 같다. 즉흥성과 순간의 선택은 삶에 재미와 활력을 더해줄 수 있지만 방향성이 없다면 결국 어느 곳에도 도달하지 못한다.

나는 8년 동안 〈뉴욕타임스〉 베스트셀러 작가가 되기를 꿈

꿨다. 거의 매일 밤, 서점에 들러 제일 앞쪽 진열대로 다가가, 이름 옆에 '〈뉴욕타임스〉 베스트셀러'라고 붙어 있는 내 책을 바라보는 장면을 떠올렸다.

목표를 시각화하고 한 번에 한 걸음씩 전진하지 않았다면 내 꿈은 이뤄지지 않았을 것이다. 두 번째 〈뉴욕타임스〉 베스트셀러를 집필한 지금, 나는 목표를 설정하고 과감히 행동하는 데 있어 시각화가 얼마나 중요한지 너무나 잘 알고 있다.

숫자를 파악하라

당신이 살고자 하는 머니 스토리를 구체적으로 이해했다면, 이제 숫자에 익숙해질 차례다. 일단 1,000달러를 목표로 하든, 혹은 1년 안에 여섯 자리, 일곱 자리, 심지어는 여덟 자리 수익을 올리는 것을 목표로 하든, 거기에 도달하려면 무엇이 필요한지를 알아야 한다.

지금 당신이 취할 수 있는 실질적인 방법을 몇 가지로 정리해 보자.

1. **금전적 목표를 그려라.** 당신이 모으고 싶은 정확한 액수를 적는 데서 시작하자. 현재 당신의 처지를 고려했을 때 다소 불편하거나 심지어는 어처구니없게 느껴질 정도로 큰 액수여도 상관없다. 당신이 살고자 하는 머니 스토리를 떠올리고, 얼마가 있어야 그 삶을 이룰 수 있을지를 생각해 보자.

2. **계산하라.** 계산기와 종이, 연필을 준비하자. 1년에 10만 달러를 벌고자 했을 때, 한 달·한 주·하루·시간당 얼마를 벌어야 하는지 계산해 보자.

- **월 단위:** 1년 목표 10만 달러를 12개월로 나누면 한 달에 8,333달러를 벌어야 한다.
- **주 단위:** 휴일을 고려해 1년 목표 10만 달러를 48주로 나눠보자. 한 주에 2,083달러를 벌어야 한다.
- **일 단위:** 주간 목표 2,083달러를 주말을 고려해 5일로 나눠보자. 연간 목표 10만 달러를 채우기 위해 하루 417달러를 벌어야 한다.
- **시간 단위:** 일일 목표 417달러를 평균 근무 시간인 8시간으로 나눠보자. 연간 목표 10만 달러를 채우기 위해 시간당 52달러를 벌어야 한다.

3. **수입을 창출할 아이디어를 구상하라.** 이제 수입을 끌어올릴 차례다. 세상에 가치를 더하는 일이 중요하다는 점을 명심하자. 가치를 더하지 못한다면 꾸준하게 돈을 벌기란 쉽지 않을 것이다.

- 다른 사람에게 가르쳐 줄 수 있는 당신의 지식이나 특별한 기술, 재능은 무엇인가?
- 당신이 제공할 수 있는 서비스 가운데 대가를 받을 만큼 가치 있는 것은 무엇인가?
- 누군가에게 자문을 줄 수 있는 분야가 있는가?

- 만들어서 판매할 상품이 있는가?
- 제공할 서비스가 있는가?
- 사람들이 그런 것들에 얼마를 지불했는가? 혹은 얼마를 지불하려 할 것인가?

4. 계획을 세워라. 가치 있는 상품과 서비스의 목록을 활용해 다시 계산해 보자. 앞서 시간 단위를 계산해 봤다면, 목표치를 달성하기 위해 하루 몇 시간이 필요하겠는가? 상품이나 서비스를 판매한다면 얼마나 팔아야 하는가?

이 숫자를 바탕으로 계획을 세우자. 계산이 맞지 않는다면, 할 수 있는 일을 찾아보자. 더 높은 수준으로 성장할 수 있도록 당신에게 도움을 줄 멘토를 찾고, 자기 자신에게 투자하여 가치를 창출할 수 있는 기술을 습득하여 수입을 늘려가자.

5. 일단 시작하라! 계획을 세웠다면 이제 뛰어들 차례다. 매일 의식적으로 행동하며 추진력을 만들자. 물론 시행착오는 있겠지만 목표를 향해 밀고 나가야 한다. 한결같은 자세로 자신을 밀어붙이다 보면, 어느새 새로운 머니 스토리를 써 내려가는 본인의 모습에 놀라게 될 것이다.

계획이 있다는 건 기분 좋은 일이다, 그렇지 않은가? 하지만 본인에게 그 성취를 누릴 만한 자격이 없다고 여긴다면 계획은 결코 실현될 수 없다. 이제 다음 장에서는 당신이 세상에 가져올 가치가 얼마나 중요한지 이해하고, 그 가치를 어떻게 포장해야 최대한의 인상을 남길 수 있을지 살펴보자.

당신의 전략

첫 번째 연습: 더욱 풍요로운 하루를 살며, 한층 더 풍요로운 삶을 쌓아가라

인생에서 가장 풍요로운 날들은 대체로 돈과 무관하다. 그보다는 경험과 대화, 관계, 추억과 관련이 있다. 이번 연습에서는 표를 작성해 과거의 풍요로운 경험을 되짚고, 돈을 쓰지 않고도 더욱 풍요로운 하루를 만들 수 있도록 도전해 볼 것이다.

표의 왼쪽 열에서는 당신의 과거를 돌아보자. 당신에게 최고의 하루는 어떤 날들이었는가? 그날은 무엇 때문에 특별했는가? 돈을 들이지 않고도 얻을 수 있었던 것은 무엇인가? 누구와 함께했는가? 어떤 창의적인 방식으로 마법 같은 하루를 만들었는가?

가운데 열에서는 지금 가진 것을 떠올려 보자. 당신이 사랑받고 있다고 느끼게 해주는 멋진 가족일 수도 있고, 당신을 웃게 하거나 익숙함의 경계 너머로 이끌어 주는 친구일 수도 있다. 아름다운 산책로가 있는 동네 공원이나, 빈 일기장과 펜 한 자루일 수도 있다. 지금 당신을 기쁨으로 채워주고 있다면 그게 무엇이든 목록에 적어보자.

표의 가장 오른쪽 열에는 당신에게 가장 풍요로운 하루로 남을 시나리오를 적어보자. 과거의 기억과 현재 자원을 이용해 그 날을 그리며 상세하게 묘사하자. 누구와 함께인가? 무엇을 하고 있는가? 기분은 어떠한가? 충만한가? 만족스러운가? 긍정적이고 자신감이 넘치는가? 왜 풍요롭다고 느껴질까? 이 기억은 어떤 모습으로 당신 곁에 남게 될까?

진정한 풍요가 무엇인지 되새길 필요가 있을 때마다 이 과정을 반복하자. 풍요로운 하루가 쌓이면 풍요로운 삶이 된다. 그렇게 쌓인 기억들은 추억 배당금이 되어 놀라운 삶을 만들어줄 것이다.

풍요로운 과거	현재의 자원	가장 풍요로운 날
예시: 5학년 때, 매일 방과 후 집 앞 현관에서 누나와 함께 놀던 시간	예시: 사랑하는 배우자	예시: 나는 아내와 함께 세 자녀를 두고 있다. 우리는 사우스캐롤라이나 로우컨트리에서 일주일간의 가족 여행을 즐기는 중이다.

두 번째 연습: 당신만의 머니 무브 맵(Money Moves Map)을 만들어라

돈을 벌기 위해 세웠던 목표를 떠올려 보자. 이 장에서 예시로 들었던 '강연으로 5,000달러 벌기'처럼 간단한 문장으로 적어보자. 아직 구체적인 목표를 세워본 적이 없다면 다음 일곱 가지 질문을 활용해 당신만의 목표 문장을 만들자.

1. 얼마를 벌고 싶은가?
2. 언제까지 벌고 싶은가?
3. 극복해야 할 두려움은 무엇인가?
4. 무엇을 배워야 하는가?
5. 누구와 관계를 맺어야 하는가?
6. 어떤 기술을 익혀야 하는가?
7. 어떤 행동을 취해야 하는가?

이제 실질적인 변화를 만들기 위해 당신이 취할 수 있는 다음 다섯 수를 그려보자. 단순하게 실천할 수 있는 것이 좋다. 각 수마다 완료 목표일을 적고, 잘 보이는 곳에 걸어두자. 하나의 수를 마무리할 때마다 다음 수를 새로 채워 넣자. 늘 다음 다섯 수를 눈앞에 둠으로써, 큰 목표를 작은 단계로 나누고 책임감을 유지할 수 있다.

당신의 다음 다섯 수는 무엇인가? 완료 목표일은 언제인가?

1. _____

2. _____

3. _____

4. _____

5. _____

제8장

세 번째 습관: 수익화

Habit 3: The Monetizing Habit

당신의 가치를 인식하라

당신이 벌어들일 수 있는 돈의 액수는 타인에게 얼마나 큰 가치를 제공하는지뿐만 아니라 그 가치를 얼마나 효과적으로 포장해 판매할 수 있느냐와도 직접적으로 연결된다. 내가 '수익화'라고 부르는 이 습관은 단순해 보이지만 절대 만만치 않다.

사람들은 감사하는 마음으로 돈을 버는 첫 번째 습관을 받아들이고, 계획을 세우는 두 번째 습관까지 터득한 후에도, 세 번째 습관에서 걸려 넘어지곤 한다. 이 세 번째 습관이야말로 당신이 자신의 가치를 얼마나 제대로 인식하고 있는지를 본격적으로 시험하기 때문일 것이다. 자신이 지닌 재능과 시간, 기술, 능력, 궁극적으로 자기 가치를 존중하지 않는다면, 그 가치를 돈으로 전환하는 방법을 찾아내기란 늘 어려울 수밖에 없다.

앨리슨 펠릭스Allyson Felix는 바로 그 일을 해냈다. 앨리슨은 지금까지 올림픽과 세계 선수권을 통틀어 무려 서른한 개라는 역

사상 가장 많은 메달을 목에 건 육상 선수다. 하지만 그런 그녀조차도 임신과 모성에 대한 부당한 대우가 뿌리내린 육상계의 오랜 관행을 마주해야 했다. 앨리슨은 동료 선수들이 가정을 꾸리기 위해 임신 사실을 숨기면서까지 후원 계약을 유지하려는 모습을 지켜봤다. 그녀는 스포츠에서 두각을 나타내는 엄마들의 사례를 많이 접하지 못했는데, 이는 여성들의 능력이 부족해서가 아니라 그 능력을 뒷받침해 줄 지원 자체가 없었기 때문이었다.

서른셋에 아이를 낳겠다고 결심한 앨리슨은 당시 후원사였던 나이키와의 계약 협상이 어떻게 흘러갈지 걱정스러웠다. 나이키는 그녀가 임신하기 전부터도 단지 나이가 많다는 이유만으로 계약 금액을 30퍼센트나 삭감한 상태였다. 그래서 그녀도 스포츠계의 많은 여성처럼 가능한 한 오랫동안 임신 사실을 숨기기로 했다. 거의 집에만 머물며 헐렁한 옷을 걸치고 늦은 밤에만 훈련을 이어가는 가운데, 첫 아이를 만나게 될 거란 설렘과 후원을 잃게 될지도 모른다는 두려움 사이에서 마음이 널뛰었다.

그러다 결국, 나이키가 어차피 젊은 선수들을 영입할 거라는 사실을 깨달은 앨리슨은 더는 잃을 게 없다고 생각했다. 그래서 협상의 방향을 틀기로 했다. 다음 계약에서 얼마를 받을 수 있을지를 따지기보다는, 자신은 물론 앞으로 나이키와 계약을 맺게 될 모든 여성 운동선수를 위해 계약서상에 모성보호 조항을 포함할 수 있도록 싸워나갔다.

나이키는 이런 요구 사항을 받아들였지만, 오직 그녀에게만 적용되는 조건일 뿐 향후 후원 계약의 선례로 삼지는 않겠다고 했다. 결국 앨리슨은 쉽지 않은 결단을 내렸다. 나이키를 떠나기로 한 것이다.

일어난 일에 주목해 보자. 앨리슨은 다른 여성들에게 가치를 전하기 위해 애쓰며, 베푸는 마인드셋으로 의미 있는 사명을 수행하려는 첫 번째 습관으로 문제에 접근했다. 그리고 그 가치를 실현하기 위한 계획을 세웠다. 이것이 두 번째 습관이다. 이어서 세 번째 습관으로, 세상과 나눌 수 있는 자신의 가치를 더욱 뚜렷이 인식했다. 이는 더 많은 메달을 따는 것 이상의 목적이었다.

이후 앨리슨은 자신과 비전을 함께하는 기업 애슬레타(Athleta)를 만나 의류 후원을 받게 되었다. 그러나 다음 올림픽을 앞두고 신발 후원사가 없다는 사실을 깨달은 그녀는 자기 매니저이기도 한 친오빠와 함께 직접 운동화를 만들기로 했다. 앨리슨은 신발 제작 공정을 조사하는 과정에서 여성의 운동화가 남성의 발을 본떠 만들어진다는 사실을 발견하고 충격을 받았다.

결국 두 사람은 여성 전용으로 기획한 신발 브랜드를 만들었다. 임신 기간 동안 여성의 발이 보통 반 치수 이상 커지고, 그 변화가 대부분 영구적으로 남는다는 점을 고려해 임산부 반품 정책까지도 마련했다.

앨리슨은 기업들이 자신의 가치를 알아주길 기다리지 않았다. 대신 생각의 틀을 뒤집어 자기만의 고유한 가치를 직접 인식하고 받아들였다. 그리고 그 가치를 전달하는 법을 배우자, 그녀는 말 그대로 트랙을 달려 나가기 시작했다.

당신이 올림픽 선수는 아닐지라도, 우리는 모두 살아가며 정체성의 변화를 겪는다. 하는 일을 떠나서 나는 어떤 사람인가? 관계적 위치가 달라지면 나는 어떤 사람이 될까? 공들여 쌓아온 경력이 없어도 나는 여전히 가치 있는 존재일까? 이와 같은 시기에 마주하는 수많은 질문의 근간에는 이런 의문이 자리한다. 나는 여전히 가치 있는 존재인가?

다르게 접근하라

당신은 충분히 가치 있다. 당신은 사랑받고 있다. 당신은 모자람이 없다. 하지만 때로는 당신 스스로가 그 사실을 진심으로 믿고, 자신의 고유한 가치를 돈으로 전환하는 방법을 알아내기까지 노력이 든다.

나 역시 이 중요한 교훈을 깨닫기까지 다소 시간이 걸렸지만, 일단 깨닫고 나서는 더 이상 자신을 깎아내리지 않았다. 경력 초반, 링크드인 교육으로 성과를 거두고서 다음 단계를 고민한 끝에, 시간과 돈, 에너지를 들여 나만의 고유한 퍼스널 브랜드를 구축하기로 했다. 나는 업계의 다른 사람들에 비해 특별히 더 똑똑하거나 재능이 많지도 않았고, 경험이 풍부한 것도 아니었다. 하지만 분명 색다른 관점을 가지고 있었다.

내 친구이자 연설가인 샐리 호그셰드Sally Hogshead가 "다른 것이 나은 것보다 낫다"라고 말했을 때, 확신은 더욱 커졌다. 그녀는 완전히 옳았다. 고유하다는 건 돋보인다는 것이었다. 나는 전문가들에게서 퍼스널 브랜딩의 대가가 되는 법을 배우며 연구를 시작했다. 대부분의 업계 사람보다 내가 특별히 똑똑하거나 재능이 많지 않다는 걸 알았기에, 브랜드를 성장시키기 위해 나 자신을 포장하고 홍보할 수 있는 색다른 방법을 찾고 싶었다. 다른 사람을 '이기려' 하기보다는 스스로 돋보이고자 하는 방법이었다. 그런 이유에서 뛰어난 사진작가와 디자이너에게 투자해, 당시 누구도 시도하지 않았던 세련된 디지털 이미지를 제작했다.

〈더 스쿨 오브 그레이트니스〉의 구상은 사실상, 좋아하는 일을 하는 동시에 다른 사람들을 도울 수 있는 색다른 방식으로 콘텐츠를 선보이고자 한 열망에서 비롯됐다. 어느 날 로스앤젤레스의 꽉 막힌 도로 위에서 내 다음 수는 무엇일지 고민하던 중, 문득 팟캐스트가 떠올랐다. 나는 곧장 팟캐스트를 하고 있던 지인 두 사람에게 연락했다. 그들은 팟캐스트 덕분에 신선한 방식으로 청중들과 이어지며 즐겁게 활동하고 있다고 했다. 그 말은 내게 특별하게 다가왔다. 이때가 2012년, 팟캐스트가 무엇인지 아무도 모르던 시기였다!

주변에선 사람들이 경적을 울리며 소리를 질러댔지만, 누구도 앞으로 나아가진 못했다. 우리는 모두 제자리에 갇혀 있었다. 나는 생각했다. 흠, 어쩌면 사람들에게 배움의 기회를 제공해 답답한 상황에서 벗어나도록 도움을 줄 수 있을 것 같아. 그 과정에서 내 삶도 나아질 수 있지 않을까. 바로 그 순간 〈더 스쿨 오브 그레이트니스〉가 탄생했다. 나는 팟캐스트 덕분에 사람들을 인터뷰하며 질문을 던지는 나만의 고유한 강점을 기반으로 가치를 전달할 수 있었고, 그와 동시에 사람들의 삶을 개선하려는 내 의미 있는 사명도 진전시킬 수 있었다.

시간이 흐르며, 어떻게 하면 청중에게 전하는 가치를 더욱 키우고 확장할 수 있을까 고민하기 시작했다. 처음 그레이트니스 미디어Greatness Media가 출범했을 무렵엔 더 많은 수익을 내려면 어떤 식으로든 내가 관여해야 했다. 행사에서 연설하거나 의뢰인을 교육하며 디지털 전략을 이끌었다. 성과는 좋았지만 진 빠지는 일이었고, 우리가 낼 수 있는 영향력도 제한적이었다.

이후 회사의 초점을 바꿔, 내가 직접 관여하지 않아도 항시적으로 수익을 낼 수 있는 확장 가능한 상품과 서비스를 만드는 데 주력했다. 한동안은 더 많은 사람에게 다가가고자, 회원제와 마스터마인드 프로그램을 운영하기도 했다. 지금은 미디어 채널을 활용해 도달 범위를 넓히는 데 더 많은 투자를 하고 프로그램에 다이내믹 광고(사용자의 검색 기록이나 관심사, 행동 패턴에 따라 자동으로 생성·노출되는 맞춤형 온라인 광고 - 옮긴이)를 도입하여, 새로운 상품을 판매할 때마다 내가 나서야 할 필요가 없어졌다. 그와 동시에, 우리의 에버그린 콘텐츠(계절이나 유행에 상관없이 꾸준히 소비되는 콘텐츠 - 옮긴이)는 꾸준히 매출을 일으키며 잠

사람들은 우리가
스스로 평가하는 만큼
우리를 평가한다.

People tend
to value us only
as much as we
value ourselves.

— 루이스 하우즈

재고객을 끌어온다. 이렇게 가치를 확장함으로써, 내가 자고 있든 깨어 있든, 여행 중이든, 운동을 하든, 휴식을 취하든 우리는 성장을 이어갈 수 있게 되었다.

그레이트니스 미디어가 성장을 거듭하며, 우리는 나에게 전적으로 기대지 않는 새로운 수입원을 탐색해 도입하고 있다. 물론 이 모든 게 단번에 이뤄지진 않았다. 여러 시행착오를 거쳤지만, 그 모든 과정을 통해서 나는 어떻게 하면 나만의 고유한 가치를 포장해 세상에 보일 수 있을지 많은 것들을 배울 수 있었다.

사람들은 우리가 자신을 평가하는 만큼 우리를 평가한다. 우리가 스스로 보잘것없다고 여기고 그렇게 행동한다면, 다른 이들 역시 우리를 하찮게 대한다. 하지만 자신이 지닌 가치를 깨닫고 그 가치를 자신 있게 세상과 나눈다면, 삶의 어떤 영역에서도 자신을 헐값에 팔아넘기진 않을 것이다.

그렇다면 당신은 스스로 얼마나 가치 있다고 생각하는가? 세상에 영향을 미칠 수 있는 당신의 가치는 무엇인가? 어떤 문제를 해결할 수 있는가? 어떻게 하면 자신만의 방식으로 사람들을 도울 수 있겠는가? 무엇보다, 당신이 제공하는 것에 사람들은 어느 정도의 값을 매기겠는가? 기꺼이 그 값을 치르려 할 것인가? 새로운 수입원을 만들 수 있는 당신의 능력은 무엇인가? 현재 상황을 돌아보며 가장 적합한 다음 수입원을 파악하고, 거기서부터 시작하자. 당장부터 다음 다섯 수에 매몰될 필요는 없다. 하나의 기술에서 시작해 그 기술을 갈고닦는 과정에 전념하자.

가치 인지의 사다리

이것을 하나의 사다리를 오르는 과정으로 생각해 보자. 두 번째 습관을 통해 계획을 세웠다면, 어떤 벽을 오르고자 하는지 알았을 것이다. 계획에 따라 움직이기 전에, 우선 사다리가 올바른 벽에 기대어 있는지 확실히 해야 한다. 당신의 고유한 가치를 활용해 돈을 벌 준비가 됐다면, 가치 인지의 사다리를 놓고 생각해 보자.

가치 인지의 사다리

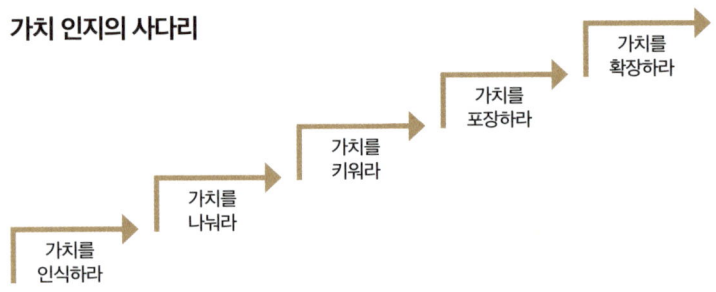

이 사다리는 내가 '자신의 가치를 인식해야 한다'라고 하는 말의 의미를 드러낸다. 이 다섯 단계는 수익화 습관의 일환으로, 차근차근 밟아나가야 한다. 이제 각 단계를 좀 더 자세히 살펴보자.

1단계: 가치를 인식하라. 모르는 것에 감사할 수는 없다. 그렇기에 자신의 고유한 가치를 인식하는 게 우선이고, 세상에 내놓기 전에 내면에서 먼저 수익화 과정을 거쳐야 한다. 놀랍게 들릴지 모르지만, 꼭 돈이 있어야만 풍요롭다고 느끼는 것은 아니다. 사다리의 각 단계를 오르며 변해가는 자신의 모습을 소중히 여기는 것만으로도 풍요로움을 맛볼 수 있다.

이 책은 한편으론 분명 돈 버는 법을 다룬다. 그러나 더욱 풍요로운 삶을 살고 싶다면, 비록 자신이나 자신이 가장 소중히 여기는 것의 가치가 돈과 관련이 없다 할지라도, 언제나 그 안에서 풍요와 충만함을 끌어내야 한다. 행복하기 위해 돈을 무시하라거나 일부러 가난하게 살라는 말은 아니다. 다만, 당신의 여정을 이어가며 내면을 풍요롭게 하는 것들에 집중하고, 사다리를 오르는 과정에서 자신이 얼마나 성장했는지를 인식하라는 뜻이다.

이 점을 고려한다면, 1단계에서는 우선 자신이 가진 기술에는 가치가 없다는 생각을 뛰어넘어야 한다. 사람들 대부분은 이미 놀라우리만큼 유용한 기술을 갖추고 있다. 다만 그 기술을 돈 버는 데 어떤 식으로 적용하면 좋을지 아직 배우지 못했을 뿐이다. 어쩌면 한쪽 업계에서 성공을 거뒀던 기술이 다른 영역에서도 충분히 통할 수 있다는 사실을 깨닫지 못했을 수도 있다. 혹은 기술이 발전하며 당신의 재능을 어떤 멋들어진 방식으로 새롭게 활용할 기회를 열어줬을지도 모른다.

하지만 그럼에도 자신에게 고유한 재능이나 능력이 없는 것 같다면, 장담컨대 스스로 거짓된 머니 스토리를 들려주고 있는 것이다. 나 역시 처음 일을 시작했을 땐 관계 맺기와 네트워킹이 가치 있는 기술이라고 여기지 않았다. 그저 자연스레 해오던 일일 뿐이었다. 사람들이 기꺼이 찾아와 값을 치를 만한 역량이라는 사실을 미처 깨닫지 못했다.

그 사실을 깨닫고 나자, 나는 틀에서 벗어나 사고하기 시작했다. 나만의 길을 개척했고, 내게 돈을 벌어다 줄 수 있는 방향으로 가치를 키우고자 의도적으로 노력했다. 처음에는 사람을 소개하는 능력을 활용할 만한 일자리 기회가 전혀 없었지만, 나는 내 기술을 창의적으로 수익화할 수 있었다.

당신에게 어떤 기술이 있는지 파악할 수 있도록 다음 질문들에 답해보자.

- 다른 사람들이 내게서 알아본 타고난 재능은 무엇인가?
- 내가 손쉽고 자연스레 해낸 일 가운데 사람들이 고마워했던 것은 무엇인가?
- 내 성격의 어떤 부분이 새로운 기회를 여는 데 도움을 주었는가?
- 이전에는 몰랐던 유익한 깨달음을 준 경험은 무엇인가?
- 어떤 상황에서 스스로 뛰어나다고 느끼는가?
- 내가 독창적으로 해결할 수 있다고 생각하는 문제는 무엇인가?

- (아직 수익화하는 방법은 찾지 못했더라도) 내가 잘하는 것은 무엇인가?
- 아끼고 사랑하는 자신의 모습, 그리고 세상에 전하는 나의 가치는 무엇인가?

2단계: 가치를 나눠라. 단지 내면의 부유함을 느낀다고 해서 풍요로운 삶을 사는 것은 아니다. 다음 단계는 당신의 기술을 독창적으로 활용해 다른 사람들이 더욱 풍요로운 삶을 살 수 있도록 돕는 것이다. 이 단계는 분명 마인드셋 습관과 직접적으로 연관된다. 첫 번째 습관을 통해 결핍의 사고방식을 피할 수 있을 뿐만 아니라, 재능을 기부하는 것처럼 위험 요소가 적은 기회를 활용해 기술을 연마함으로써 사다리의 다음 단계로 나아가는 데 도움을 얻을 수 있다.

사업을 막 시작했을 당시, 나는 어떻게 하면 사람들에게 무료로 가치를 더할 수 있을지 고민하곤 했다. 나는 생각했다. **내가 이런 걸 배웠는데, 이걸로 어떻게 사람들을 도울 수 있을까?** 사람들의 삶을 더욱 풍요롭게 하려는 마음에서 시작한 일이었지만, 이는 값진 경험으로 돌아오며 내 삶까지도 풍부해졌다. 설령 잘못되더라도 잃을 건 없었다. 도움을 주면서 대가를 받은 것도 아닌데, 누가 불평할 수 있겠는가?

자신이 가진 기술로 사람들을 도울 때마다 당신의 가치는 높

자신이 가진 기술로
사람들을 도울 때마다
당신의 가치는 높아진다.

Your value
appreciates
every time
you use your
skill set to help
someone else.

– 루이스 하우즈

아진다. 나는 누군가에게 도움을 준 직후, 곧바로 그 사실을 체감했다. 그는 이렇게 말했다. "제게 알려주신 것들은 사업을 키우는 데 큰 도움이 될 겁니다. 여기 100달러입니다." 물론 언제나 이렇게 직접적인 보상으로 돌아오진 않는다. 하지만 자신의 가치를 다른 이와 나누다 보면, 결국 돈이나 다른 형태의 가치들이 당신에게로 돌아오는 모습을 보게 될 것이다.

사람들을 돕는 데서 오는 혜택은 눈앞의 결과에만 그치지 않는다. 고객을 돕고, 의뢰인을 지원하고, 무상으로 일을 맡을 때마다 파급 효과가 일어난다. 당신과 당신이 하는 일을 아는 사람이 많아질수록, 당신이 베푼 가치는 예기치 못한 긍정적인 방식으로 되돌아온다.

3단계: 가치를 키워라. 자신의 가치를 인식하고 다른 사람과 나누는 법을 익혔다면, 사다리의 두 번째 단계에 머물러서는 안 된다. 잠재적 가치를 계속 키워나가야 한다. 흔하게는 학교 교육이나 수습 과정 등, 다양한 경험을 통해 기술을 쌓고 재능을 연마할 수 있다.

하지만 한 번뿐인 정규 교육만으로는 충분치 않다. 시장에서 무슨 일이 일어나고 있는지 꾸준히 살펴야 한다. 산업은 변하고, 기술은 발전하며, 기업적 요구는 시기에 따라 달라진다. 이런 변화에 따라 어떤 기술의 가치는 상승하고 어떤 기술은 떨어진다. 변화의 흐름을 놓치지 않고 따라가야만 새로운 기술을 배워야 할지, 기존 기술을 새로운 방향으로 재정비해야 할지 알 수 있다.

시간이 지남에 따라 자신의 가치를 높여주는 방식으로 성장해야 한다. 어떤 사람들은 특정 기술 하나를 갈고닦으며 오랜 시간을 투자해 전문가가 된다. 예를 들어, 컴퓨터 프로그래머는 코딩 기술에만 몰두하며 다른 역량을 키우는 데는 큰 에너지를 들이지 않는다. 그렇게 그들이 가진 핵심 기술의 가치를 높인다. 이런 전문성은 희소하다. 〈뉴욕타임스〉 베스트셀러 작가이자 기업가이며, 브랜드 빌더스 그룹Brand Builders Group의 공동 창립자인 로리 베이든Rory Vaden은 내게 말했다. "대체하기 어려운 사람일수록 주가가 올라갑니다."

하지만 한 가지 기술만 고집하는 사람에게는 대가가 따른다. 그 기술이 현재 해당 분야에서는 통한다고 할지라도, 인공지능이 당신의 경쟁력을 시험하는 것처럼 미래가 어떻게 변할지는 결코 예측할 수 없다. 이런 방향에 맞춰 시장을 꾸준히 살피고, 지식을 늘리며 능력을 개발하지 않는다면, 결국 시장이 외면할 기술만을 갈고닦는 꼴이 되고 만다.

4단계: 가치를 포장하라. 훌륭한 상품이나 서비스를 제공하면 성공한다는 믿음은 널리 퍼져 있다. 물론 그런 식으로 어느 정도의 성공을 거둘 수는 있으나, 그것들을 제대로 포장하는 법을 배우지 않는다면 당신이 도달할 수 있는 성공에는 한참 못 미치게 된다.

가치 인지의 사다리에서 네 번째 단계는 다른 여러 단계를 합친 것만큼 중요하다. 이 과정을 거치면 빠르게 도약해 대부분의 사람과 차별점을 둘 수 있기 때문이다. 다른 사람에게 이바지하는 일 역시 포장 방식을 익히는 데 다방면으로 도움을 주지만, 자신의 가치를 최대한 발휘하려면 무엇보다 자기 자신을 마케팅하는 기술을 익혀야 한다. 당신이 세계 최고의 기타리스트·디자이너·작가라 할지라도 그 가치를 제대로 포장하지 못한 탓에 사람들이 알아보지 못한다면, 그 소중한 자산은 눈에 띄지 않은 채 남겨질 것이다.

가치를 포장한다는 것은 곧, 퍼스널 브랜드를 구축하고, 관계를 활용해 자신의 이야기를 효과적으로 전달하는 일과 직결된다. 자신이 무엇을 가장 잘하는지 파악하고, 그 가치를 목표한 청중에게 효과적으로 전달해야 한다. 단순히 무엇을 하는지 알리는 데 그치지 않고, 사람들이 기꺼이 값을 치르고 싶게끔 만들어야 한다. 그 과정에서 불편한 상황에 놓일 수도 있다. 누군가는 당신을 거절할 수도 있고, 채용을 거부할 수도 있으며, 당신의 제품이나 서비스를 외면할 수도 있다. 그러나 잊지 말자. 실패는 곧 피드백이며, 성장으로 나아가는 발판이다.

기술이 향상될수록 그 기술에 기꺼이 값을 치를 의사와 능력이 있는 사람들을 찾아야 한다. 고객을 찾기 위해 스스로 다음과 같은 질문을 던져보자.

- 내가 제공하는 가치를 알아볼 사람들은 누구인가?
- 내 능력에 기꺼이 값을 치를 사람은 누구인가?
- 그들은 내가 제공하는 바를 분명히 이해하고 있는가?
- 그들이 구매하기 수월한 방식으로 제공하고 있는가?
- 내 기술을 통해 삶이 풍요로워질 사람들은 누구인가?
- 내 가치를 통해 가장 큰 이득을 볼 수 있으며 동시에 값을 치를 능력이 있는 사람은 누구인가?

모든 사람에겐 값진 기술이 있다. 그러나 모두가 그 기술을 돋보이게 포장할 줄 아는 것은 아니다. 요컨대, 불경기에도 흔들리지 않으려면 자신의 퍼스널 브랜드를 한 단계 끌어올리는 것이 가장 확실한 방법이다.

5단계: 가치를 확장하라. 일단 자신의 가치를 포장하는 법을 터득하고 나면, 더 많은 돈을 더욱 수월하게 벌기 위해 그 가치를 확장할 수 있는 위치에 서게 된다. 가치를 확장하는 방법에 대해선 여섯 번째 습관인 '유연성 기르기'에서 더 자세히 얘기할 것이다. 우선 지금은 앞의 네 단계를 거쳐야만 더욱 풍요로운 삶을 살아가며 더 많은 돈을 벌 수 있는 자리에 이르게 된다는 사실을 기억하자.

수익화 과정에서 가치를 확장하는 일은 일회성에 그치지 않는다. 근육을 키우는 것처럼 꾸준히 단련해야 한다. 훈련 중인 운동선수처럼 끊임없이 반복하고, 저항을 이겨내며, 이전에는 불가능했던 일들에 자신을 밀어붙여야 한다. 장기적으로 효과적인 수익을 내려면, 때로는 바닥부터 다시 시작해야 한다. 하지만 그럴 때마다 당신은 점점 더 성장한다.

명심하자. **단계를 넘어서는 게 아니라, 단계마다 위로 쌓아 올리는 것이다.** 새로운 기술을 배우고 장애물을 극복할 때마다 역량이 쌓이고, 역량이 쌓이면 이미 가지고 있는 기술을 폭넓게 활용할 수 있는 자신감으로 이어진다. 이렇게 성장 과정을 거치며 당신의 퍼스널 브랜드는 점점 확장된다.

매 단계 자신의 가치를 내적으로 수익화해야 한다는 점도 잊지 말자. 과거와 비교해 현재 자신이 어디까지 왔는지 자주 돌아보자. 그래야 비교의 함정에 빠지지 않고 모두가 풍요롭길 바라는 진실한 마인드셋으로 성장할 수 있다.

몇 가지 분명히 해둘 주의 사항이 있다. 첫째, 가치를 나누는 데 있어 모든 게 완벽해질 때까지 주저하지 말자. 너무나 많은 사람이 웹사이트나 로고, 상품을 완벽하게 갖추려 애쓰느라 시작조차 하지 못한다. 우선 당신의 기술로 도움을 줄 수 있는 사람을 찾자. 그리고 그 사람들 가운데서 당신이 제공하는 것에 기꺼이 값을 치를 고객과 소비자를 찾으면 된다. 자신의 가치를 드러내고, 그 가치를 이용해 실질적인 성과를 이뤄낸다면, 당신은 기술을 수익화하는 중요한 한 걸음을 내디딘 것이다.

둘째, 사람들은 저마다 다르게 태어났다는 사실을 기억하자. 모두가 똑같은 틀에 들어맞지는 않는다. 어떤 사람들은 일은 일대로 하면서 자신이 소중히 여기는 대의를 좇아 봉사한다. 어떤 사람들은 자신을 설레게 하는 사명을 가진 회사를 찾아 그 사명을 위해 자신의 재능을 발휘하고자 한다. 또 다른 이들은 기업가가 되어 다른 이들에게 도움을 주는 상품이나 서비스에 자신의 가치를 담으려 한다.

만약 사업적으로 무언가를 하고 싶으나 홀로 헤쳐 나가기 두렵다면, 그 일을 하고 싶은 진짜 이유를 스스로 물어보자. 시도조차 하지 않고 후회할까 두렵진 않은가? 당신을 움직일 만한 강력한 이유가 없다면, 우선 급여를 받으며 일하는 가운데 배움과 기술을 쌓을 수 있는 회사는 없는가?

사람마다 써 내려가는 이야기가 다르다. 그러니 마음을 들여다보며 현재 상황에서 당신이 살고자 하는 머니 스토리에 부합하는 방향을 모색해 보자.

부의 재정의

사람들 대부분이 자신의 가치를 제대로 인지하지 못하는 이유는 실로 단순하다. 바로 두려움 때문이다. 엘리트 운동선수 시절, 나 역시 늘 실패의 두려움과 마주했다. 이는 자연스러운 감정이다. 당연히 실패하고 싶은 사람은 없다. 하지만 우리는 종종 오직 성공에서만 만족감과 성취감을 얻을 수 있다고 잘못 생각한다.

승리를 거둔 후에도 더 잘할 수 있었을 거라며 자책하던 내 모습은 놀라움으로 다가왔다. 거기에 만족감이라곤 없었다. 승리는 공허하고 무의미했다. 완벽을 좇는 마인드셋에서 벗어나 성장의 마인드셋을 받아들인 뒤에야 비로소, 과정 자체가 결과만큼이나 유익하고 만족스러울 수 있다는 사실을 깨달았다.

미국 핸드볼 남자 국가대표로 뛰던 시절 우리의 목표는 올림픽 출전이었다. 우리는 목표를 향해 8년을 매달렸지만 끝내 이루지 못했다. 그러나 8년 동안 내가 어떤 사람으로 성장했는가를 생각해 보면, 그것이야말로 진정한 보상이었다. 8년이라는 시간 동안 나는 규율을 익히고, 목표를 설정하며, 이를 달성하기 위해 열심히 노력하는 역량을 기를 수 있었다. 그리고 그 덕분에 더 나은 사람, 더 나은 사업가로 성장할 수 있었다. 비록 당신이 목표를 달성하진 못할지라도 그 과정만큼은 충분히 가치 있다(물론 여전히 이기는 게 좋긴 하다).

앨리슨 펠릭스도 말했다. "성공이 항상 금메달을 의미하는 것은 아닙니다. 그 과정에서 엄청난 노력을 쏟아부었다면, 흔히 궁극적인 목표라고 여겨지는 것들을 얻지 못했을지라도 성공이라 할 수 있습니다."[1] 정말 그렇다.

어느 모로 보나 크게 성공한 사업가인 레이철 로저스Rachel Rodgers는 재판 연구원직에 아흔 개의 이력서를 내고 여러 로펌의 문을 두드렸음에도 거듭된 고배만을 마셨다. 2008년 경기 침체로 시장 경쟁이 극심했고 채용도 극히 드물었던 데다가, 레이철의 성적은 최상위권이 아니었다. 힘든 시간이었지만, 레이철은 당시를 되돌아보며 놀랄 만큼 많이 배우고 성장했다고 말했다. *"거절을 견뎌내며 무너지지 않는 능력이야말로 세상에서 가장 뛰어난 기술 가운데 하나입니다."*²

당신의 가치를 세상과 나눔에 있어 두려움 때문에 주저할 필요는 없다. 당신은 실패와 거절에서 회복할 수 있으며, 그 경험에서 배우고, 배운 것을 바탕으로 자신감을 쌓아 다시 도전할 수 있다. 자신의 가치를 꾸준히 끌어올리고자 할 때 필요한 건, 때때로 삶이 던지는 어떠한 장애물이건 극복할 수 있다는 굳건한 자기 믿음이 전부다.

자기 의심은 꿈을 짓밟는다. 그렇다면, 당신이 마땅히 되어야 할 사람이 되기까지의 여정에서 어떤 식으로 자신감을 키울 수 있을까? 당신과 목표 사이를 가로막는 건 오직 당신뿐이다. 그렇다. 시간이나 돈이 부족해서도 아니고, 주변 사람 때문도 아니다. 바로 당신 탓이다.

자신에게서 비롯된 목소리를 포함해, 당신이 받아들이는 메시지를 선별하자. 내면의 목소리는 때로 이렇게 속삭인다. ==나는 자격이 없어. 난 할 수 없어.== 와튼 스쿨의 케이티 밀크먼은 이를 '내적 장벽'이라고 부른다. 이런 장벽은 보통 과거의 경험이나 실패에 대한 두려움에서 비롯된다.

자기 의심은 꿈을 짓밟는다.

**Self-doubt
is the killer
of dreams.**

- 루이스 하우즈

다행히도 이런 장애물은 극복할 수 있으며, 그 과정은 작은 한 걸음에서 시작된다. 우선 어떤 장벽이든 극복할 수 있다고 스스로 믿어야 한다. 이런 성장의 마인드셋과 내적 정체성에 대한 믿음은 삶의 굴곡을 헤쳐 나가는 데 필수적이다. 플라세보 효과는 의학계에서만 일어나는 일이 아니다. 자기 자신과 자신의 능력을 어떻게 믿느냐에 따라 매일의 현실이 달라진다.

자기 자신을 어떻게 바라보느냐는 자신을 둘러싼 사람들과 밀접하게 연관된다. 케이티는 긍정적인 변화를 만들고 자신감을 키우기 위해, 다방면으로 도움을 줄 수 있는 사람이나 집단을 찾으라고 말한다. 당신에겐 긍정적인 피드백을 주고 든든한 사회적 기반을 마련해 주며, 하나의 팀으로서 서로 의지하는 가운데 멘토링을 주고받을 기회를 제공하는 그런 사람들이 필요하다.

비록 자신이 부족하다 느껴지는 순간에도, 당신의 도움이 필요한 사람은 언제나 있기 마련이다. 그들을 지금 당신의 자리까지 이끈다면, 자신감을 끌어올릴 수 있다. 그렇게 목표를 향해 나아가는 과정에서, 자신에게 다른 사람을 도울 수 있는 자질이 있음을 깨닫게 된다.

자존감을 키우는 방법은 여러 가지가 있지만, 이는 점진적인 과정이다. 위대한 그 무엇도 하루아침에 세워지지 않았다. 자존감을 키우는 방법은 다음과 같다.

- 자기계발서 읽기

- 실력 향상 워크숍 참여하기
- 인생이나 마인드셋에 대한 가르침 받기
- 매일 명상하기
- 상담 치료받기
- 멘토 찾기
- 좋은 사람들과 든든한 관계 맺기
- 긍정적인 자기 대화 연습하기
- 무언가에 능숙해지기

자존감이 부족하다면, 이 방법들 가운데 한두 가지를 선택해 보자. 기한을 정하고, 가능한 끝까지 해낼 수 있도록 스스로 보상을 걸어도 좋다. 이렇게 의도적으로 자존감을 키우려 노력한다면, 자기 가치를 인식하는 능력이 놀라우리만큼 향상될 것이다.

핵심은 이렇다. 당신의 가치는 자신을 어떻게 바라보느냐에서 출발한다. 상황이 어떻든 자신감을 얻기 위해서는 기꺼이 행동에 나서야 한다. 자존감을 높이는 것보다 더 나은 투자는 없다. 익명의 격언은 말한다. "자신의 가치를 깨닫고 나면, 더는 사람들 앞에서 자기 자신을 낮추지 않을 것이다." (혹은, 사람들이 나를 깎아내리도록 내버려두지 않을 것이다.)

나는 이렇게 덧붙이고 싶다. 당신은 마침내 자신의 가치를 깨닫고 자신을 소중히 여길 것이다.

당신의 전략

첫 번째 연습: 다른 사람에겐 어려운데 나에겐 쉬운 일은 무엇인가?

우리 각자에겐 익숙하게 느껴지는 재주와 재능과 능력이 있다. 하지만 너무 당연하다고 여기는 탓에 우리는 그것들이 값진 자산이라는 사실을 잊어버리곤 한다. 이번 연습을 통해 당연하게 느껴지는 것들을 다시금 뽐내고 정리해 보자. 아래 제시문을 활용해 시작하자.

- 놀이에 푹 빠진 어린 시절처럼, 자신을 잊어버릴 만큼 몰두할 수 있는 일은 무엇인가?
- 다소 복잡하지만, 당신에겐 너무 익숙해 눈 감고도 할 수 있는 일은 무엇인가? 글쓰기? 치즈케이크 굽기? 고장 난 밸브 수리? 아니면 다른 무언가?
- 사람들이 당신에게 도움을 청할 때, 주로 부탁하는 일은 무엇인가?
- 너무 좋아해서 그 일을 해내기 위해 개인적인 장비까지 마련한 일은 무엇인가?
- 누군가 당신이 관심 있는 분야에서 일할 때, 당신이 건네는 요령이나 비법은 무엇인가?

당신에겐 쉬운 일이 누군가에겐 어려울 수 있다. 그리고 그 누군가는 그들의 삶을 더욱 편하게 만들어줄 당신의 도움에 기쁜 마음으로 값을 치르려 할 것이다. 당신의 능력을 글로 적어두면, 자신의 가치를 정립하고 키워나갈 수 있으며 수익화 습관을 굳히는 데 도움이 된다.

두 번째 연습: 불편한 한 걸음을 내디뎌라

세상에서 가장 위대한 아이디어일지라도 불편한 순간을 거치지 않는 한, 한 푼도 벌어들일 수 없다. 첫 번째 단계로, 당신이 어떤 제안을 내놓을지, 그 제안이 어느 지점에서 가장 큰 가치를 발휘할지를 파악해야 한다. 첫 번째 연습에서 나온 답변과 아래 질문에 대한 답을 짝지어 보면 알 수 있다.

- 당신이 제공하는 가치를 알아볼 사람들은 누구인가?
- 그들이 기꺼이 값을 치를 거라고 확신하는가?
- 당신의 제안이 이해하기 쉽고 명확한가?

이 답변들이 명확히 맞아떨어진다면 당신은 불편한 한 걸음을 내디딜 준비가 된 것이다. 당신의 서비스에 값을 치를 의향이 있는지 사람들에게 물어볼 수도 있고, 크라우드 펀딩에 투자해 달라고 요청할 수도 있으며 당신의 발표를 들어달라거나, 제안에 피드백을 부탁할 수도 있다.

당신에게 기꺼이 투자할 만한 사람들의 목록을 떠올려 보자.

1. _____

2. _____

3. _____

4. _____

5. _____

6. _____

7. _____

8. _____

9. _____

10. _____

한 가지 기억할 것이 있다. 당신이 무엇을 내놓을지 분명히 하고 그 제안으로 진정한 혜택을 얻을 사람들을 파악했다면 이 단계의 불편함이 오래가진 않을 테고, 오히려 자신감을 불어넣을 것이다! 대담하게 자신을 드러내자.

제9장

네 번째 습관: 관계 맺기

Habit 4: The Mastermind Habit

영향력 있는 관계를 찾아라

한때 나는 프로 미식축구 선수가 되어 돈을 벌게 되리라 생각했다. 하지만 경기 중 입은 손목 부상 때문에 수술을 받은 이후에는 진로를 바꿀 수밖에 없었다. 그 부상으로 인해 삶이 오늘의 모습에 이르렀고, 비록 흔히 예상할 수 있는 방식은 아니었지만 그 안에서 많은 교훈을 얻기도 했다.

깁스를 해본 적이 있다면 그게 얼마나 더러워질 수 있는지 알 것이다. 나는 손목 회복을 위해 여섯 달 동안 어깨부터 손까지 오는 깁스를 하고 지냈다. 깁스를 청결하게 유지할 방법은 없었다. 시간이 흐를수록 더러워지면서 냄새가 올라왔다. 정말 끔찍했다.

표면이 거칠었던 탓에 몸 어딘가를 스치기만 해도 상처가 났다. 미쳐버릴 지경이었다. 긴팔 셔츠나 후드티를 입으려면 거의 곡예를 해야 했다. 다친 팔을 보호하기 위한 것이었다지만, 내게는 그저 감내해야 하는 필요악처럼 느껴졌다.

그 무렵, 아마존Amazon과 이베이eBay가 본격적으로 성장하고 있었다. 나는 아이디어 하나로 사업을 일으켜 온라인에서 물건을 판매하는 사람들의 모습에 매료되었다. 더 놀라웠던 건 소비자들이 그런 기상천외한 아이디어에 기꺼이 값을 치른다는 사실이었다. 2007년 크리스마스, 나는 책 한 권을 선물받았다. 전혀 예상하지 못했지만, 그 책은 내게 더 많은 가능성의 문을 열어주었다. 티모시 페리스Timothy Ferriss의 《나는 4시간만 일한다The 4-Hour Workweek》가 바로 그 책이었다.

깁스 때문에 고생하던 나는 인생 첫 번째 사업 아이템을 떠올렸다. 티모시의 책은 그런 나를 한 웹사이트로 이끌었고, 그 웹사이트에서 내가 떠올린 상품의 제작을 도와줄 사업체를 찾을 수 있었다.

나는 가까스로 모은 70달러를 쏟아부어 시제품을 제작했다. 내가 원했던 건 엄지손가락 구멍이 있는 독립형 슬리브였다. 깁스 전체를 덮을 만큼 길고, 너무 헐겁지 않으면서도 팔에 쉽게 끼울 수 있을 만큼 넉넉해야 했다. 땀밴드 같은 부드러운 재질에, 원단은 두 겹이면 좋을 것 같았다. 업체에 상품 시안을 보내고 돈을 송금한 뒤, 시제품이 도착하기까지 6주를 기다렸다.

견본이 도착하자마자 포장을 뜯고 깁스 위에 슬리브를 끼워 보았다. 내가 바라던 그대로였다! 더러운 깁스를 덮어줄 깨끗하고 부드러운 슬리브를 들고서 나는 생각했다. **이거 정말 팔리겠**

<u>는걸!</u> 마침 우연히도 친구 하나가 오하이오주 콜럼버스 근처에 사는 발명가 한 분을 알고 있었다. 열흘쯤 뒤, 나는 친구의 소개로 내 발명품을 착용한 채 그 사람과 처음 만났다.

    이 발명가는 제품을 개발하고 특허를 내는 데 능숙한 인물로, 내가 찾던 경험과 전문성을 두루 갖추고 있었다. 그는 자기 밑에서 6개월간 인턴으로 일한다면, 상품 개발을 도와주겠다고 제안했다. 나는 흔쾌히 받아들였다. 인턴으로 일하며 큰돈을 벌지는 못했지만, 그래픽 디자인부터 판매와 마케팅까지 두루두루 배울 수 있었다. 매주 한 시간씩 함께 산책하며 무엇이든 물어볼 수 있는 것도 내 '보수'의 일부였다. 심지어 팀 회의에 조용히 참관할 기회도 있었는데, 그저 듣는 것만으로도 많은 것들을 배울 수 있었다. 나는 가능한 한 모든 것들을 빨아들이며 엄청난 양의 정보를 흡수했다.

    함께 무역 박람회를 다니며 업체와 관계 맺는 법도 배웠다. 우리는 제품 포장과 상품명 선정을 비롯해, 오늘날 내가 하는 일의 토대가 된 온갖 것들을 주제로 이야기를 나눴다.

    나는 그 경험을 통해, 성공을 위한 전문성과 지식을 얻는 데 있어 인맥이 얼마나 중요한지를 실감했다. 그 경험은 또한 이 책을 쓰게 된 계기가 되었다. 그때의 멘토가 바로 **"돈은 네가 준비됐을 때 찾아오는 거야"** 라는 강력한 말을 내게 해준 크리스 호커였기 때문이다.

    내 경력과 개인적 성장에 있어, 나보다 몇 걸음 혹은 훨씬 앞서 있는 사람과 진정한 관계를 맺은 것만큼 커다란 변화를 불러온 것은 없었다. 그들을 머니 멘토라고 부를 수도 있겠지만, 더 큰돈을 벌겠다는 의도로 관계를 맺은 것은 아니었다. 나는 오히려 유명한 격언을 참고해 다르게 접근했다. 관계가 내게 무엇을 해줄 수 있는지 묻기보다는 내가 그 관계를 위해 무엇을 할 수 있는지를 물었다.

당신이 무엇을 할 수 있는지 질문하라

모든 관계에서는 어떤 형태로든 가치의 교환이 일어난다. 누군가에게 도움을 주기로 했을 때, 우리는 보통 어떤 만족감이 돌아오길 기대한다. 부모는 아이들이 튼튼하게 잘 자라길 바라며 자기 시간을 할애한다. 마찬가지로 우리는 급여를 받기 위해 시간과 노력, 전문성을 노동에 투입한다.

미식축구 선수나 배우, 기업가는 자신의 경기나 관객, 고객에게 유익할 중요한 순간을 위해 수백, 수천 시간을 투자한다. 그런 투자는 상당한 재정적 위험을 수반할 수도 있지만 이들은 커다란 보상을 얻으리라는 기대감으로 위험을 감수한다. 거의 모든 건강한 관계에선 이렇게 부담과 보상의 균형이 존재한다.

돈과의 관계 역시 부담과 보상이 따른다. 돈은 놀라운 수단이 될 수도 있지만, 모든 부담을 온전히 짊어지는 순간 우리는 비참해진다. 또 돈과의 관계를 온통 자기중심적으로만 여기고 돈에게 고맙다는 말조차 건네지 않는다면, 돈은 우리 곁에 머물려 하지 않을 것이다. 결국 두 상황 모두 감당할 수 없는 손실로 이어진다.

그러나 돈과의 관계에서 배운 건전한 원칙들을 다른 사람과의 관계에 적용한다면, 놀라운 효과를 얻을 수 있다.

물론 사람이 돈보다 훨씬 소중하지만, 당신이 맺은 관계에는 당신의 부를 기하급수적으로 키워줄 잠재력이 담겨 있다. 그러나 그 관계가 당신에게 무엇을 해줄 수 있을지를 생각하기 전에, 그들에게 가치를 더하고 도움을 주기 위해 당신이 기꺼이 무엇을 할 수 있는지를 자문해야 한다.

너무나 많은 사람이 자기 자신에게만 몰두한 나머지, 관계를 도움의 기회가 아닌 돈줄로만 여긴다. 소셜 미디어에서 친구 요청을 수락하자마자 무언가를 판매하려는 듯한 메시지를 받아본 적이 있는가? 그 순간 기분이 어땠는가? 실망감? 무시당한 느낌? 이용당한 기분? 만약 당신이 관계에서 바라는 게 상대에게 잠깐 전화를 걸어 조언을 구하는 것뿐이라면 어떨까? 혹은 도움이나 소개를 부탁하면서 정작 그들에게는 한 번도 도움을 준 적이 없다면 어떨까? 그런 모습은 좋게 비치지 않는다.

상대는 당신의 그런 행동을 보며, 이 관계가 이로움보다는 크나큰 부담만을 안겨주리라는 신호를 받는다. 한쪽은 주기만 하고 다른 한쪽은 받기만 하는 일방적인 관계에 놓여본 적이 있다면, 그것이 얼마나 지치고 기운 빠지는 일인지 잘 알고 있을 것이다. 다른 사람과 관계를 맺기 위해 열심히 노력했는데 상대가 아무런 설명도 없이 홀연히 사라져 버렸다면, 어쩌면 그 이유가 여기에 있지 않을까?

우리가 비즈니스에서 하는 모든 일은 결국 소통과 관련이 있다. 보디랭귀지, 이메일, 문자, 온라인 영상, 발표 등 끝도 없다. 짧게 봤을 땐 타인을 제대로 대하지 않는 사람도 성공할 수 있는 것처럼 보일지 모르나, 장기적으로 돈 버는 일은 결국 사람 대하는 일과 연결된다. 코칭이나 상담으로 맺어진 개인적 관계든, 상사·팀·관계망·공동체로 맺어진 사회적 관계든, 시간이 흐를수록 더 많은 수익을 가능케 하는 건 바로 당신의 의사소통 방식이다.

오해하지는 말자. 사업을 운영하다 보면 상품이나 서비스를 홍보해야 하는 순간이 찾아오고, 그렇게 해야만 더 멀리까지 나아갈 수 있다. 하지만 우선은, 모든 사람을 돈벌이 신호로 바라보는 대신 진심 어린 기여를 통해 사람들과 진정한 관계를 맺는 것부터 출발하자.

다리가 되어라

아버지는 자동차 사고로 경력이 끝나기 전까지 32년 동안 생명보험을 판매했다. 기업가로서는 노스웨스턴 뮤추얼 생명보험 Northwestern Mutual Life Insurance과 협력해 건강 보험 분야를 개척하기도 했다. 풍성한 인간관계를 만드는 나의 접근법은 소셜 미디어와 인터넷이 등장하기 전, 아버지를 지켜보며 배웠던 것에 뿌리

진심 어린 기여를 통해
사람들과 진정한 관계를 맺어라.

Make real
connections
with people
through
authentic
service.

– 루이스 하우즈

를 두고 있다.

아버지는 사람들과 그 가족들의 이름을 놀라우리만큼 잘 기억했다. 사람들에게 억지로 보험을 팔려고 하지도 않았다. 대신 인간적인 차원에서 진심 어린 관계를 맺었다. 그러다 마침내 누군가 보험을 찾게 되면, 그 관계는 이미 탄탄한 기반 위에 놓여 있었다. 하지만 아버지는 결코 돈을 벌겠다는 의도를 앞세우지 않았다.

아버지는 매일 지역 신문을 읽으며 공동체 내의 사람들을 격려하고 축하할 만한 거리를 찾았다. 상대가 고객인지 아닌지는 중요하지 않았다. 아는 이가 신문에 실리면 관련 기사를 오려내 손수 쓴 편지와 함께 보냈다. 편지의 마무리는 항상 같았다. "제가 도울 일이 있으면 언제든 말씀해 주세요."

아버지는 오로지 대화를 나누기 위해 만남을 갖기도 하고, 다른 사람을 돕기 위한 방법을 찾기도 하며 늘 사람들 곁에 모습을 보였다. 막 일을 시작했을 무렵, 나 역시 아버지와 같은 자세를 취했다. 오려낸 신문 기사만 없었을 뿐이다. 내가 도울 일이 있는지 묻고서 아무런 대가를 기대하지 않고 최대한 빨리 필요한 도움을 건네며, 배움을 얻고자 하는 사람들에게 손을 내밀었다. 그렇게 시간이 흐르며 깊어지고 단단해진 관계 덕분에 상호 존중을 바탕으로 한 끈끈한 우정을 쌓을 수 있었다.

앞서 언급했듯, 나는 봉사의 마인드셋으로 첫 번째 마스터마인드 행사에 참석했다. 아무런 대가도 바라지 않고서 나누고 또

나눴다. 그 결과 여러 웨비나와 프로모션에 초청받았고, 이를 통해 25만 달러의 수익을 올렸다. 이는 내가 전년도에 동업자와 함께 벌어들인 수익의 절반에 해당하는 금액이었다! 나는 손을 벌리지 않았다. 그저 손을 내밀었을 뿐이다.

누군가에게 어떤 도움이 필요한지 물었을 때, 내가 가진 능력만으로는 그들이 겪는 문제를 해결할 수 없는 경우가 많았다. 하지만 그건 아무런 문제도 되지 않았다. 그런 상황에서 나는 그들이 필요한 도움을 얻을 수 있도록 다리가 되는 것을 목표로 삼았다. **내가 아는 사람 가운데 이 주제에 도움을 줄 만한 전문가는 누가 있을까?** 다리 역할을 자처한 덕분에, 관계를 다지며 새로운 인연의 문턱을 넘을 수 있었다.

나는 끊임없이 가치를 입증하며, 성장하고 있는 내 능력을 적극 활용해 더 많은 사람을 연결하고 가치를 더할 방법을 찾아야 했다. 그렇게 수천 번을 반복했음에도 더 많은 돈으로 이어지는 경우는 거의 없었다. 하지만 기꺼운 마음으로 베풀었던 덕분인지, 마침내 기회가 돌아오기 시작했다. 관계에 이바지하자 더 크고 많은 기회의 문이 열렸다. 계산적인 마음으로 행한 일은 아니었다. 하지만 세상은 종종 그렇게 돌아간다. 좋은 것을 내보이면 좋은 것이 돌아오는 법이다.

그러므로 당신이 더 많은 돈을 버는 데 도움이 될 만한 새로운 인맥을 쌓고자 한다면, 내가 제안하는 방법은 이렇다. 우선, 누구와 관계를 맺고 싶은지 파악하자. 제7장에서 다룬 지도 그리기 습관을 다시 살피며 마음에 두고 있는 목적지를 확인하자. 그리고 다음과 같은 질문을 던져보자.

1. 내가 하고자 하는 일을 조금이라도 해본 사람은 누구인가?
2. 내게 힘을 실어줄 지식이나 전문성을 갖춘 사람은 누구인가?
3. 내게 도움을 줄 수 있는 새로운 관계를 맺기 위한 다리가 될 사람은 누구인가?

다섯에서 열 명 정도의 이름을 적고 차츰 늘려가자. 무언가를 얻어낼 만한 사람을 찾는 것이 아님을 명심하자. 일단 질문에 해당하는 사람들을 파악했다면, 그들이 원하는 것을 얻을 수 있도록 한 가지, 혹은 여러 가지 도움을 주는 데 집중하자. 지그 지글러Zig Ziglar가 말했듯, **"다른 사람들이 원하는 것을 얻을 수 있도록 충분히 돕기만 해도, 당신도 인생에서 원하는 것은 무엇이든 얻을 수 있다."**[1]

내가 '도움을 건네기 위한 시작 질문Service Starter Questions'이라고 부르는 강력한 도구를 이용해 대화를 열 수 있다.

1. 현재 당신의 삶에서 가장 흥미를 두고서 만들거나, 발전시키거나, 이루고자 하는 것은 무엇인가?
2. 그 목표에 이르는 데 가장 큰 장애물은 무엇인가?

3. 그 장애물을 이겨내고 원하는 것을 성취했을 때 기분은 어떨까?

사람들은 이 세 가지 질문에 답하며 많은 것을 드러낸다. 만약 그들을 가로막는 장애물을 해결하는 데 도움을 줄 수 있다면, 당신은 그들에게 유익한 존재가 된다. 장애물을 빠르게 해결한다거나, 탁월한 능력이나 서비스를 제공할 수 있다면 금상첨화다.

꼭 대가를 받아야 할 필요는 없다. 그냥 친구를 돕는다고 생각하자. 더 많은 해결책을 제시할수록 상대는 당신의 가치를 인정할 것이고, 그만큼 당신의 가치도 올라간다. 최악의 경우 그들이 당신의 가치를 알아주지 않더라도, 다른 사람에게 이바지한 덕분에 당신은 더 나은 사람이 되었을 테고, 세상 모든 좋은 것들에게 매력적인 모습으로 비칠 것이다.

도움과 가치의 지렛대

성공한 작가이자 기업가이며 인기 팟캐스트 진행자인 패트릭 벳-데이비드가 내게 들려준 것처럼, 이런 관계가 언제 어디서 열매를 맺을지는 결코 알 수 없다. 패트릭은 20대 초반 다녀왔던 취업 면접에서 하나의 인연을 맺었다. 그는 면접을 보던 중 그 회사와는 잘 맞지 않겠다고 판단했지만, 면접관에게 좀 더 배우고 싶다는 생각에 명함을 요청했다.

몇 년 뒤 패트릭은 면접관에게 연락을 취했다. 이후 두 사람은 3~6개월마다 점심을 함께하며 가볍게 이야기를 나누곤 했다. 패트릭은 대화를 마칠 때마다 자신이 도울 일이 있는지 묻고서는, 가능한 선에서 도움을 건넸다. 새 책이 나올 때마다 보내기도 했다. 그렇게 수년이 흐른 뒤(그렇다, 수년이 지나서였다) 패트릭이 자기 사업을 시작했을 때, 그 남자는 한 사람을 소개해주었다. 패트릭은 그 만남 덕분에 자신의 사업을 플로리다 전역으로 확장할 수 있었다. 먼저 도움의 손길을 내밀며 사람에게 투자한 덕분에 마침내 돈이 흘러들어 온 것이었다.

당신의 가치는 얼마나 많은 사람을 도왔는지, 얼마나 제대로 도왔는지와 직접적으로 연관된다. 더 많이 돕는다면? 당신의 가치는 올라간다. 진정한 관계는 그런 식으로 작동한다.

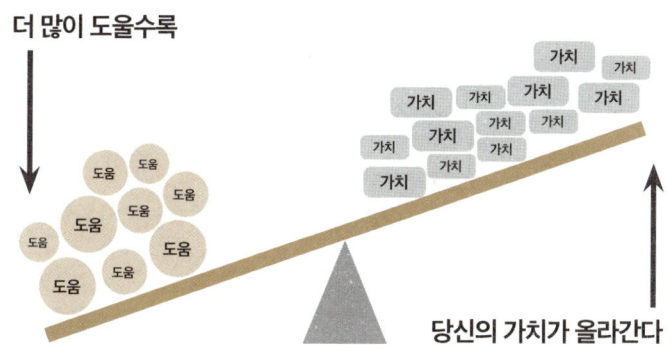

도움을 주는 방식은 사람마다 다르다. 다른 사람의 행사에 함께하거나, 그들의 다음 프로젝트를 홍보하는 식으로 관계를

맺고 있는 사람들에게 힘을 실어줄 수도 있다. 무엇이 필요한지 물어보고, 필요한 도움을 건네자. 반대로 그들이 어떤 식으로 당신을 도울 수 있는지 알려줄 필요도 있다. 상대가 즐거워할 만한 일이나 당신과 연결고리가 있는 일에 그들을 초대하고, 흥미롭게 느낄 제안을 건네자. 이따금 특별한 용건이 없어도 상대에게 감사의 문자나 쪽지를 남겨보자.

만약 약속을 가벼이 여긴다면, 사람들은 당신과의 장기적인 관계에 힘을 쏟지 않는다. 사람들은 진솔한 사람을 만나고자 한다. 당신이 있는 그대로 신뢰할 만한 사람일수록 관계의 진정성은 더욱 깊어진다. 좋은 소식은, 제대로 된 습관을 익히고 올바른 의도로 접근한다면 당신을 포함해 누구나 그렇게 할 수 있다는 것이다.

기억하자. 이 모든 건 시간이 걸린다. 관계는 하루아침에 깊어지지 않는다. 다만, 오랫동안 꾸준히 곁에 있다는 건 많은 것을 시사한다. 관계 속에서 돋보이고 싶다면, 꾸준히 모습을 보이고, 자기 말에 책임을 지며, 어떻게 하면 더 나은 사람이 되어 가치를 더할 수 있을지를 고민하자.

당신도 나만큼이나 진정성 있는 관계를 원할 것이다. 다행히도 사람들 대부분이 그렇다. 있는 그대로 행동하자. 상대에게 진솔한 당신의 모습을 선물하자. 그래야 상대도 자신을 있는 그대로 드러낼 수 있다.

당신이 정말
함께하고 싶은 사람은
당신과 진심으로
함께하고자 하는 사람이다.

The people you
really want to
work with are
people who
really want to
work with you.

- 루이스 하우즈

서로가 꾸며내지 않을 때, 관계는 다음 단계로 나아간다. 노력도 훨씬 적게 든다. 당신이 정말 함께하고 싶은 사람은 당신과 진심으로 함께하고자 하는 사람이다.

재정적 멘토를 찾아라

진정성과 개방성은 당신이 동경할 만한 권위와 성공을 이룬 사람들과 오래도록 지속되는 관계를 맺는 핵심이다. 돈 이야기를 나눌 수 있는 사람과 멘토들을 주변에 두자. 그리고 그들의 사고방식이나 투자와 자산 형성에 접근하는 태도 등을 이해해보자.

나는 내 삶을 더 나은 방향으로 바꾸기 위해 무엇을 할 수 있는지 배우고 성찰하고자, 엄청난 재정적 성공을 거둔 사람들과 끊임없이 이야기를 나눈다. 내가 마스터마인드 모임의 일원이 되고자 하는 이유도 마찬가지다.

마스터마인드란 성장 지향적인 사람들이 공통의 기반 위에 모인 집단이다. 사람들은 모임에 들어와 서로 협력하거나 지식 기반이나 재능을 나누며, 다른 사람들에게 도움을 주고 관계망을 넓힌다. 또한 청중들 앞에 자신의 메시지를 전달할 기회를 얻기도 한다.

현재 당신이 생계를 유지하는 데 급급하거나, 빚을 지고 난 후 돈과의 관계를 회복하느라 애쓰고 있다면, 마스터마인드 가입을 위해 빚을 늘리라고 권할 생각은 없다. 로터리 클럽^{Rotary}

Clubs(1905년 미국 시카고에서 창립된 사회봉사와 세계 평화를 목적으로 하는 전문 직업인들의 국제적인 사교 단체 - 옮긴이)이나 지역 상공회의소, 비즈니스 네트워킹 그룹의 지역 멘토링 프로그램이나 네트워킹 모임을 찾아보는 것이 더 유익할 수 있다.

그렇다고 해서 대부분의 마스터마인드 모임이 빚을 져야 하는 것은 아니다. 소득 수준에 따라 다양한 형태의 모임이 있다. 아니면 돈과 관련해 당신이 고른 책을 읽고 한 달에 한 번씩 토론을 여는 독서 모임 형식으로 직접 간단한 머니 마스터마인드 모임을 시작할 수도 있다. 이 책을 길잡이 삼아 각 장 끝에 나오는 연습을 함께 실천하며, 돈이 남긴 상처를 치유하고 돈에 관한 사고의 장벽을 허무는 과정에서 서로에게 힘을 실어줄 수도 있다.

모임에 속한 사람들은 쌍방향 관계로서 자신들이 최선을 다하는 만큼 당신도 최선을 다해주길 바란다. 즉, 모든 모임은 당신에게 최대한의 잠재력을 발휘할 기회를 주면서 동시에 다른 사람들로부터 최선의 도움을 받을 기회를 제공한다. 나 역시 무료 마스터마인드 독서 모임에서 《생각하라 그리고 부자가 되어라》를 읽는 것부터 시작했다. 그 모임은 그저 책 내용을 이야기하며 관계를 쌓아가는 자리일 뿐이었다.

일단 첫 책을 끝까지 함께 읽고 나면, 당신은 열린 마음으로 돈에 관해 대화할 수 있는 든든한 모임의 일원이 된다. 꾸준히 배우는 과정에서 책임감도 생기고, 모임의 도움을 받아 금융 문해력을 키움으로써 안주하던 자리에서 벗어날 수도 있다. 6개월에서 1년이면 다양한 지식과 자신감을 쌓고서 더 큰 마스터마인드 모임으로 넘어가거나, 지역 사람들과 교류를 넓히거나, 초청 연사를 모시는 식으로 모임을 확장할 수도 있다.

나는 나보다 수준 높은 사람들과 함께하는 마스터마인드 모임에 참석할 때마다, 내가 투자한 것보다 훨씬 값진 아이디어나 인연을 적어도 하나씩 얻는다. 무엇보다 당신이 이루고자 하는 일을 먼저 해낸 사람들 곁에 함께하며, 그들이 극복한 어려움에 대해 배우는 기회를 포용하는 것이 중요하다. 그들이 그 과정을 어떻게 단축했는지 알게 되면, 자신과 자신의 사업에서 새로운 가능성을 발견할 수 있다.

더 높은 수준의 마스터마인드 모임에 투자할 시점이 찾아오면, 내면의 빗장이 풀린다. 적어도 내 경우는 그랬다. 나는 영감을 받았고 온전히 몰입했다. 물론 당신보다 부유한 사람들과 함께한다고 해서 저절로 더 많은 돈을 벌게 되는 것은 아니다. 그러나 그 자리를 경험함으로써 돈을 벌어들이는 당신의 역량을 키울 수 있다.

조사를 마치고 자신에게 맞는 마스터마인드 모임을 찾았다면 이제는 행동에 나설 차례다. 모임에 가치를 더할 방법을 찾고, 꾸준히 모습을 보이며 연결고리를 만들자. 마스터마인드 모임은 당신이 발을 담그고 있다는 이유에서 어느 정도 성과를 내라는 압박을 주기도 한다. 하지만 투자한 만큼 보상을 얻고 싶다고 생각한다면, 적극적으로 참여하는 과정에서 가치를 발견할 수 있을 것이다.

모임에 들어가 새로운 사람들과 함께할 때 불편하다고 느끼는 것은 당연하다. 하지만 그것이 성장의 본질이다. 정보를 나누는 자리에서 자신이 가장 뛰어난 사람처럼 느껴지는 순간이 찾아왔다면, 이제는 당신보다 한두 단계 높은 수준의 사람들을 새롭게 대화에 초대할 때다. 그렇게 함으로써 당신은 한 단계 성장하는 동시에 자만하지 않을 수 있다.

진정성 있게 관계 속으로 뛰어들겠다고 다짐했다면, 이제 다음 습관으로 넘어가 다른 사람들을 당신의 비전으로 끌어당기는 방법을 알아보자.

당신의 전략

첫 번째 연습: 도움을 제안하라

지렛대에 가치의 저울추를 올리고 싶다면, 다른 사람을 돕는 데서 출발해야 한다. 도움이 필요한 사람을 파악하고 손길을 내미는 것부터 시작하면 된다. 먼저 당신의 도움이 필요할 만한 열 명의 이름을 적어보자. 두 번째 열에는 그들의 목표와 장애물을 적고, 마지막 세 번째 열에 그들에게 가치를 더하거나 도움을 줄 수 있는 구체적이고 실용적인 방법을 적어보자.

다음 질문들을 활용해 사람들을 도울 방법을 떠올려 보자.

- 내 지인들 가운데 그들이 알아두면 좋을 만한 사람은 누구인가?
- 서로에게 도움이 되는 방식으로 두 사람을 연결하기 위해 나는 무엇을 할 수 있는가?
- 그들에게 필요한 것 중 내가 채워줄 수 있는 것은 무엇인가?
- 그들의 의미 있는 사명은 무엇인가?
- 그들의 사명을 키워가는 데 있어 나는 어떤 식으로 도울 수 있는가?

이름	목표 / 장애물	내가 도울 수 있는 방법
브리트 앤더슨	비영리 단체에 자신의 코칭 서비스를 나누고 싶어 함. / 관계를 넓힐 필요가 있음.	비영리 단체 지도자를 대상으로 팟캐스트를 운영하는 내 친구 '데일'을 소개할 수 있다.

이제 재밌는 부분이다. 잠시 시간을 내어 명단의 사람들에게 문자나 메일을 보내거나, 전화를 걸고서 그냥 도움을 주고 싶다고 제안해 보자. 상대가 이 제안을 받아들이기까지 시간이 걸릴 수도 있다. 그럴 땐 베풂의 근육을 키우고 있다고 설명하자. 그들의 이야기에 귀를 기울이고, 실천으로 옮기자. 상대가 관심을 보인다면, 아무런 대가도 요구하지 말고 세 번째 열에 적어둔 대로 구체적인 방법을 실천하자.

이 과정을 통해 내면의 빗장을 풀어내고, 당신이 가진 것을 잘 관리하고 있으며 더 많은 것을 받아들일 준비가 되었음을 세상에 보여줄 수 있다.

두 번째 연습: 머니 마스터마인드 모임을 시작하라

당신만의 머니 마스터마인드 모임을 시작하는 데 큰돈을 들일 필요는 없다. 사실상 무료로도 가능하다. 구글에서 돈과 관련해 당신의 시선을 끄는 책 다섯 권을 찾아, 각 책의 제목과 흥미를 끌었던 이유를 한 가지씩 적어보자.

1. **예시:** 토니 로빈스의 《머니 Money: Master the Game》. 내 지인 중 재정적으로 가장 성공한 두 사람인 토머스와 피놀라가 추천해 흥미가 생겼다.

2. _____

3. _____

4. _____

5. _____

6. _____

이제 이 책을 함께 읽고 온오프라인에서 함께 토론을 나눌 만한 사람들을 네 명에서 여섯 명가량 떠올려 보자.

1. _____

2. _____

3. _____

4. _____

5. _____

6. _____

이들에게 연락해 당신의 머니 마스터마인드 모임에 초대하자. 일정에 올리면 실행으로 이어지기 마련이다. 그러니 책임감을 유지할 수 있도록 달력에 모임 일정을 기재하자. 함께 모여 책에서 얻은 교훈을 나누고, 다른 이들에겐 어떤 부분이 인상 깊게 다가왔는지 귀를 기울여 보자. 신뢰가 깊어짐에 따라 솔직하고 진솔하게 대화를 나누며 서로에게 도움을 줄 수 있는 방법을 찾아보자.

제10장

다섯 번째 습관: 끌어당기기

Habit 5: The Magnetic Habit

참여를 이끄는 아티스트가 되자

내 인생에서 좋았던 대부분의 일들은 끌어당기기 습관 덕분에 이루어졌다. 다소 과감한 말처럼 들리겠지만 사실이다. 다섯 번째 습관은 바로 참여를 끌어내는 힘, 즉 당신이 하는 일에 다른 사람이 동참하도록 초대하는 기술이다. 돈을 버는 기회뿐만 아니라 스포츠와 비즈니스, 인간관계에 이르기까지, 내가 누려왔던 모든 기회는 결국 사람들이 내 비전을 믿고 따르게끔 끌어들인 덕분에 찾아왔다.

프로 스포츠 선수로 뛰겠다는 것이 가장 큰 목표였던 시절, 나는 올 아메리칸$^{all-American}$(미국 대학 스포츠에서 전국 최상위 기량을 인정받은 선수에게 주어지는 명예 칭호 - 옮긴이) 선수로 선정되는 것이 훌륭한 첫걸음이라고 생각했다. 그 목표를 이루려면 나를 지도해 줄 코치를 끌어들여야 했다. 꼭 가르침을 받고 싶었던 육상 코치에게 나의 비전을 제시하며 도움을 청했다. 그리곤 결심을 담아 이렇게 약속했다. "시키는 건 뭐든 다 하겠습니다."

그녀가 관심을 보이며 말했다. "좋아. 네겐 올 아메리칸이 될 가능성은 있어. 대신 앞으로 6개월 동안 내가 시키는 건 전부 따라야 해."

나는 약속을 지켰다. 목표를 위해 내 모든 시간과 에너지를 쏟아부었다. 친구들과 어울리는 시간도 포기하고 즐거운 행사들도 여럿 놓쳤다. 그 모습을 본 코치는 내가 내 방식을 고수하거나 쉬운 길을 찾으려는 게 아니라, 진지하게 그녀에게서 배우려 한다는 진심을 알아주었다. 그 결과 나는 미식축구와 육상, 두 종목에서 올 아메리칸 선수로 선정될 수 있었다.

대학 마지막 해, 나는 하이라이트 영상을 담은 DVD를 배낭 가득 메고 오하이오 주립대학 스카우팅 콤바인(프로 구단 스카우트와 코치들이 대학 선수들의 기량·체력·자질을 평가하기 위해 모이는 공식 행사 - 옮긴이)에 참가했다. 그 자리에서 만난 NFL 스카우트들 한 명 한 명에게 DVD를 건네며 나를 소개했다. "안녕하세요. 저는 루이스입니다. 여기 제가 할 수 있는 것들을 담았습니다. 혹시 명함을 부탁드려도 될까요?" 그리고 명함을 받은 모두에게 후속 연락을 돌리며, 내가 어떤 사람이고 경기장에서 무엇을 보여줄 수 있는지를 각인시켰다.

그 결과 클리블랜드 브라운스Cleveland Browns와 버팔로 빌스Buffalo Bills, 두 팀의 입단 테스트 기회를 얻었다. 비록 어느 팀에도 들진 못했지만, 콤바인에서 만난 누군가가 내 하이라이트 영상을 한 코치에게 전달했고, AFL에서 프로선수로 뛸 기회를 잡을 수 있었다.

기꺼이 자신을 드러내 더 큰 기회를 맞이할 준비가 되었음을 다른 사람들에게 보이는 것, 이것이 바로 참여를 끌어내는 힘이다. 사람들은 오랜 시간 묵묵히 노력하며 꾸준히 높은 수준의 성과를 냈던 내 모습 속에서 많은 것들을 읽어냈다. 한층 더 성장하기 위해 그들의 건설적인 비판을 수용했을 때, 그들은 내가 장난으로 임하는 게 아니란 사실을 알아차렸다. 나는 코치, 스카우트, 동료들에게 진심을 다했다.

나는 나라는 사람이 그들의 시간과 자원을 들여 관계를 쌓을 만한 사람인지를 묻는 무언의 질문에 열정과 헌신으로 답했다. 보다시피, 참여를 끌어내는 일은 단순한 카리스마나 영업 기술을 넘어선다. 이는 목표에 대한 확신을 보여주고, 그 비전에 다른 사람을 초대하는 방법이다. 당신이 자기 일에 더 큰 열정을 쏟을수록, 다른 사람들 또한 기꺼이 당신과 함께하고자 할 것이다.

열정을 원동력으로 삼아라

열정에서 시작되는 끌어당김은 당신의 사명을 충족시킬 만큼 확장된다. 기업가이자 코치이며 베스트셀러《'한 번 더'의 힘》의 저자인 에드 마일렛은 내가 만난 사람 가운데 가장 뛰어난 끌어당김의 달인이다. 참여를 끌어내는 기술을 어떻게 익혔는지 물었을 때, 에드는 가이 가와사키Guy Kawasaki의 《셀링 더 드림Selling the Dream》을 읽은 적이 있다고 말했다.

> 그 책은 위대한 지도자란 자신의 대의에 전도자적 성향을 보인다고 말합니다. 그들은 자신이 책임지고 있는 모든 이들의 꿈을 담아낼 만큼 충분히 웅대한 꿈을 제시하죠. 뛰어난 전도자는 자신의 대의와 사명에 다른 사람의 행복을 연결 짓는 법을 배웁니다.[1]

인터넷 개척자이자 〈뉴욕타임스〉 베스트셀러 작가이며, 강연자이자 소셜 미디어 전략가인 조엘 컴Joel Comn을 학회에서 처음 만났던 당시, 한낱 무명이던 내가 그와 대화할 수 있던 시간은 고작 2분이었다. 하지만 링크드인이 곧 사업 분야에서 강력한 소셜 미디어 플랫폼이 될 것이라고 믿는 이유를 설명했을 때, 나는 조엘을 끌어당길 수 있었다.

솔직히 말하자면, 그 2분의 대화에서 내가 큰 인상을 남겼다고 생각하지는 않았다. 내 입장에서 따져봐도, 나는 성공을 이룩한 인물과 대화할 기회를 얻은, 강한 열정만을 품은 한낱 무명 청년에 지나지 않았다. 하지만 몇 달 뒤, 조엘은 내게 온라인 소셜 미디어 워크숍의 연사로 참여해 달라는 메일을 보내왔다. 링크드인에 관해 이야기한 사람들 가운데 내가 가장 열정적이었고, 그래서 함께하고 싶다는 내용이었다. 나를 설레게 했던 것에 대한 열정이 그를 설레게 한 것이었다.

2009년만 해도 나는 웨비나 경험이 전혀 없었다. 완전 처음이었다. 하지만 과감하게 뛰어들었다. 발표를 진행하며 가치를 더하기 위해 최선을 다했고, 강연 말미에 강좌를 소개하며 한 시간 만에 6,200달러를 벌어들였다. 나는 충격을 받았다. 그 경험 덕분에 이전까진 존재하는지조차 몰랐던 수익 창출의 세계가 열렸다. 단지 열정 가득했던 2분짜리 대화가 내 성장의 궤도를 완전히 바꿔버린 엄청난 기회로 이어진 것이었다.

그 2분의 대화로 성과를 내긴 했지만, 나는 끌어당김이 단발성에 그치는 사건이 아니라는 사실을 깨달았다. 결실을 보기까지는 시간이 걸리므로 우리에겐 인내심이 필요하다. 꾸준히 모습을 드러내고, 행동을 이어가며, 언제든 최선을 다할 준비가 되어 있어야 한다.

티모시 페리스의 《나는 4시간만 일한다》를 처음 읽었을 당시, 언젠가 나도 티모시처럼 베스트셀러를 내고 싶다고 생각했다. 그러나 고등학교 졸업반 시절 영어 수업에서 낙제 직전까지 갔던 터라, 책을 출간하려면 외적인 도움이 필요했다. 책 뒤쪽에서 감사의 글을 읽다가 티모시가 자신의 에이전트인 스티븐 한셀만Stephan Hanselman에게 고마움을 표하는 걸 보고 나는 생각했다. 저 사람이 내 에이전트면 좋겠다고.

그 시절 나는 무명에 불과했다. 내 이야기를 들어주는 사람

끌어당김은
단발성에 그치는 사건이 아니다.

Enrollment
is not a
one-and-done
event.

- 루이스 하우즈

도 없었고 스티븐을 만난 적도 없었다. 하지만 언젠가 그를 내 에이전트로 끌어당기겠다고 결심했다. 우선 페이스북에서 그를 팔로우하고 이따금 메시지를 남기며 언젠가 함께하고 싶다는 뜻을 전했다. 스티븐은 정중하게 응답했지만, 내가 아직 베스트셀러를 낼 만한 준비가 되지 않았다는 데는 의견을 같이했다.

1년이 지나, 티모시 페리스가 〈뉴욕타임스〉 베스트셀러 작가 다수와 출판계 인사들을 포함해, 내로라하는 리더들과 함께 행사를 주최한다는 소식을 들었다. 행사의 주제 목록을 살펴보니, 내가 키워가던 링크드인 전문성을 살려 가상의 북투어에 관해 이야기한다면 독창적인 가치를 더할 수 있겠다는 생각이 들었다. 당시 나는 한 번의 웨비나로 800권이 넘는 책을 판매한 경험이 있었기에, 웨비나가 모든 저자에게 중요한 책 홍보 수단이 될 수 있다는 사실을 알고 있었다. 다만, 그때까지 시도된 적이 없는 방식이었다.

나는 쌓아뒀던 인연을 바탕으로 티모시의 비서에게 열정을 담은 메일을 보냈다. 그 행사에서 내가 어떤 식으로 가치를 더할 수 있을지를 설명하고, 인지도를 더하거나 티켓 판매를 늘릴 수는 없으니 무료로 참여하겠다고 제안했다. 내 아이디어가 맘에 들었던 비서는 티모시에게 메일을 전달했다. 그리고 나는 어느 샌가 티모시 페리스와 통화하고 있었다. 그는 내 아이디어가 마음에 드니 무대에 서달라고 말하고 있었다.

그때까지만 해도 나는 나 자신을 작가라고 생각하지 않았다.

다른 멘토와 함께 링크드인에 관한 작은 책 한 권을 공동으로 집필하긴 했지만, 그게 전부였다. 그럼에도 나는 무대에 올랐고, 그 무대 위에서 가상의 북투어에 관해 직접 나를 인터뷰하는 티모시 페리스와 함께했다. 이 모든 게 인내심과 열정을 가지고 나의 비전으로 사람들을 끌어당긴 덕분이었다.

한창이던 행사 중, 티모시는 무대 뒤로 나를 불러, 언젠가 꼭 함께하고 싶었던 그의 출판 에이전트 스티븐 한셀만을 소개해 주었다. 그 순간은 분명 내게 기회였다. 많은 이들이 지금 아니면 안 된다는 생각으로 그 자리에서 자신을 홍보했을 테지만, 나는 알고 있었다. 나는 아직 그와 함께할 준비가 되어 있지 않았다.

나는 스티븐에게 말했다. "지금은 적절한 때가 아닌 것 같습니다. 하지만 언젠가 꼭 당신과 함께 책을 내고 싶습니다. 혹시 계속 연락하면서 이 이야기를 이어갈 수 있을까요?" 그는 흔쾌히 그러자고 했다. 그 뒤로 나는 아무런 대가도 바라지 않고 그를 도우며 가치를 더할 방법들을 꾸준히 제안했다. 나만의 독자적 브랜드와 청중을 키워가는 가운데, 반년에 한 번 정도는 메시지를 보내 도울 일이 없는지, 홍보를 도울 만한 작가는 없는지 묻곤 했다.

그로부터 4년 후, 〈더 스쿨 오브 그레이트니스〉를 시작하고 점점 더 많은 콘텐츠를 세상에 내보이던 중, 스티븐이 내게 연락을 해왔다. "함께 책을 낼 때가 된 것 같군요." 그렇게 일이 성사

되었다. 실현되기까지 5년이 넘게 걸렸지만, 〈뉴욕타임스〉 베스트셀러를 내겠다는 나의 비전은 결국 현실이 되었다. 가치를 더하기 위해 노력하고, 꾸준히 실력과 역량을 갈고닦으며, 오랜 시간 사람들을 끌어당긴 덕분이었다.

위대함으로 가는 길

나는 전문 지식을 배우고자 인터뷰를 진행했던 수준 높은 게스트들 덕분에 〈더 스쿨 오브 그레이트니스〉가 알려지게 되어 너무나 감사하게 생각한다. 하지만 프로그램에 그런 게스트를 섭외하기란 늘 쉽지만은 않았다.

예를 들어, 토니 로빈스를 모시기까진 4년이 걸렸다. 연설가이자 리더이며 《무한능력 Unlimited Power》, 《네 안에 잠든 거인을 깨워라 Awaken the Giant Within》 등 수많은 베스트셀러 저자인 그는 항상 바쁜 일정으로 가득했다. 한번은 토니의 팀에게 어디서든 그를 만날 수만 있다면 언제라도 비행기에 오를 준비가 되어 있다고 말했다. 그들은 내 말을 곧이곧대로 받아들였다.

토니의 팀은 로스앤젤레스 공항, 토니의 전용기에서 그와 함께할 수 있는 45분의 짧은 만남을 제안했다. 나는 당장 기회를 붙잡아 일정을 조율했다. 그러다 문득 이번 인터뷰를 영상으로 남기고 싶다는 생각이 들었다. 그때까지만 해도 내 프로그램은 오디오 형식으로만 진행됐었기에, 이번에는 비행기 활주로에서 토니와 마주할 때 함께할 영상팀을 섭외했다.

그 회차는 폭발적인 반응으로 백만 뷰가 훌쩍 넘는 영상 조회수를 기록하며 〈더 스쿨 오브 그레이트니스〉를 대표하는 영상 포맷으로 새로운 지평을 열었다. 그 뒤로 나와 토니의 관계는 더욱 돈독해졌고, 토니는 여러 차례 프로그램을 찾아주었다. 지금까지도 나는 그를 만나기 위해 드러낸 나의 유연함과 열정이 그가 기꺼이 시간을 투자할 만한 가치로 느껴지게 했다고 확신한다. 내 비전이 그의 비전에 맞닿아 있음이 확인된 순간, 우리는 서로에게 도움이 되는 관계의 토대를 쌓을 수 있었다.

매년 개최하는 〈서밋 오브 그레이트니스Summit of Greatness〉 행사를 위해 연사를 섭외할 때도 마찬가지다. 나는 언제나 청중에게 최고의 가치를 전하고 싶었기에, 그 가치를 전할 수 있는 인물을 모시는 걸 가장 중요하게 여겼다. 지금까지 이 행사에는 에스더 페렐Esther Perel, 젠 신체로, 제이 셰티, 가브리엘 번스타인Gabby Bernstein, 마리아 샤라포바Maria Sharapova, 브렌든 버처드Brendon Burchard, 에릭 토마스Eric Thomas, 제시 이츨러, 캐롤라인 리프Caroline Leaf 박사, 어윈 맥매너스Erwin McManus, 데이비드 고긴스David Goggins, 조 디스펜자 박사와 같은 수많은 인물이 연사로 참여했다.

이들이 행사에 참여한 이유는 높은 출연료 때문이 아니다. 사실 우리는 사례비를 거의 지급하지 않는다. 단순히 이메일을 보내 우리 행사에서 얻을 수 있는 가치를 소개하며 그들을 초청했기 때문도 아니다. 나와 우리 팀이 오랜 시간을 투자해 다양한 가치를 제공하며 행사의 비전에 동참하도록 그들을 적극적으로 끌어당긴 덕분이다. 초청은 쌓아온 관계 후 자연스레 이어지는 다음 단계인 경우가 많다. 실제로 연사들 대부분이 이미 내 프로그램에 출연했었기에, 행사 초청은 다음 단계로 한 걸음 더 나아가는 것에 불과했다.

물론 우리는 그들에게 놀라운 경험을 선사하고자 의도적으로 상당한 노력을 기울인다. 나는 그들이나 그들의 책을 어떻게 홍보할 수 있을지, 그들의 관계 형성에 어떤 도움을 줄 수 있을지, 어떻게 하면 그들이 전하고자 하는 메시지를 효과적으로 소개할 수 있을지를 묻는다.

우리는 또한 그들에게 잊지 못할 경험을 제공할 것임을 알린다. 일등석 항공권, 최고급 호텔 객실, 수백만 명에게 도달할 수 있는 미디어 콘텐츠 등 이 행사가 특별하게 느껴질 만한 것이라면 무엇이든 준비한다. 우리는 공항에서 직접 그들을 맞이해 호텔까지 안내한다. 객실에 들어서면 미리 마련해 둔 액자 속 가족사진이 마치 집에 온 듯한 느낌으로 그들을 맞이한다. 좋아하는 음식들도 준비되어 있고, 일류 사진작가와 함께하는 전문 사진 촬영도 제공된다.

간단히 말해, 그들이 얼마나 특별한 사람이며 내가 그들의 시간을 얼마나 소중히 여기는지 보여주는 것이다. 그래서 그들은 주변 사람들에게 말한다. "큰돈을 번 건 아니지만, 루이스 덕분에 정말 엄청난 경험을 했어. 그 행사에서 연설할 기회가 온다면 절대 놓치지 마!"

이와 반대로, 끌어당기기 습관을 실천하지 못해 참여를 끌어내는 법을 배우지 못한 사람들도 많이 만났다. 이런 사람들은 대뜸 메일을 보내며 이렇게 말한다. "프로그램에 나갈 수 있을까요? 제게 큰 도움이 될 것 같아요. 제가 얼마나 멋진 사람인데요!" 이들은 나누는 것도 없이 자기 이야기만 한다. 보통 이런 사람들과의 대화는 거기서 끝나버린다. 상대가 들을 의지도 없고 어떻게 하면 내게 도움을 줄 수 있을지도 고민하지 않는다면, 나 역시 그들을 위해 더 많은 일을 해줄 이유가 없다.

타인에게 다가서는 방식에서 당신이 그들을 어떻게 대할지가 드러난다. 만약 당신이 자기 자신에게만 초점을 맞추고 대화를 시작한다면, 이는 다른 사람들에게 함께 성장하자고 초대하는 것이 아니다. 당신이 보낸 이메일에 대한 대가를 요구하는 셈이다. 그러나 함께 성장할 수 있는 진실한 문화를 형성한다면, 사람들은 기꺼운 마음으로 당신이 제공하는 가치에 값을 치르려 할 것이다.

매 순간 이루어지는 끌어당김

돈을 벌기 위해 걸어왔던 여정의 모든 단계마다 나는 이런 사실을 배웠다. 끌어당김은 단발성에 그치지 않으며, 매 순간 일어난다. 우리는 날마다 자신의 비전으로 다른 사람들을 끌어당기거나 다른 사람의 비전에 끌려간다. 또 자신과 자신의 비전을 두고 사람들을 끌어당기거나 밀어내고 있다.

매 순간과 상황에서 드러나는 당신의 태도와 에너지, 존재감에 따라 끌어당김의 성패가 결정된다. 당신은 더 큰 호감과 신뢰, 존중을 불러일으키며 상대를 끌어당기거나, 부정적인 말과 행동, 태도로 상대를 밀어낸다. 늘 완벽할 필요는 없다. 하지만 날마다 다양한 방식을 통해 의식적으로 자신을 꾸준히 드러낸다면, 더 성공적으로 다른 사람의 참여를 끌어낼 수 있다. 당신의 태도에서 당신이 일관되게 빚어낼 결실이 드러난다.

만약 내가 몸매를 가꾸고 싶은데, 자신을 퍼스널 트레이너라고 소개하는 사람이 적정 체중보다 45킬로그램이나 더 나간다면 나는 그 사람에게 끌리지 않을 것이다. 그들 자신도 해내지 못한다면 어떻게 그들에게 나를 위한 일을 맡길 수 있겠는가? 마찬가지로, 만약 당신이 처음 만난 사람에게 무례하게 군다면, 그러한 행동으로 인해 스스로 중요하게 여기는 어떠한 일에도 사람들의 참여를 끌어낼 수는 없을 것이다.

만약 끌어당기기 습관을 익히지 못하면 어떻게 될까? 간단히 말하자면 삶에서 원하는 것들, 돈을 비롯해 삶을 더욱 풍요롭게 해줄 온갖 것들이 당신의 삶으로 쉽사리 흘러들어 오지 않는다. 누군가의 참여를 끌어내는 일에 능숙하지 않다면, 성과를 내는 데 필요한 것들에 접근하지 못해 모든 꿈과 목표, 성취를 이뤄내기가 훨씬 더 어려워진다. 일자리를 원하건, 누군가와 함께 일하고 싶건, 결혼을 원하건, 그게 무엇이든 간에 모든 일이 한

타인에게 다가서는 방식에서
당신이 그들을
어떻게 대할지가 드러난다.

The way
you do your
outreach sets
the expectation
for how you'll
treat others.

— 루이스 하우즈

층 더 힘들어지는 것이다.

그 결과, 사람들은 고립감을 느끼며 고통과 스트레스에 시달리다가 지쳐버린다. 자신과 함께할 사람들의 참여를 끌어내지 못하는 탓이다. 만약 당신이 사람들을 밀어내는 유형이라면, 그 누구도 당신과 동료가 되어 어울리거나, 당신을 고용하지 않을 테고, 더 많은 돈을 벌 기회도 주지 않을 것이다. 한번 생각해 보자. 당신이라면 이기적인 태도를 보이고, 자기 관리도 하지 않고, 시간 약속도 지키지 않으며 사람들을 함부로 대하는 이를 돕고 싶겠는가? 아마 그런 사람은 없을 것이다.

상대에게 고유하고 특별한 재능이 없는 한, 누구도 그 사람과 긴 시간 함께 일하고 싶어 하지 않는다. 설령 그런 재능이 있더라도, 결국엔 신뢰와 명성을 잃고, 처음엔 그 재능 덕분에 얻게 되었을 돈마저 지키지 못할 가능성이 크다.

중요하게 알아두어야 할 것은 모든 사람이 항상 당신과 당신의 비전에 함께하진 않는다는 점이다. 이런 사실은 괜찮을 뿐만 아니라 오히려 좋은 일이다. 당신과 방향이 일치하지 않는 사람들을 당신의 여정에 억지로 끌어들이려 해서는 안 된다. 그럴 경우, 당신을 북돋우는 관계는커녕 아래로 끌어내리는 해로운 관계가 만들어진다.

또 다른 현실은, 어떤 사람들은 인생의 일정 시기 동안만 당신과 함께한다는 것이다. 우리 팀에도 성장의 시기에 중요한 역할을 했지만, 인생의 우선순위가 달라지며 변화를 주고자 떠난 사람들이 있었다. 그것 또한 여정의 일부다. 당신의 비전 안에서 동반 성장할 수 있는 상황이 아니라면, 여정을 함께 시작했던 사람이 성장 과정에 계속해서 머무는 경우는 드물다.

그런 일이 생길 때면, 내가 더 유능한 리더였다면 그들이 떠나지 않았을까 하는 생각에 스스로 자책하곤 했다. 물론 리더십 역량은 늘 키우고 발전시켜야 한다. 하지만 모든 사람이 모든 시기에 꼭 들어맞을 순 없다. 그래도 괜찮다. 붙잡으려 애쓰다 온통 좌절감만 남는 것보다는 떠나보내는 편이 낫다.

그 아래는 무엇이 있는가?

사람들을 끌어당기리란 기대가 없다면, 당신은 중요한 기회를 놓칠지도 모른다. 그랜트 카돈은 〈언더커버 빌리어네어 Undercover Billionaire〉라는 TV 프로그램에서 겪은 흥미로운 경험을 내게 한 예시로 들려줬다. 그는 돈을 벌려면 돈이 필요하다는 미신을 깨고 싶었다. 그랜트는 돈을 버는 데 있어 사람들과 올바른 관계를 맺는 것이 중요하며, 그렇게 쌓은 관계가 시간이 지나 자산을 창출하는 계약으로 이어진다고 굳게 믿는다. 결국 그는 사람들이 투자하게끔 참여를 끌어내야 한다는 것을 자기 비전의 중심에 두는 셈이다.

프로그램 속에서 그랜트는 아는 이 하나 없는 마을에 내려섰다. 사업 계약에 쓸 수 있는 돈도 전혀 없었다. 그야말로 무에서 유를 창조해야 했다. 낡은 픽업트럭에서 모습을 드러낸 그랜트는 머리를 삭발하고서 낯선 모습으로 첫 번째 언더커버 미팅에 들어섰다. 그리고 그곳에서 투자자를 찾고 있던 한 남자와 대화를 시작했다. 그러나 그 남자는 그랜트를 별 볼 일 없는 사람쯤으로 취급했다. 남자는 대화 내내 자신이 가진 돈을 자랑하며 언더커버 신분의 그랜트를 깔보듯 이야기했다.

이 남자는 자신이 별 볼 일 없게 여기던 눈앞의 남자가 이제껏 만난 사람들 가운데 가장 큰 투자자일지도 모른다는 사실을 눈치채지 못했다. 그는 대화가 길어질수록 자기 이야기만 중점적으로 늘어놓았다. 그리고 남자가 자신을 대화에 끌어들이는 데 소홀할수록 그랜트 역시 이야기를 나누고 싶은 마음도, 투자하고 싶은 마음도 사라졌다. 결과적으로 그 남자는 자기 회사의 미래를 위한 엄청난 투자 기회를 놓치고 말았다.

그랜트는 그 대화에서 커다란 두 가지 교훈을 얻었다고 말했다. "첫째, 당신은 지금 어떤 사람을 상대하고 있는지 모릅니다. 그리고 그보다 중요한 두 번째는 그들이 앞으로 어떤 사람이 될지 모른다는 것이죠."[2] 어쩌면 지금 막 당신의 소셜 미디어를 팔로우한 사람이 당장은 이력서에 내세울 만한 게 없을지라도, 시간이 흘러 당신을 놀라게 할 수 있다. 현재는 별 볼 일 없어 보여도, 10년 후에는 엄청난 기업을 일구거나 성공적인 브랜드를 가지고 있을 수도 있다. 지금 긍정적인 관계를 쌓아둔다면, 훗날 그들이 당신에게 힘을 실어줄지도 모른다.

이렇게 생각해 보자. 당신은 채광 회사를 소유하고 있고, 그 회사를 제대로 키워 수익을 내 부자가 되고 싶다. 그러던 중 두 사람을 만난다. 한 사람은 수백 에이커의 땅을 가지고 있다. 인상적이다! 다른 사람이 가진 땅은 10에이커가 고작이다. 그다지 인상적이지 않다. 당신은 두 사람 중 누구와 더 관계를 맺고 싶은가?

가장 좋은 대답은 **둘 다**다. 두 땅의 표면 아래 어떤 가치가 숨어 있는지 당신은 전혀 모른다. 어쩌면 수백 에이커의 땅은 아무런 쓸모가 없는 반면, 10에이커의 땅에는 황금이 가득 묻혀 있을 수 있다. 혹은 수백 에이커 땅에선 금이 나오고 10에이커 땅에는 다이아몬드가 가득할 수도 있다. 겉모습만 봐서는 절대 알 수 없다. 관계에서 무엇을 얻을 수 있는지 알아내려면, 그 관계 속으로 깊이 파고들어야 한다.

끌어당김의 마인드셋으로 타인과 교류한다면, 관계의 기본값은 '투자'가 아니라 '초대'가 된다. 대뜸 회사에 돈을 투자해 달라고 요구하는 대신 진정성 있는 대화로 시작하는 것이다. 반대로, 거짓말을 하거나, 무관심해 보이거나, 약속을 지키지 않는 식으로 사람들을 밀어낸다면, 당신은 자신의 미래에서 그들을 내치는 꼴이 된다. 그들에게서 당신과 함께 성장할 기회를 빼앗은 탓에, 그들뿐만 아니라 자기 자신에게도 문을 닫아버리는 셈이다.

당신은 모든 날 모든 순간마다 끌어당길 수도 있고 밀어낼 수도 있다. 참여를 끌어내는 습관을 익힌다면 당신은 더 많은 돈

중요한 건 짐이 되기보다는
축복이 되고자 하는 소망이다.

It's about
wanting to
be a blessing
instead of
being a
burden.

- 루이스 하우즈

을 끌어당기는 길에 들어설 수 있다. 반대로 밀어내는 자세를 취한다면 끊임없는 실패의 악순환으로 빠져든다. 선택은 당신의 몫이다.

내 경험상 진심으로 의미 있는 사명을 추구하는 사람들 대부분은 그 사명을 수행해 내기 위해 자신의 비전으로 다른 이들을 자연스레 끌어당긴다. 오해하지는 말자. 저 밖에는 다른 사람을 돕겠다는 마음 없이도 부유한 사람들이 있다. 하지만 나는 다른 사람을 도우며 그들의 참여를 끌어낼 때 더 깊은 안정감과 충만함이 찾아온다는 사실을 깨달았다. 이는 사람들을 구해야 한다는 영웅 콤플렉스를 말하는 것이 아니다. 중요한 건 짐이 되기보다는 축복이 되고자 하는 소망이다.

열정을 다해 자신의 비전을 나누고, 당신과 함께하자며 다른 이들을 초대할 때, 그들에게는 당신과 동행할 기회가 주어진다. 어떤 이들은 단순하게 구독과 팔로우하는 데서 그칠 수도 있고, 당신과 당신의 사명에 이끌린 누군가는 더 깊은 방식으로 그 사명을 지지할 수도 있다. 그 안에 담긴 진실은 그들이 진정으로 투자하는 대상이 바로 당신이란 것이다.

당신이라는 브랜드로 끌어당겨라

당신이라는 브랜드는 당신이 어떤 사람이냐에 달려 있다. 그리고 당신이 어떤 사람이냐에 따라 다른 사람들의 참여를 끌어내는 능력이 결정된다. 그러므로 돈을 끌어당기고 싶다면 사람을 이끄는 법을, 궁극적으로 자기 자신을 이끄는 법을 배워야 한다. 리더십 전문가 존 C. 맥스웰John C. Maxwell은 이렇게 말한다. "스스로 리더라고 생각하지만 당신을 따르는 사람이 없다면, 그것은 사람을 이끄는 게 아니라 그저 혼자 산책 중인 것이다."³ 끌어당김에도 같은 원칙이 적용된다. 사람들이 당신과 당신의 브랜드를 따르지 않는다면, 당신은 참여를 끌어내는 데 능숙하지 못한 것이다.

슈퍼볼 챔피언 스티브 웨더포드Steve Weatherford는 내게 이렇게 말했다. "처음 방에 들어서는 모습만 봐도 존경할 만한 기운이 느껴져 따르고 싶어지는 사람들이 있습니다." 전직 프로선수였던 스티브는 영양과 신체적 측면에서 얼마나 단련되었는지 가늠하는 방법으로 상대방의 어깨너비를 살핀다. 자기 분야에서 스스로 잘 이끌 줄 아는 사람이라면 다른 영역에서도 마찬가지일 거라는 생각이다. 나는 이런 점이 누구에게나 다양한 방식으로 적용될 수 있다고 본다.

자기 자신을 얼마나 잘 이끄느냐에 따라 다른 사람을 이끄는 개인의 역량이 결정된다는 것, 나는 이것을 **개인적 역량의 원칙**Personal Power Principle이라고 부른다. 자기 자신을 잘 다스릴수록 더 많은 사람의 참여를 끌어내고, 자신의 사명을 진전시키며, 재정적 상황을 개선할 수 있는 잠재력이 향상된다.

그렇다면 개인의 역량은 어떻게 키울 수 있을까? 매일 실천할 수 있는 간단한 방법이 있다. 데이비드 고긴스David Goggins는 은퇴한 미 해군 특수부대원으로, 해군 특수부대 훈련과 육군 레인저 스쿨, 공군 전술항공통제 훈련을 모두 완수한 인물이다. 나는 데이비드에게 어떠한 역경이 닥쳐왔을 때도 자신을 잘 이끌 수 있었던 비결이 무엇이었는지 물었다.

데이비드는 매일 아침 작은 일들부터 원만하게 처리하며 하루를 시작하는 것이 핵심이라고 말했다. 그는 아침에 일어나 휴대전화를 확인하기 전, 적어도 열다섯 가지 소소한 일들을 해내며 자신을 긍정의 영역으로 이끌 일련의 성취를 선사한다. 머리를 밀 수도 있고 운동을 할 수도 있으며, 심지어는 화장실 청소를 할 수도 있다. 데이비드는 이런 모든 일들에서 강력한 추진력을 얻는다고 한다.

나는 이런 일상의 습관을 승리 쌓기win stacking라고 부른다. 의도적으로 작은 승리를 쌓으며 하루를 시작하는 것이다. 나는 이 습관과 더불어, 내가 고맙게 여기는 것들에 감사를 표현하는 것도 좋아한다. 승리와 감사를 함께 쌓음으로써 그 효과를 증대시키고, 자기 자신을 이끌 수 있는 정신적 준비를 갖추며, 더욱 뛰어난 개인적 역량을 길러 자연스럽게 다른 사람들의 참여를 끌어낼 수 있게 된다.

이러한 리더십을 염두에 뒀을 때, 더 많은 돈을 벌고 더욱 풍요로운 삶을 살기 위해 주기적으로 끌어당겨야 할 세 부류의 주요 집단이 있다.

1. 자기 자신. 그저 왕관을 쓰고 사람들이 당신을 따라주길 바란다고 해서 참여를 끌어낼 수는 없다. 우선 의식적으로 시간을 들여 자기 자신을 끌어당겨야 한다.

스스로 물어보자. 나라면 어떤 사람을 따르고 싶을까? 그들은 아마도 진실성과 의무감, 책임감을 갖췄을 것이다. 당신을 사로잡는 다른 원칙이 있을 수도 있다. 그런 건강한 사람됨을 보이겠다고 다짐하자. 자신의 감정을 다스리는 법을 익혀 정서적 인지 능력을 강화하자. 코치나 치료사가 필요하다면 거기서 시작해도 좋다. 내 경험상 전문적인 도움은 성장 잠재력으로 가득하지만 이따금 사각지대로 숨어버리는 내면의 영역을 비추는 거울이 되어준다.

의사소통 능력을 갈고닦자. 사람들에게 질문을 던지며 사려 깊고 예의 바르게 행동하자. 시간을 들여 자신의 비전을 명확히 하고, 어떻게 하면 사람들의 참여를 끌어낼 수 있을지 고민하자. 그렇게 한다면 삶의 모든 재정적 단계마다 충만함과 안정감을 얻을 수 있다. 자신을 끌어당기는 일은 매일의 과정으로, 우선 자기 자신을 이끌 수 있다는 확신을 길러준다. 그렇게 확신을 얻을 때 비로소 다음 단계로 나아갈 수 있다.

2. 타인. 자기 자신을 끌어당기는 일은 진정성과 개방성의 본보기가 된다. 개인적 성장을 향한 당신의 열정을 나눔으

로써 다른 사람들도 자신들의 성장 여정에 힘쓰고픈 영감을 얻는다. 그들이 얻은 성취에 함께 기뻐하며, 난관에 부딪혔을 때는 지원을 아끼지 말자. 무기력한 순간에 당신이 곁에 있으며, 짊어진 짐이 버거울 때는 나눠 질 수 있음을 알리자. 항상 함께하며 진정한 관계로써 상호 간의 성장을 이루고 있다는 느낌을 자아내자.

다른 이들에게 이바지함으로써 개인적 탁월함을 추구하는 방향으로 참여를 끌어낸다면 그들의 잠재력을 키우는 데 도움을 줄 수 있을 뿐만 아니라, 성장의 마인드셋을 가진 사람들 사이의 관계망을 구축해 서로의 성공을 위해 기꺼이 도움을 주고받을 수 있다. 당신을 이러한 길잡이로 삼는 사람들은 시간이 흘러도 결국 다시 돌아와 당신과 함께하려 할 것이다.

3. **당신의 팀.** 팀원들 가운데 몇몇은 당신이라는 브랜드의 홍보대사가 된다. 그들은 사람들 사이에서 두드러지며 당신의 비전을 진심으로 지지한다. 에드 마일렛이 '전도자'라고 부르는 이들을 나는 '끌어당기는 사람들'이라 부르고 싶다.

이들은 사업이나 조직, 단체가 겪는 모든 역경을 함께 헤쳐 나갈 사람들이다. 당신은 이들의 개인적 목표가 공동의 비전에 맞닿을 수 있게 도움으로써 팀원들에게 힘을 실어줄 수 있다. 목표를 공유하고, 그들 스스로가 그 목표의 중요한 일부라고 느껴지게끔 영감을 주자. 각자의 강점을 발휘해 창의성이 흐르는 자유로운 일터를 만들 수 있도록 협업의 기회를 제공하자.

전문성 개발과 지속적 성장을 뒷받침하는 문화가 형성되면 팀원들 역시 사람들을 끌어당기며, 그에 따라 관계망도 기하급수적으로 확장된다. 팀원들의 참여를 끌어내고 당신의 비전에 공감하는 사람들을 채용함으로써, 매끄럽게 난관을 극복하고 탁월한 성과를 이룰 수 있는 환경이 조성되는 것이다.

모든 리더의 첫 번째 임무는 자신이 이끄는 사람들에게 현실을 규정해 주는 것이라고들 한다. 이는 전설적인 사상가이자 작가인 웨인 다이어 Wayne Dyer가 했던 "우리의 의도가 현실을 창조한다."[4]라는 말과도 일치한다. 그러나 많은 경우에 사람들은 본인의 의도조차 제대로 이해하지 못한다. 이러한 무지로 인해 사명의 기반이 흔들린다. 자신의 사명을 어떻게 드러내느냐에 따라 사람들이 그 사명을 어떻게 인식하는지가 결정되는 탓이다.

끌어당김의 대가는 "제가 어떻게 도울 수 있을까요?"라는 질문을 던지고 상대가 그에 상응하는 방식으로 응답하도록 요구함으로써 서로에게 윈-윈이 되는 대화를 끌어낸다. 하지만 자신이 뱉은 말을 끝까지 지키지 않는다면 차라리 아무것도 묻지 않는 편이 낫다. 사람들은 그런 모습에서 금세 불성실함을 알아차린다. 사람들이 당신의 목표에 동참하길 진심으로 바랄 때 당신은 비로소 다른 사람들과 함께하며 꿈을 확장할 수 있다. 당신의 조직이 오직 당신에게만 도움이 되는 배타적인 사명을 목표로 삼는다면, 결국 혼자 걷게 될 것을 각오해야 한다.

당신이 임금 인상을 원한다고 해보자. 그 목표 자체가 나쁜 것은 아니지만, 단순히 당신에게 자격이 있다거나 당신이 원한다는 이유만으로 돈을 더 받으려는 태도는 좋지 않다. 대신, 이렇게 자문하며 윈-윈 전략을 찾아보자. 어떻게 하면 회사의 필요를 제대로 충족시키는 데 더 크게 이바지할 수 있을까?

당신이 어떤 상품이나 서비스를 판매하고자 잠재 고객을 확보하려 한다면, 스스로 이렇게 물어보자. 내 도움으로 가장 큰 혜택을 볼 사람은 누구인가? 이 상품이나 서비스로 해결할 수 있는 고통이나 문제를 겪고 있는 사람은 누구인가? 그런 다음 그 고통을 덜어주거나, 더 적은 비용으로 더 나은 성과를 더 빠르게 낼 수 있도록 자신의 가치를 포장해 도움을 건네자.

참여를 끌어내는 일을 하나의 게임으로 보는 것도 도움이 될 수 있다. 쾌활한 에너지는 사람을 끌어당긴다. 만약 당신이 이런 쾌활한 에너지를 품고 참여를 끌어내는 일에 접근한다면, 거절당하더라도 거기에 압도되어 스트레스를 받거나 주눅 들지는 않을 것이다. 상대가 거절했다면 그저 자신의 접근법을 돌아보며 성장과 발전을 위한 피드백으로 받아들이자. 단순히 상대방과 시기적으로 맞지 않았을 수도 있고, 의사소통이 원활하지 않았을 수도 있다. 어쩌면 능력을 기르거나 제안을 다듬어야 했을지도 모른다.

거절의 이유가 무엇이든, 결코 개인적으로 받아들이거나 힘을 잃지 말자. 충분히 속도를 늦추고 열린 마음으로 상황의 맥락을 파악하고 이해해 보자. 완전히 멈춰 서서 놓아버리는 대신, 어떻게 하면 다음에 더 잘할 수 있을지를 고민하자. 그리고 그 과정을 즐길 방법을 찾자!

다음과 같은 질문을 던지며 순발력 있게 소통하는 법을 익히는 데서도 크나큰 배움을 얻을 수 있다.

- 당신과 당신의 팀을 위해 제가 도울 일이 있을까요?
- 혹시 달리 관심 두시는 일은 없으신가요?
- 나중에 상황이 바뀌면 알려주시겠어요?

당장은 상황이 뜻대로 풀리지 않는 것처럼 보여도, 순간적으로 방향을 틀 수 있다면 당신은 더욱 매력적인 사람이 된다. 인내심을 가지고 계속해서 사명을 추구하다 보면, 미래에 상황이 어떻게 변할지는 모르는 법이다.

당신의 전략

당신이 되고자 하는 '참여를 끌어내는 리더'와 비교해, 현재 당신이 어떤 유형의 리더인지 잠시 시간을 내어 생각해 보자.

- 현재 당신은 리더로서 자신의 역할을 어떻게 규정하고 있는가?
- 당신은 사람들의 참여를 끌어내는가, 혹은 밀어내는가?
- 당신의 리더십을 인도하는 가치는 무엇인가?
- 난관이나 걸림돌을 어떻게 처리하는가?
- 당신의 리더십에서 어떤 부분에 추가적인 훈련이 필요한가?
- 주변 사람들이 최대한의 잠재력을 발휘하게끔 하기 위해, 당신은 어떤 식으로 그들의 참여를 끌어내며 힘을 실어주는가?
- 팀과 신뢰를 쌓고 긍정적인 관계를 키워나가기 위해 어떤 전략을 사용하는가?

첫 번째 연습: 끌어당김의 청사진을 그려라

사람들의 참여를 끌어낸다는 개념이 새롭게 느껴진다면, 시간을 들여 정확히 무엇을 위해 사람들의 참여를 끌어내고자 하는지 명확하게 하는 것이 좋다. 다음 질문을 통해 생각해 보자.

- 당신의 의미 있는 사명은 무엇인가?
  (확실치 않다면 《그레이트 마인드셋》을 참고하자.)

- 의미 있는 사명을 위한 당신의 비전은 무엇인가?
- 그것이 왜 중요한가?
- 누구에게 도움이 될 것인가?
- 세상에 어떤 변화를 줄 수 있는가?
- 참여를 끌어내고자 하는 사람을 어떤 식으로 당신의 여정에 동참시킬 것인가?
- 당신의 여정에 함께 할 때, 그들에게 돌아가는 개인적 혜택은 무엇인가?
- 특별히 그 사람의 참여를 끌어내고자 하는 이유가 무엇인가?

이 질문에 대한 답변을 이해하고 나면, 당신의 사명을 명확히 설명하여 사람들의 참여를 끌어내는 데 도움을 주는 엘리베이터 피치(엘리베이터 탑승만큼 짧은 시간 안에 투자자나 상대방에게 자신의 아이디어·비전·가치를 간결하고 설득력 있게 전달하는 발표 - 옮긴이)의 뼈대를 세울 수 있다.

두 번째 연습: 거울을 들여다보라

말하는 내용도 중요하며 다른 사람의 참여를 끌어내는 데 도움이 되지만, 무엇보다 당신을 돋보이게 하는 것은 당신의 모습이다. 사람들이 당신의 모습에서 자신감, 지혜로움, 강력한 자기 리더십을 본다면, 당신은 하나의 자석이 되어 곁에 두고 싶은 사람들을 끌어당기게 된다. 연습은 간단하다. 단순한 외모를 넘어 스스로 어떤 사람인지를 떠올렸을 때, 자기 자신을 어떻게 묘사하겠는가?

자신을 묘사한 모습에 사람들을 끌어당길 만한 긍정적인 요소가 담겨 있다면, 분명히 끄집어내 돋보이게 하자. 그런 요소들은 인정하고 강화해야 한다.

반대로 다소 부정적이거나 당신을 발목 잡는 요소가 담겨 있다면, 솔직하게 마주해야 한다. 그런 요소들을 바꾸기 위해 무엇이든 하겠다고 다짐하겠는가? 만약 그러겠다면, 자기 자신을 더욱 잘 이끌 수 있도록 오늘부터 한 걸음 내디뎌 보자.

자기 자신에게 언짢음을 느끼자고 이 연습을 하는 것이 아니다. 오히려 잘되고 있는 부분을 돋보이게 하며 개선할 방법을 찾는 것이다.

기억하자. 당신은 모자람이 없으며, 더욱 성장하고 있다.

세 번째 연습: 승리 쌓기

이른 아침 쌓아놓은 작은 승리들은 지속적인 추진력으로 이어진다. 의식적으로 하루를 시작하지 않는다면, 당신의 하루는 금세 흐트러진다. 긍정적인 하루를 열기 위해, 성공의 기틀을 마련할 세 가지에서 다섯 가지 소소한 일들을 떠올려 보자.

메모지나 휴대전화에 그 일들을 적어두고 매일 확인하며 승리 쌓기 습관을 기르자. 이 작은 승리들에서 추진력을 모아 더 큰 목표로 나아가자. 이 추진력이 쌓이면 주변 사람들에게도 명백히 드러날 내면의 변화가 일어난다. 그리고 그 과정에서 당신은 더욱 매력적인 사람이 될 것이다.

제11장

여섯 번째 습관: 유연성 기르기

Habit 6: The Mobility Habit

위임을 통해 힘을 실어주자

내 첫 마케팅 회사는 참담하게 무너졌다. 동업자와 처음 일을 시작했을 땐 서로 다른 강점이 있으니, 힘을 합치면 엄청난 성과를 낼 수 있을 것만 같았다. 우리가 함께한다면 더욱 많은 이들을 위해 사업을 키우고 가치를 확장하며, 동시에 더 많은 돈을 벌 수 있으리라고 생각했다. 완전한 착각이었다.

사업이 커지며 거의 곧바로 문제가 불거졌다. 우리는 유능한 팀원을 키우거나 채용하는 법을 몰랐다. 몇몇 뛰어난 프리랜서를 영입하긴 했지만, 성공하기 위해선 대부분의 일을 직접 해야 한다는 사고방식에 머물러 있었다.

나는 밤낮없이 자신을 몰아붙였다. 각자 잘하는 일에 집중해 전력을 다하면 서로의 약점을 메울 수 있으리라는 생각이었다. 하지만 우리 둘 다 같은 생각을 품었다는 점이 문제였다. 나는 쉴 틈도 없이 계속 일한 끝에 결국 완전히 지쳐버렸고, 동업자를 원망하기에 이르렀다.

안타깝게도 우리는 함께 일하며 지식과 능력을 키우기는커녕 서로 다투기만 했고, 결국 사이가 더 멀어졌다. 우리는 방향을 잃었고 그런 상황을 어떻게 끊어내야 할지도 몰랐다. 더욱 심각하게도, 수익에만 매달린 나머지 시장 동력을 잃을까 봐 두려워 오히려 무리하게 일을 밀어붙였다.

분기마다 매출은 늘었지만, 갈수록 버거워지는 업무량을 감당할 수 없었다. 돈은 더 많이 벌었으나 마음은 무기력했다. 우리는 성장해 사업이 커지면 피라미드 형태를 이룰 것이라고 기대했다. 피라미드가 커질수록 짊어진 짐은 가벼워지리라는 생각이었다. 하지만 한 걸음 내디딜 때마다 우리는 또 다른 지옥의 굴레 속으로 깊숙이 빠져들 뿐이었다.

우리가 추진력이라 여겼던 것은 성공의 무게에 불과했다. 피라미드가 뒤집혀 있다는 사실이 드러났다. 모두가 우리에게 기대고 있던 탓이었다. 오해하지는 말자. 팀원들은 모두 똑똑하고 성실했다. 하지만 그런 점 때문에 오히려 우리의 실패가 더욱 뼈아프게 다가왔다. 나와 동업자가 더 열심히 일하는 것만으론 한계가 있었다. 사실상, 여러 사람에게 권한을 부여하여 효과적으로 일에 끌어들이는 법을 배우는 대신 그저 더 열심히 일했던 것이 오히려 수월하게 돈을 벌어들이는 능력의 발전을 늦추고 말았다.

헬리콥터형 기업가

돈의 여정을 걸어가다 어느 시점이 되면 작은 부업이나 사업을 시작하고 싶어질지도 모른다. 나처럼 애초에 사업을 하려던 것은 아니지만 좋아하는 일을 하다 보니 우연히 사업가의 길로 들어서게 되는 경우도 있다. 그 일이 단순한 부업으로 남을 수도 있지만, 당신이 능숙하게 해낸다면 성장할 가능성도 충분하다.

사업을 시작하면 모든 일을 직접 해야 한다고 생각하는 경우가 흔하다. 물론 당신은 어떤 한 가지 일에 능숙할지도 모른다. 하지만 그 하나만으론 한계가 있다. 더 많은 일을 해내고, 더 크게 성장하고, 더 많은 성과를 내라고 자신을 몰아붙이다간 결국 탈진하고 만다. 아무리 규모가 커졌을지라도 당신의 사업 역시 타격을 입게 된다.

내 경험으로 볼 때, 우리 기업가들은 부모 본능 같은 게 있어서 사업이 전적으로 자기 손에 달려 있다고 생각한다. 결과적으로 회사를 자식처럼 여긴다. 열정의 순간에 이 놀라운 조직을 세웠고, 품에 안아 기르며 작은 성취 하나하나를 축복했다. 그런데 지금 누군가가 말한다. 다른 사람 손에 믿고 맡기라고. 그리고 그동안 당신은 그냥… 뭐? 잠이나 자라고?

맞다. 바로 그게 당신이 할 일이다. 여느 건강한 아이와 마찬가지로, 건강한 사업도 성장을 거쳐야 한다. 그러기 위해서 당신은 언젠가 물러서야 한다.

첫 번째 사업을 확장하려 했을 때, 나는 어떻게 사람을 고용하고 관리해야 하는지 전혀 몰랐다. 모든 사람이 나처럼 일하리라고 생각했다. 하지만 그건 착각이었다. 나는 더 나은 리더가 되는 법을 배워야 했다. 위임하는 법과 프로세스를 구축하는 법을 익혀야 했다. 내가 잘하는 일이 한 조각 퍼즐에 불과하다는 사실을 깨닫기까진 시간이 걸렸다. 나는 내 아이를 내려놓을 줄 알아야 했다. 처음에는 쉽지 않았다. 하지만 수많은 실수에서, 그리고 감사하게도 오랜 세월에 걸쳐 대화를 나눌 수 있었던 많은 전문가에게서 배울 수 있었다.

자식 같은 사업을 다른 사람에게 맡길 땐 다양한 감정이 올라오기 마련이다. 하지만 당신에게 주어진 선택지는 세 가지뿐이다. 위임하고 성장하거나, 제자리에 머물거나, 실패하거나. 사업이 실패하길 바라는 사람은 없다. 그보다는 사업을 키워 더 큰 수익을 내고자 할 것이다. 그렇다면… *위임*하자.

현실 속에서 위임이 어떻게 작동하는지 살펴보자.

어떤 사업이건, 팀원·급여·회계·마케팅·상품개발·고객서비스·세금·인사·물류 그 밖의 수많은 일들까지 관리할 것들이 산더미다. 어쩌면 당신은 이 가운데 몇몇 분야에서 특출난 실력을 발휘할지도 모른다. 하지만 인정하자. 나머지 부분에선 기껏해야 평균 수준이고, 어떤 부분은 형편없을 수도 있다. 그래도 괜찮다. 당신이 정말 잘해야 하는 한 가지가 있다면 그건 바로 리더십이다. 리더십의 대가 존 C. 맥스웰은 말한다. "*모든 일의 흥망은 리더십에 달려 있다.*" 대부분의 1인 창업자들은

진정 위대한 일을 하려면
다른 사람과 함께해야 한다.

You need
others to do
truly great
things.

- 루이스 하우즈

존이 2단계 리더십이라고 말하는 '관계'에서 어려움을 겪는다. 위임이란 사람들에게 자신의 지위나 직함을 내세우는 것이 아니다. 위임은 정서 지능을 기르고 사람들을 잘 이끌 수 있도록 새로운 대인관계 능력을 익히는 과정이다.

처음 사업을 시작할 땐, 모든 일을 스스로 감당해야 할지도 모른다. 하지만 어느 순간이 오면 사업이 걸음마를 뗄 수 있도록 공간을 마련해 주어야 한다. 비틀거릴 때를 대비해 곁에서 잡아 줄 수는 있으나 헬리콥터형 기업가로 남아 있다간 당신만 지쳐 버릴 뿐이다. 당신이 계속해서 주변을 맴돌면 사업은 기어다니는 데 그칠 뿐, 걸음마를 떼고 달려 나가지 못한다. 하지만 걸음마를 떼고 달려 나갈 때 비로소 그 사업은 당신에게 더 큰 수익을 가져다준다.

그렇기에 유연성 기르기 습관이 필요하다. 지금 하는 일을 확장하고, 더 멀리까지 더 빠르게 나아가 더 큰 영향력을 발휘하고 싶다면, 과감하게 위임하는 법을 배워야 한다.

일을 제대로 하고 싶다면…

나폴레옹 보나파르트Napoleon Bonaparte는 이렇게 말했다고 한다. "제대로 하고 싶다면 직접 하라." 하지만 나는 이렇게 말하고 싶다. 훌륭하게 해내고 싶다면 다른 이와 함께 하라. 내가 알기로 나폴레옹에겐 그 조언이 잘 통하지 않았고, 당신에게도 마찬가지일 것이다. 진정 위대한 일을 해내고 싶다면 다른 사람과 함께 해야 한다.

위임이란 당신이 힘을 얻을 수 있도록, 참여를 끌어낸 사람들에게 책임감을 부여하는 기술이다. 책임감을 부여하면 사람들은 당신의 의미 있는 사명에 이바지할 능력을 갖추게 된다. 물론 이런 경우에는 어느 정도 위험이 따르지만, 그 위험을 감수한다면 그렇지 않고서는 얻을 수 없었을 엄청난 보상의 문이 열린다.

게다가 일을 위임하면 자신의 강점을 최대한 활용할 수 있는 다른 일에 온전히 집중할 수 있다. 내 친구 어원 맥매너스는 자신의 베스트셀러 《마인드 시프트 Mind Shift》에서 우리가 모든 방면에 평범해도 괜찮다고 말한다. 모든 일을 훌륭히 해내려 애쓰기보다는, 우리가 진정으로 빛을 발할 수 있는 영역에 집중하고 나머지는 다른 사람에게 맡기라고 제안한다. 그렇게 할 때, 우리 자신뿐만 아니라 다른 모든 이들에게서 엄청난 잠재력을 끌어낼 수 있다는 것이다.

위임은 당신의 팀에 힘을 실어주지만, 다른 사람에게 통제권을 넘기기란 쉽지 않다. 의식적으로 위임에 임하지 않는다면, 어깨너머로 팀원들을 주시하며 그들이 마음 같지 않다고 답답해하다가 결국엔 직접 일을 떠맡고 마는 자신을 보게 될 것이다. 그러나 만약 팀원들이 일을 위임받지 못했다고 느끼는 순간, 그들이 실패할지도 모른다는 당신의 두려움은 되레 현실이 된다.

당신의 사업이
걸음마를 뗄 수 있도록
공간을 마련해 주어야 한다.

You need
to give your
business the
room to take
its first steps.

- 루이스 하우즈

팀원들이 자유롭게 역량을 발휘하기보다는 상사인 당신의 심기를 거스르지 않으려 애쓰게 되는 탓이다. 그 결과 팀원들의 집중력이 흐트러지고, 결국 자신만이 그 일을 할 수 있다는 당신의 믿음만 확고해진다. 하지만 실제론 당신이 제대로 위임하지 않은 탓에 문제가 발생한 것이다.

나도 겪어봐서 안다. 나 역시 모든 일을 제대로 해내고 싶어 직접 뛰어들었다. 하지만 어설프게 위임했던 일을 다시 하겠다고 나섰다가 결과만 나빠지고 말았다. 어깨너머로 팀원들을 주시하느라 남은 시간마저 허비했다.

두려움을 느낄 때 비전은 약해지고 위임은 방해받는다. 반대로 과감하게 위임할 때 팀은 한 단계 도약한다. 팀원들 모두가 자유롭게 최선을 다하고, 어려움이 닥쳐왔을 때도 유연하게 대처하며 앞으로 나아가는 법을 배운다. 그리고 당신은 팀원들이 본인의 역량을 입증함에 따라 모든 일을 하나하나 재확인할 필요가 없음을 깨닫게 된다.

무엇보다 도움을 얻기 위해 사람들의 참여를 끌어내는 순간, 이 유연성 기르기 습관은 본격적으로 탄력을 받는다.

당신의 가치를 알라

위임을 시작하고 싶다면, 기업가이자 투자자인 나발 라비칸트$^{\text{Naval Ravikant}}$가 내게 알려줬던 코드·미디어·노동이라는 세 가지 지렛대를 떠올려 보자.

코드란 다른 사람들이 당신을 위해 더 많은 수익을 창출하고 그들 스스로에게도 가치를 더할 수 있도록 소프트웨어를 제작하는 것을 뜻한다. 다른 사람이 짜둔 소프트웨어나 코드를 이용해 효과적으로 일을 배분할 수 있으므로 이 개념도 위임에 적용된다. 예전에는 사람을 고용해 처리했던 업무들이 이제는 앱을 비롯한 각종 기술로 처리되는 경우가 많다. 당신과 당신의 팀원들 모두를 위해, 코드와 기술을 활용하여 업무를 위임할 방법을 찾아보자.

예를 들어, 필사 업무가 많았던 내 친구의 팀에선 누군가가 일일이 회의록을 작성하곤 했다. 하지만 이제는 AI 기술을 활용해 회의록 작성을 자동화하여 품질을 유지하면서도 시간과 비용을 절감하고 있다. 업계마다 상황은 다를 수 있으나 이미 당신의 분야에도 시간을 절약할 수많은 기술적 방법이 존재하리라 확신한다. 시간을 아낀다는 건 돈을 아낀다는 뜻이다.

미디어란 영상과 오디오, 그 밖의 콘텐츠 제작 수단을 활용해 당신의 메시지를 퍼뜨리고 메시지의 도달 범위를 확장하는 것을 말한다. 당신은 동시에 여러 장소에 있을 수 없지만, 미디어는 복제를 통해 당신의 영향력을 넓힐 수 있다.

이것이야말로 우리가 그레이트니스 미디어에서 매일 활용하고 있는 핵심 전략이다. 예를 들어, 〈더 스쿨 오브 그레이트니스〉의 한 회차를 녹화하고 나면, 해당 미디어를 다양한 방식으로 가공해 여러 소셜 미디어에 활용할 수 있도록 창의적인 아이디어를 짠다. 우리는 이런 식으로 미디어와 기술을 활용해 지렛대를 만들고 있으며, 본질적으로 보면 우리의 소통 업무를 이런 기술과 플랫폼에 위임하는 셈이다.

미디어는 당신에게 더 큰 유연성을 부여한다. 미디어는 당신이 직접 해낼 수 있는 것보다 더 멀리까지 훨씬 빠르게 메시지를 전달한다. 이 책 역시도 지금 이 순간 당신에게 다가서기 위해 활용하는 하나의 수단이다. 내가 언제나 모든 사람과 함께하며 통찰을 나누고 성장을 도울 순 없다. 하지만 이 책은 가방에 넣어두었다가 비행기에서 꺼내 읽을 수도 있고, 운동하면서 들을 수도 있다. 이런 방식으로 위임하길 선택했기에 내 메시지를 담은 미디어가 당신에게 닿는 것이다.

세 번째 지렛대는 노동으로, 사람에게 위임하는 것이다. 대부분의 사람, 특히 이제 막 시작하는 사람들에게는 다음 단계로 나아가기 위해 가장 집중해야 할 부분이다. 그럼에도 많은 이들이 책임을 내려놓고 다른 사람에게 위임하길 어려워한다.

하지만 이렇게 생각해 보자. 당신의 시간당 가치는 얼마일까? 계산해 본 적이 있는가? 1년 동안의 예상 수입을 당신이 투입하려는 노동 시간으로 나눠보자. 그것이 당신의 기본 시급이다.

예를 들어, 계산을 단순히 하기 위해 1년 동안 주 40시간씩 48주 노동으로 1,920시간을 일해 5만 달러를 번다고 가정해 보자. 50,000÷1,920=26.04달러가 된다. 다음 표를 보면 이 공식을 연간 수입에 따라 적용했을 때 어떻게 되는지 확인할 수 있다. 수치는 보기 쉽게 반올림했다.

연간 수익	노동 시간	기본 시급(반올림)
5만 달러	1,920시간	26달러
10만 달러	1,920시간	52달러
15만 달러	1,920시간	78달러
20만 달러	1,920시간	104달러
25만 달러	1,920시간	130달러

현재 당신이 연간 10만 달러를 벌 것으로 기대한다면, 당신의 시급은 대략 52달러다. 그것이 당신의 현재 가치다. 따라서 현재 하는 일 가운데 시간당 52달러 이하의 비용으로 다른 사람에게 맡길 수 있는 일이 있다면 그렇게 하는 편이 타당하다. 그렇게 새로 확보한 시간을 활용해 에너지를 쏟아 사업을 키우거나, 부업을 늘리거나, 직업적 선택지를 늘려가는 식으로 연간 수입을 늘리면 된다.

이제 여기서 특히나 설득력 있는 사실에 주목해 보자. 연간 수입이 늘어나면, 당신의 시간당 급여도 올라간다. 그 말인즉슨, 다른 사람에게 맡겨야 할 업무가 점점 많아진다는 뜻이다. 그렇다면 연간 수입을 만들어내는 핵심적인 일은 무엇인가? 이 핵심적인 일에 집중해 더 큰 수익을 내기 위해선 어떤 식으로 위임해야 하는가? 실상 나는 부수적인 업무를 다른 사람에게 위임하는 것이야말로 연간 수입을 늘리는 가장 빠른 길이라고 생각한다.

어떤 업무를 위임하는 게 좋을지 파악하기 위해 다음 세 가지 질문에 답해보자.

1. **나는 어떤 일들을 '하고' 있는가?** 평소 하는 일을 전부 쏟아내 보자. 실제 자신이 하는 일들을 보며 놀랄 수도 있다. 혹은 시간이 모두 어디로 흘러갔는지 떠올리느라 애먹을지도 모른다. 그런 경우라면, 2주 동안의 시간 감사를 통해 당신의 시간이 정확히 어디로 흘러갔는지 추적해 보자.

2. **내가 '해야 하는' 일은 무엇인가?** 일단 목록을 작성했다면, 당신만이 할 수 있는 일에 동그라미나 별 모양으로 표시해 보자. 보통 대부분은 이런 질문에… '전부 다'라고 답한다. 그러기보다는 자신을 압박해 솔직하게 답해보자. 남들이 하는 정도에 만족하지 말고, 일을 해내기 위해 기꺼이 다른 사람의 도움을 받겠다는 의지로 자신만의 기준을 다시 세워보자.

3. **다른 사람이 해야 하는 일은 무엇인가?** 표시하고 남은 전부를 다른 사람에게 맡겨야 한다. 전부 다. 당장 모든 걸 위임하라는 뜻은 아니다. 적당한 사람을 뽑아야 할 수도 있고, 추가 교육이 필요하거나, 팀원들이 해야 할 일을 파악

할 수 있도록 프로세스와 절차를 마련해야 할 수도 있다. 하지만 완벽을 추구한다는 이유로 위임을 미뤄선 안 된다. 누군가가 훈련을 통해 당신의 80퍼센트 수준이라도 일을 해낼 수 있다면 위임하도록 하자.

다음 단계를 고민하고 있다면, 레이철 로저스의 말에 귀를 기울여 보자. 레이철은 헬로 세븐 Hello Seven의 공동 창립자로 성공한 기업가이자 CEO이다. 그녀는 여성들과 소외 계층이 부를 쌓을 수 있도록 도움을 주는 것을 자신의 사명으로 삼았다. 위임이라는 기술을 학습하는 과정에서 시작을 어떻게 하면 좋을지 함께 이야기를 나누던 중, 레이철은 가능한 한 빨리 개인 비서를 두는 것이 제일 중요하다고 말했다.

주당 스무 시간이든 다섯 시간이든, 누군가를 고용할 여유가 된다면, 예산에서 조금이라도 짜낼 수 있는 순간이 오자마자 반드시 비서를 둬야 합니다. 누군가에게 위임하는 법과 무언가를 설명하는 법을 깨우치는 순간부터 당신은 향후 팀을 운영하는 데 필요한 리더십 역량을 키우게 됩니다.

다른 사람을 이끌고, 다른 사람에게 위임하고, 다른 사람과 소통하고, 당신의 회사를 위해 일하는 사람들을 뒷받침해 주는 이런 능력을 익히는 것은 너무나도 중요합니다.[1]

더할 나위 없이 공감한다. 나의 위임 능력도 〈더 스쿨 오브 그레이트니스〉를 시작하고 6개월이 지난 시점부터 본격적으로 성장하기 시작했다. 내 업무처리 방식은 좋게 말해도 혼돈 그 자체였다. 나는 언제나 다음 큰 건으로 뛰어들길 좋아하는 진취적인 사람으로, 세부 사항은 다른 누군가가 챙겨주길 바랐다. 사라 리빙스턴Sara Livingstone이라는 놀라운 개인 비서가 내 삶으로 들어온 것이 바로 그 시점이었다. 그녀와 함께한 지도 어느덧 10년이나 됐다.

체계성은 내 강점이 아니었다. 그건 사라의 강점이었다. 그녀는 곧바로 혼돈에 빠진 내 개인 공간을 정리해 주었고, 일상 업무를 최적화하고 일정을 관리하며 맡은 일에 책임을 다하도록 하는 등 다방면으로 힘이 되어주었다. 사라는 방대한 업무를 우아하면서도 효율적으로 처리했다. 오히려 당시 진행되던 일을 파악하라며 너무 많은 일을 한꺼번에 위임한 건 아닌가 싶은 생각도 들었지만, 그녀는 한 치의 흐트러짐도 없이 모든 일을 감당해 냈다.

감사하게도 사라는 여전히 그레이트니스 팀의 핵심 일원으로 나를 돕고 있다. 내가 지금까지 해온 일들은 그녀의 도움이 없이는 불가능했을 것이다. 사라가 팀의 든든한 일원으로 늘 나를 살핀다는 사실은 큰 위안이 된다. 나는 사라 덕분에 여러 방면에서 성장할 수 있었고, 그 과정에서 그녀에게 많은 것들을 배웠다.

과감하게 위임하라

맷 세사라토Matt Cesaratto는 내가 많은 업무를 위임한 또 한 사람이다. 사라와 함께한 지 얼마 지나지 않아 맷이 팀에 합류했다. 그레이트니스 미디어의 일상적인 업무를 이끌고 관리할 사람이 필요하다는 사실을 깨닫고 있던 시점이었다. 나는 팀을 관리하고 프로세스를 교육하는 동시에, 비전을 제시하며 프로그램을 진행해야 하는 전형적인 딜레마를 겪고 있었다. 게다가 운영에 집중하기엔 내 본래 강점도 적합하지 않았다.

나는 사업을 키우고 확장하는 데 도움을 얻고자 대학 시절부터 오랜 친구였던 맷을 영입했다. 맷이라면 일을 맡길 수 있었고, 맡은 일을 잘 해내리란 믿음도 있었다. 그런 이유에서 그에게 채용과 교육의 권한을 주고, 나아가 직접 위임할 수 있는 권한까지도 부여했다. 맷에게 일을 맡긴 덕분에 나는 나만이 할 수 있는 일을 더 집중할 수 있었다. 그렇게 10년에 걸친 우정과 그레이트니스 미디어를 일구기 위해 함께 고생했던 10년에 가까운 세월 속에서 끈끈한 협력 관계가 형성됐다.

나는 우리 세 사람이 공유하는 업무 관계의 역학에 대한 맷의 묘사를 좋아한다. "루이스는 불꽃을 피웁니다. 비전을 제시하죠. 사라는 모닥불 주변에 돌을 둘러요. 루이스를 보호하고 지탱하는 거죠. 저는 불쏘시개로 불길을 키웁니다. 불이 더 밝게 타오르도록요. 우리는 서로를 진심으로 아낍니다. 우리는 서로의 삶의 일부에요. 우리는 그렇게 이 길에 헌신하고 있습니다."

사라와 맷이 없었다면, 나는 내 능력과 재능에만 갇혀 있었을 것이고, 우리는 결코 사명을 극대화하지 못했을 것이다. 우리의 사명이 엉망이 되지 않도록 두 사람이 지켜준 덕분이다. 두 사람은 내가 적당한 사람을 찾고, 위임의 문화를 통해 팀에 힘을 불어넣을 수 있도록 도와주었다. 우리는 팀으로서 '함께' 계속해서 쌓아나가고 있다.

위임에 관해 이야기를 나누던 중, 맷은 효율적인 위임을 위한 네 가지 모범 사례를 공유해 주었다.

1. **오직 당신만이 할 수 있는 일을 파악하고 나머지는 모두 위임하라.** 당신의 약점과 강점에 솔직해지자. 당신이 하는 일 가운데 가장 가치가 높은 요소들을 명확히 하고, 나머지는 위임하자. 사람들은 비전이나 조직에 이바지하고 있다는 느낌을 받고자 한다. 그러니 당신의 약점을 메워줄 강점을 지닌 사람을 만나면 솔직하게 비전을 공유하자. 프로세스나 시스템을 새롭게 만들기보다는, 마련되어 있는 시스템과 구조를 빈틈없이 활용하여 지원하자. 확신이 서지 않을 땐 효율적이고 효과적으로 업무를 수행하기 위해 무엇이 필요할지 팀원들에게 물어보자. 무엇보다, 무슨 일이든 기꺼이 내려놓겠다고 각오해야 한다.

2. **유연하게 대처하라.** 성장하는 조직은 당신이 예측하지 못한 방향으로 움직이며 변화한다. 그런데 당신과 당신의 팀이

경직되어 있다면, 변화에 적응하며 성장하기가 어렵다. 새로운 사람을 영입할 땐 회사의 비전과 문화를 확실히 이해시켜야 한다. 불편한 상태에 익숙해지는 게 중요하단 사실을 마음에 새기자. 덤으로, 성장을 겪으며 찾아오는 변화 덕분에 지루하게 반복되는 일상을 피할 수 있다.

3. **전문가를 위한 예산을 확보하자.** 자신을 1인 기업가로 여기는 대신, 진정한 사업가로 그려보자. 필요한 전문성을 위해 예산을 따로 책정하지 않으면, 나중에 대가를 치르게 된다. 법적 자문이나, 회계, 교육, 장비, 소셜 미디어 관리처럼 당신의 열정을 불러일으키지 않는 일에 비용을 들이는 건 그만한 가치가 있다. 그래야만 당신이 사업에서 하고자 하는 일에 시간을 쏟을 수 있다.

4. **숫자를 파악하라.** 숫자는 절대 거짓을 말하지 않는다. 돈과 관련한 무지는 미덕이 아니다! 데이터 기반의 근거를 활용해 합리적 판단을 내릴 수 있는 재무 구조를 세워라. 팀원 개인의 성실성을 의심하고 싶어 하는 사람은 없다. 당신이 재무의 흐름을 파악하는 데 강점이 없다면, 신뢰할 만한 사람을 찾자. 서로 협력하여 주기적으로 숫자에 관해 쉽고 객관적인 논의를 나눌 수 있도록 시스템을 마련하고, 재무 현황을 갱신하기 위한 정기 회의를 잡자. 이해되지 않는 일이 불쑥 튀어나올 때까지 숫자를 외면해선 안 된다. 돈과 관련된 대화는 놀라울 정도로 지루할지언정, 절

대 놀라워선 안 된다.

오늘 무슨 일을 처리해야 하지? 오늘은 어떤 일을 바로잡아야 하지? 이런 생각은 하루를 시작하며 던질 만한 질문으로 적합하지 않다. 대신 우리는 이렇게 물어야 한다.

- 어떻게 하면 훌륭한 팀을 더 훌륭하게 만들 수 있을까?
- 어떻게 하면 내가 없이도 모두가 연결되어 있다고 느낄 만한 더욱 조화로운 문화를 형성할 수 있을까?
- 어떻게 하면 사람들에게 능숙하게 다가가 더 나은 도움을 건넬 수 있을까?

나는 팀에게 업무를 위임하는 일이 즐겁다. 매주 1억 명에게 손길을 내밀겠다는 우리의 의미 있는 사명을 이뤄낼 수 있는 건 모두 팀원들 덕분임을 알기 때문이다. 과감하게 위임하는 문화가 자리를 잡으면, 사람들은 지나치게 일에 집착하지 않으면서도 성급하게 떠넘기지 않고서 맡은 바를 성실히 수행한다. 결과적으로 이들은 한 몸처럼 움직이며 어떠한 역경이 닥쳐와도 극복할 채비를 갖추게 된다.

당신의 팀을 동원하면,
그들의 엄청난 잠재력이 열린다.

When you
mobilize your
team, you unlock
their greatest
potential.

– 루이스 하우즈

당신의 팀을 동원하라

아이러니하게도 우리 대부분은 마음속 깊은 곳에서 위임을 두려워한다. 통제권을 잃고 싶지 않은 탓이다. 늘 운전대에 손을 올려두고 싶어 한다. 일을 제대로 해내리라 믿을 만한 사람은 자기 자신뿐이다. 하지만 그런 관점을 취할 경우, 위임이야말로 안정감의 원천이라는 직관에 반하는 진실을 놓치게 된다. 우리는 위임을 통해 본래라면 얻지 못했을 안정감을 확보할 수 있다. 위임하지 않았을 경우 취약해졌을 우리의 약점을 보완할 수 있기 때문이다. 위임의 측면에서 생각하지 않는 사람들은 대개 자신에게 엄청난 도움이 됐을 선택지를 살피지 못한다. 그들은 자신들이 여태껏 모르는 건 크게 중요하지 않다고 여기며 이런 선택지를 가볍게 일축한다. 그러나 현실은 정반대인 경우가 많다. 우리가 아직 모르거나 이해하지 못하는 것들이야말로 우리에게 가능성을 열어준다.

반대로, 단지 스스로 무언가를 증명하기 위해 어렵기만 한 일을 좇는 것 또한 현명하지 못하다. 온갖 것들을 좇다 보면 힘이 분산되어 여러 방면에서 취약해질 수 있다. 아직 모른다고 무시하지 말고, 누군가에게 자신을 입증해야 한다며 부담 갖지도 말자.

《그레이트 마인드셋》이 전하는 핵심적인 진실을 기억하자. 당신은 이미 충분하며 점점 성장하고 있다. 이 여정 자체를 즐기자.

팀원들을 동원하는 순간, 그들의 엄청난 잠재력이 풀려난다. 모든 사람은 놀라운 자산이 될 수 있다. 우리 팀원들은 그들만의 다양한 재능과 능력을 제공한다. 그들의 특별한 재능은 내가 가진 재능과는 다르다. 나는 그 점이 마음에 든다! 우리는 흔히 이렇게 생각한다. 모든 팀원이 조금만 더 나 같았으면 더 많은 일을 해냈을 거야. 결국 우리는 너무나 쉽게 다음과 같은 생각의 함정에 빠져버린다. <u>우리 팀원들이 항상 나만큼만 열심히 일했으면 성과를 냈을 텐데.</u> 하지만 이런 생각은 당신의 기대라는 무게로 모든 팀원을 짓누를 뿐이다. 지나치게 열심히 일하면서 팀원들도 당신 같길 바란다면, 당신에겐 일과 삶의 무너진 균형에 지쳐 고갈되어 버린 사람들만 남겨질 것이다.

어쩌면 당신에게 필요한 건 팀원들이 무엇을 해야 할지 끊임없이 지시하는 것이 아니라 그들이 가장 잘할 수 있는 일에 힘을 실어주는 일일지도 모른다. 그리고 그렇게 할 때 팀원들은 자신들의 고유한 능력으로 당신의 약점을 메워줄 것이다. 예를 들어, 내가 사라와 맷이 하는 일까지 모두 처리하려 한다면 엉망인 결과만 낳게 될 뿐이다. 그들의 일은 그들이 더 잘 해내는 법이다.

팀을 동원하기 위한 유연성 기르기 습관에서 배운 다섯 가지 핵심은 다음과 같다.

1. 사명을 파악하라. 사명을 파악하려면 자기 자신에게서부터 출발해야 한다. 당신의 의미 있는 사명 뒤에는 어떤 의도가

있는가? 왜 그러한 금전적 목표를 세웠는가? 개인적 성취? 경제적 안정? 긍정적인 영향력? 혹은 이 모두를 위해서?

당신의 비전이 무엇이든, 그 비전에 대해 팀원들과 솔직하고 효과적으로 공유한다면, 팀원들은 그 비전에 함께할지를 결정할 수 있다. 누군가 다른 길을 가더라도 괜찮다. 장기적으로 함께하기 어렵다면 억지로 붙잡지는 말자. 대신, 팀원으로서 관계는 놓더라도 직업적인 관계는 유지하자. 다시 말하지만, 더 이상 팀원이 아니라는 이유로 그 사람을 밀어낼 필요는 없다.

2. **의미 있는 목표를 세워라.** 모두가 함께 걸어갈 수 있는 의미 있는 목표를 세우기 위해 협력하자. 주도적으로 대화를 시작해, 왜 그런 목표가 중요한지 의견을 공유하자. 이 기업이 각자에게 직업적·개인적으로 어떤 의미를 지니는지 탐색하자. 그래야 난관에 부딪혔을 때 서로 도우며 앞으로 나아갈 수 있다.

우여곡절이 있겠지만, 꿈을 이루는 데 도움을 줄 수 있는 사람들을 알고 있다면 서로에게 의지하는 가운데 역경을 헤쳐 나가며 더욱 돈독해질 수 있다. 그렇게 시간이 흐르며 쌓인 신뢰가 결실을 보고, 함께 정상에 오르게 된다.

3. **자기 인식을 활용하라.** 당신이 세운 목표를 실현하는 데 필수적인 능력을 파악하자. 그리고 당신의 강점과 약점을 솔직히 인정하자. 기술적 전문지식·산업 지식 같은 하드 스

킬(교육이나 훈련을 통해 습득할 수 있는 구체적이고 측정 가능한 능력 - 옮긴이)뿐만 아니라 의사소통·리더십·정서 지능 같은 소프트 스킬(사람 간의 관계나 협업 능력처럼 보이지 않는 능력 - 옮긴이)도 염두에 두자. 약점을 보완할 방법을 찾고, 팀원들 또한 강점과 약점을 정리할 수 있도록 독려하자.

4. 원활하게 소통하라. 위임의 핵심은 의사소통이다. 팀원에게 거는 명확한 기대치를 설정하고, 주기적으로 시의적절한 피드백을 제공해야 한다. 당신이 어느 정도 수준의 결과물을 기대하는지 알 수 있게끔 교육 영상을 제작해야 할 수도 있다. 그렇다면야 좋겠지만, 팀원들은 독심술사가 아니다. 설명하지 않으면 당신이 원하는 바를 알 수 없다. 그렇다고 사람들 한 명 한 명을 교육하는 데 온 시간을 쏟기보다는, 프로세스와 시스템마다 따라야 할 절차와 기대치를 설정해 두자.

세부 사항을 정리하는 데 강점이 없다면, 일 처리 과정의 세부적인 부분을 파고들길 좋아하는 팀원과 협력하자. 당신이 생각하는 이상적인 방향을 제시하고, 그 방향을 명확히 할 수 있도록 질문을 받자.

각자가 맡은 업무에 책임을 다할 수 있도록 교육하고, 모든 것을 문서화하자. 일이 과중한가? 물론 과중한 게 맞지만, 마침내는 그에 걸맞은 가치로 드러난다. 당신은 설명을 거듭할 필요가 없어지고, 팀원들 역시 맡은 일을 처리하는 데 정보가 부족하다는 느낌을 받지 않게 된다. 언제나 소통의 창구를 열어두고, 필요하다면 프로세스와 시스템을 재검토하자. 어느 팀원이 업무를 처리하는 한층 더 효율적인 방법을 제시한다면, 그 제안을 공유하고 기록을 최신화할 수 있도록 힘을 실어주자.

팀원들에겐 피드백이 중요하다. 그래야 그들이 무엇을 잘하고 있으며, 무엇을 개선해야 하는지 파악할 수 있다. 프로세스와 시스템이 명확히 갖춰지면, 팀원들은 일상의 업무를 주도적으로 맡기가 한결 수월해진다. 개인적 성장과 지속적인 학습을 장려하는 환경을 조성하자. 성과를 축하하고, 건설적인 피드백을 제공하며, 개선이 필요한 영역을 주기적으로 점검하는 데 시간을 들이자.

5. **성과를 낼 수 있도록 팀을 준비시켜라.** 일을 위임했다고 해서 결과를 무시할 순 없다. 주 단위나 일 단위로 결과를 추적하며 모두가 올바른 방향으로 나아가고 있는지 확인할 수 있도록 건전한 책임 의식을 공유해야 한다. 그리고 그 정보를 바탕으로 방향을 수정할 필요도 있다. 만약 누군가에게 일을 맡기고 한 달 뒤에야 진행 상황을 확인한다면 대개는 실망할 수밖에 없다. 함께 기대치를 설정하고, 성공을 위한 기반을 마련해 놓는다면 꾸준히 더 나은 성과를 보게 될 것이다.

가령, 원하는 성과를 얻기 위해 외부 자문이나 특별 강연,

강좌, 책과 같은 다양한 수단이 필요할 수도 있다. 특히 오늘날처럼 직장 환경이 끊임없이 변화하는 시대에 위임의 힘을 제대로 활용하려면 팀원들의 교육에 꾸준히 투자해야 한다. 공장에서 기계 하나만 다룰 줄 알면 평생을 보낼 수 있었던 시절은 오래전에 지나갔다. 세계 시장은 끊임없이 변하고 있으며, 당신의 팀은 그 변화에 민첩하게 적응해야 한다. 팀원들을 준비시키자. 그러면 더 나은 성과로 보답할 것이다.

결론은 이렇다. 모든 걸 홀로 할 수 있으리란 기대는 하지 말자. 한 사람이 모든 일을 해낼 수는 없다. 성장하여 더 높은 곳까지 오르고 싶다면, 위임하는 법을 배워야 한다. 세계 최고의 기업가들 역시 원하는 바를 이루기 위해 내려놓아야 할 것들을 내려놓았기에 지금의 자리에 설 수 있었다.

기억하자. 어떤 일을 제대로 하고 싶다면 직접 하면 된다. 하지만 훌륭히 해내고 싶다면 다른 이와 함께하자.

당신의 전략

첫 번째 연습: 2주간의 시간 감사(Audit)

위임을 진행하기 전에, 당신의 시간이 어디로 흘러가고 있는지 파악해야 한다. 2주간의 시간 감사를 통해 당신이 정확히 어디에 시간을 쓰고 있으며, 자동화하거나 위임할 수 있는 업무가 무엇인지 확인할 수 있다. 우선 온라인에서 15분 단위로 나뉜 주간 기록표를 찾아 출력하고서 가까이에 두자. 시간마다 해당 칸에 당신이 직전 시간을 어떻게 보냈는지 기록하자. 2주 동안 가능한 한 정확하게 이 작업을 이어가 보자.

2주가 끝나면, 기록한 시간 단위를 범주별로 분류해 보자. 분류에 맞춰 색깔별로 표시하는 것도 도움이 된다.

- 행정 업무
- 이메일 확인
- 회의
- 고객 상담
- 창의적 업무
- 영업 상담
- 팟캐스트 녹음
- 소셜 미디어 포스트 작성
- 교육

자신만의 목록을 만들고 시간을 정리했다면, 이제 무엇을 제거할 수 있는지(시간 낭비 요소), 무엇을 자동화할 수 있는지(시간 약탈 요소), 무엇을 위임할 수 있는지(시간 절약 요소) 살펴볼 차례다. 이렇게 정보를 갖추고 나선, 당신이 하지 않아도 되는 업무와 활동들을 과감하게 정리하자.

두 번째 연습: 팀원의 강점을 끌어내라

우리는 보통 특정 업무를 수행할 수 있다는 이유로 사람을 고용하지만, 그들의 능력과 강점을 깊이 들여다보진 않는다. 이 연습을 통해 팀원들을 새롭게 바라보며, 최상의 역량을 발휘할 자리에 그들을 세울 수 있다. 이를 능숙하게 해낸다면, 더욱 효과적으로 업무를 위임할 수 있는 여유도 생길 것이다.

먼저 팀원들 모두의 명단을 작성하자. 아래 질문들을 이용해, 그들이 무엇을 할 수 있고, 무엇을 해야 하며, 무엇보다 어떤 부분에서 잠재력을 끌어낼 수 있는지 확인해 보자.

- 그들의 핵심 강점은 무엇인가?
- 그들의 약점이나 겪고 있는 어려움은 무엇인가?
- 현재 역량과 업무량은 어느 정도인가?
- 어떤 종류의 일을 즐기는가(어떤 일을 할 때 가장 생기 넘치는가)?
- 어떤 일을 할 때 가장 빛나는가?
- 조직 안에서 다른 이들보다 돋보이는 재능은 무엇인가?
- 그들에게서 어떤 재주를 보았는가?
- 현재 역할에 쓰이지 않는 능력은 무엇인가?
- 성격이나 기질은 어떠한가?
- 어떤 부분에서 맡은 역할에 대한 기대치를 넘어서는가?

이 질문들에 답하며 팀원들을 온전한 모습으로 이해하고 새롭게 생각해 보자. 백지상태에서 시작해 처음부터 새롭게 팀을 꾸린다고 해보자. 각 팀원에 대해 새롭게 파악한 것을 토대로 봤을 때, 그들은 알맞은 자리에 있는가? 새롭게 그려본 팀은 어떤 모습인가? 그 모습을 실현하기 위해 지금 당신은 무엇을 할 수 있는가?

이 연습의 목적은 조직을 무너뜨리려는 것이 아니다. 그보다는 항시적으로 팀원들의 잠재력을 끌어내 성장에 최적화된 자리에 배치할 방법을 모색하는 것이다.

제12장

일곱 번째 습관: 숙달

Habit 7: The Mastery Habit

돈에 관한 지혜를 길러라

처음 서문에서 언급했듯, 우리에겐 금융 문해력이라는 문제가 있다. 너무나 많은 이들이 돈에 대해 잘 모를 뿐만 아니라, 무엇을 모르는지조차 모른다. 그 문제는 이렇게 드러난다. 미국인 네 명 중 세 명 이상이 다음 월급날만 기다리며 살아간다.[1] 네 명 중 한 명은 은퇴를 대비해 저축해 놓은 돈이 전혀 없으며,[2] 다섯 명 중 한 명은 비상금조차 없다.[3]

불행히도 우리 대부분은 돈을 현명하게 다루는 법을 교육받지 못했다. 어떤 식으로 돈과 건강한 관계를 맺을 수 있는지도 모를뿐더러 돈으로 무엇을 할 수 있는지도 전혀 배우지 못했다. 우리는 돈을 즉흥적으로 다루거나, 고등학생에서 대학생으로 넘어가는 사이 어딘가에서 돈에 대해 터득해야 한다. 게다가 우리에겐 세금을 내거나, 카드 빚을 피하는 법을 이해하거나, 우리 돈을 올바르게 투자하게끔 도와주는 도구가 없다.

돈은 안전하고 편안한 삶을 확보하는 데 중요한 역할을 하지만, 적당한 도구와 훈련이 없다면 사람들은 어찌할 바를 모르게 된다. 아이들은 돈에 대해 아는 것 대부분을 어린 시절 부모에게서 배운다. 하지만 우리 가족처럼 돈을 쉬쉬하는 대화 주제로 여기는 가정이라면, 아이들은 돈이 그들에게, 혹은 그들을 위해 무엇을 해줄 수 있는지 모른 채로 세상에 들어서게 된다.

누구도 아이들에게 금융 문해력이라는 수영장에서 헤엄치는 법을 가르쳐 주지 않은 탓에, 오늘날 너무나 많은 이들이 빚에 허덕이고 있다. 금융 분야를 폭넓게 경험한 일부 부모들은 자신이 배운 것을 아이들에게 가르쳐 준다. 올바른 기술과 자세를 훈련시키는 올림픽 수영 선수인 셈이다. 하지만 모두가 그런 전문 지식에 접근하진 못한다. 여전히 많은 부모가 돈과 건강한 관계 맺는 법을 스스로 터득하려 애쓰고 있다. 그 결과 돈을 둘러싼 실질적인 대화는 줄어들고, 그로 인해 우리 사회의 수많은 이들이 재정적 안정을 확보하는 데 어려움을 겪는다. 재정적 평안을 발견하고 누리기 위해선 금융 문해력, 즉 숙달의 습관이 핵심적이다.

왜 우리는 돈 이야기를 하지 않는가

수월하게 돈을 벌고 싶다면, 돈에 관한 지혜를 길러야 한다. 우리는 날마다 돈을 다루지만, 날씨 이야기하듯 돈 이야기를 나누진 않는다. 커피숍에서 사람들이 자기 포트폴리오에 대해 논의하거나 월별 지출로 이야기를 주고받는 걸 우연히 듣는 경우는 거의 없다. 좋아하는 일을 하는 데 어느 정도 비용이 들어가는지 터놓고 이야기하지도 않는다. 돈은 금기시되는 주제다.

생각해 보자. 당신의 재정 상황과 관련해 허심탄회하게 질문을 던지거나 자유롭게 얘기할 수 있다고 느낀 적이 몇 번이나 되는가? 그 대답이 '거의 없다'라면, 당신만 그런 것이 아니다. 우리는 잘 알고 있다고 자신 있게 말할 수 있는 주제에 대해선 당연하다는 듯 이야기를 나누지만, 그렇지 못한 주제에 대해선 자연스레 대화를 꺼린다. 우리가 돈 이야기를 꺼내지 않는 것도 그저 돈에 대해 잘 모르기 때문이다. 그리고 우리가 모른다는 사실을 다른 사람들이 눈치채는 것 역시 원하지 않는다.

어쩌면 당신은 그럴 뜻은 없었으나 가난한 이미지가 스민 가정에서 자랐을 수도 있다. 돈과 관련된 대화나 몸짓, 에너지에서 부정적인 기운을 느꼈을지도 모른다. 그 결과, 당신은 돈에 대해 긍정적인 방향으로 생각하지 못했을 것이다.

하지만 중요한 건 이것이다. 만약 당신이 이야기를 꺼린다면, 더 많은 좋은 것들을 당신의 삶 속으로 끌어올 수 없다. 돈은 당신이 준비되었을 때 찾아오지만, 돈에 대해 긍정적으로 말하지 못한다면 그렇지만도 않다. 내 경우에도 돈에 관련된 대화에서 부정적인 에너지를 풍기고 있음을 깨닫고 나서야 모든 문이 열리기 시작했다.

예전에는 프로그램에 나온 사람들이 내게 돈 문제를 물어볼 때마다 깜짝깜짝 놀라곤 했다. 모든 청중이 현미경 아래 놓인 내 재정 상태를 들여다보는 듯한 기분이었다. 하지만 그 덕분에 돈에 관해 이야기하는 두려움을 극복할 수 있었다. 시간이 지나며 점점 자연스럽게 이야기를 나눌 수 있었고, 더 이상 두렵지도 않았다. 돈에 관련된 지식을 공유하는 출연자를 더 많이 초대할수록 프로그램 시청자가 늘어난다는 사실도 깨달았다. 분명 사람들은 돈이라는 주제로 대화를 나누고자 했다.

주변에 편하게 돈 이야기를 나눌 만한 사람이 있는가? 친구, 가족, 동료, 멘토 누구라도 괜찮다. 주변에 한 번도 돈 이야기를 꺼내지 않은 사람이 있다면 그 이유를 물어보자. 돈에 관해 좀 더 많은 대화를 나눠볼 생각이 있는지 물어보는 일도 주저하지 말자.

대화를 시작하라

질문을 던지는 것이야말로 배움을 얻을 수 있는 최고의 방법 가운데 하나다. 당신보다 한발 앞서 있는 사람들에게 그들은 돈을 어떻게 바라보는지 물어보자. 최고로부터 배우고, 배운 것을 실천하자. 그리고 무엇이 효과가 있고, 무엇이 그렇지 않은지 살피자. 망설임 없이 질문을 던질 수 있다면, 당신은 돈에 숙달되는 과정에 본격적으로 들어선 셈이다.

돈에 관한 대화를 늘려가기 위해 물꼬를 틀 만한 몇 가지 간단한 질문이 있다. 오해를 피하려면 질문에 앞서 이렇게 덧붙일 수도 있다. "저는 돈을 어떻게 다루면 좋을지 배우기 위한 여정을 시작했습니다. 배움을 얻을 수 있는 사람들과 대화를 나누는 중이에요. 몇 가지 질문해도 될까요?"

그리고 다음과 같은 질문으로 시작해 보자.

- 매달 수입의 몇 퍼센트를 지출하십니까? 그 이유는 무엇인가요?
- 매달 얼마를 저축하십니까?
- 돈은 모으는 목적과 이유는 무엇입니까?
- 투자를 하고 계십니까? 하고 있다면 어디에, 어떤 이유로 투자하시나요?
- 다른 사람에게 베풀거나, 자신이 관심을 기울이는 일에 지원하기 위해 어느 정도를 따로 떼어 두시나요?
- 돈과 관련해 좀 더 일찍 알았더라면 좋았을 한 가지는 무엇일까요?
- 최근 돈과 관련해 배우고 계신 것은 무엇인가요?

물론 이것들은 대화의 물꼬를 트는 질문일 뿐이다. 얼마든지 자유롭게 자신만의 질문을 만들어도 된다. 돈에 대해 자유롭게 이야기를 나눌 수 있는 사람을 만난다면, 돈이 당신에게 어떻게 도움이 되는지 한층 깊게 이해하면서 자신의 머니 스토리에 도전장을 던질 수 있게 된다.

돈 이야기를 나누는 데서 만족하지 말자. 삶의 대부분이 그렇듯, 무언가를 발전시키고 싶다면 그만큼 투자해야 한다. 이런 투자는 돈이나 시간, 에너지가 될 수도 있고, 혹은 이 셋 모두가 될 수도 있다. 기꺼이 자신을 드러내고, 연구하고 배우고 익히며, 자신과 공명하는 자료들을 찾아 나설 때 당신은 금융 문해력을 향하는 올바른 길에 들어서게 된다.

자기 자신에게 투자하는 건 결코 무모한 도박이 아니다. 재정 교육에 얼마를 들이건, 당신의 학습 일과에 더할 만한 재료들은 얼마든지 있다.

- 마스터마인드 그룹
- 구독형 사이트
- 책
- 온라인 강좌
- 유튜브
- 팟캐스트
- 블로그
- 오프라인 모임
- 포럼
- 학회

자기 자신에게 투자하는 건
결코 무모한 도박이 아니다.

It's never a
bad bet when
you invest
in yourself.

- 루이스 하우즈

배우면 배울수록 새로운 정보와 아이디어를 다른 사람들과 나누는 데 점점 자신감이 붙는다. 돈에 대해 배우는 것들을 나눔으로써 주변 사람들의 흥미를 불러일으킬 수 있다. 그렇게 탄력이 붙으면, 돈 이야기에 관한 부정적인 생각들을 훌륭한 질문과 호기심들이 대신하게 되고, 친구들과 가족들 역시 돈 이야기를 둘러싼 색안경을 벗을 것이다.

나는 평생 학습이라는 개념을 마음에 새기고 있다. 이것이 내 성공의 핵심 비결이다. 삶의 시기에 따라 달라지는 관심사를 토대로, 중요하게 여기는 분야에서 나를 발전시키고자 해마다 여러 코치에게 투자한다. 시기에 상관없이 운동을 도와주는 코치가 있고, 새로운 언어를 습득하기 위해 스페인어 선생님을 둔 적도 있다. 지금도 치료사와 비즈니스 멘토, 재정 자문가를 비롯해, 여러 코치와 함께하고 있다.

나는 배우고 성장하기 위해 늘 새로운 방식에 투자한다. 지식 기반을 넓히고 능력을 키우지 않으면 퇴보하는 느낌이 드는 탓이다. 프로그램을 보면 내가 항상 메모하고 있는 것도 그런 이유에서이다. 나는 언제나 배움에 굶주려 있다.

과거에서 교훈을 얻어라

재정 전문가 데이브 램지 Dave Ramsey는 스물여섯에 400만 달러 규모의 부동산 포트폴리오를 구축했지만, 서른에 모든 걸 잃고 파산 신청을 했다. 대화를 나누던 중 데이브는 그 경험에 대해 내게 이렇게 말했다. "고통은 완전한 스승입니다. 값진 시간이었어요. 곳곳이 비료 더미다 보니, 무언가를 키워낼 곳은 많았죠."4

이런 마인드셋은 깊은 울림을 준다. 일이 완전히 틀어졌을 때 그 경험을 성장의 기회로 바라보는 건 스승에게서 배우려는 학생의 관점이다. 하지만 너무나 많은 이들이 과거의 실수와 잘못된 생각으로 돈에 대한 향후 인식을 결정짓는다. 돈과 관련된 과거사를 핑계 삼기도 한다. 어떤 이들은 처음 잘못된 믿음을 심어준 사람에게 거기서 비롯된 잘못과 죄책감, 수치심을 떠넘기며 책임을 회피하려 한다. 하지만 이런 태도는 막다른 길로 이어질 뿐이다. 더욱 풍요로운 미래로 나아가려면 응당 과거의 거짓과 마주해야 한다.

재스프리트 싱Jaspreet Singh은 마이너리티 마인드셋Minority Mindset의 설립자이며 변호사이자 투자자이고, 마켓 브리프Market Brief와 마켓 인사이더Market Insider의 CEO이다. 〈더 스쿨 오브 그레이트니스〉를 여러 차례 찾아준 재스프리트는 쉽고 재미있는 금융 교육 제작을 자신의 사명으로 삼아, 수많은 사람이 빚에서 벗어나 투자를 시작해 부를 축적할 수 있도록 계획을 세우는 일을 도왔다.

재스프리트는 사람들이 쉽게 빠져드는 세 가지 거짓이 있다고 말했다.

거짓 1. 부자가 되려면 대학 학위가 필요하다

학위를 얻기 위해 학자금 대출을 받는다면, 부가 아니라 빚을 안고서 대학을 졸업하게 된다. 일부 학과는 졸업생들에게 여섯 자리 연봉부터 출발하게 될 거라고 홍보하지만, 그 학생들 역시 빚을 갚느라 고생한다. 사회에 첫발을 내디딘 순간부터 기대했던 수입은 현실과 어긋난다. 그럼에도 이 졸업생들은 자기 직업에 걸맞은 생활 수준을 유지하려 애쓴다.

현실적으로 〈포춘〉 500대 기업에서 일한다거나, 학사 혹은 석사 학위를 가졌다고 해서 빚이 저절로 사라지진 않는다. 물론 학자금 대출이 나쁘지만은 않다. 나는 그저, 학위가 더 많은 돈을 보장한다는 생각을 지적하고 싶을 뿐이다. 배움의 길에 전략적으로 접근할 필요가 있다.

거짓 2. 기업의 사다리를 오르는 걸 주된 목표로 삼아야 한다

기업의 사다리에선 병목 현상이 일어난다. 기업의 사다리를 오르는 동시에 자신만의 사다리를 세운다면, 장기적인 성공에서 훨씬 유리한 위치에 설 수 있다. 성공으로 향하는 단 하나의 길에 전부를 쏟아붓는다 해도 대개는 맘처럼 흘러가지 않는다. 무슨 일이든 일어날 수 있는 비즈니스의 세계에서 모든 변수에 대비할 순 없다.

포기하라는 뜻일까? 전혀 그렇지 않다! 성공을 향한 대안을 세워야 한다는 뜻이다. 직장을 잃으면 그에 따른 수입도 사라진다. 하지만 수입의 일부를 활용해 자신만의 비즈니스를 시작한다면, 당신 소유의 무언가를 키워나갈 수 있다.

거짓 3. 저축예금은 좋은 투자처다

저금리 예금 계좌에 현금을 묶어둔다면 은행에 투자금을 넘겨주는 셈이다. 사실상 당신에게 돌아오는 건 아무것도 없다. 은행은 당신에게 투자하지 않는다. 은행은 당신의 돈으로 투자하지만, 당신은 그 대가를 받지 못한다. 자신만의 투자 포트폴리오를 세우고 포트폴리오에 맞춰 투자한다면, 은행이 아니라 당신을 위해 돈을 굴릴 기회를 얻을 수 있다. 은행에 불만이 있는 것은 아니다. 다만, 내가 돈을 버는 동안 내 사명에 도움이 되는 방향으로 돈을 굴리는 것을 선호할 따름이다.

어쩌면 당신도 자신의 머니 스토리 속에서 이런 거짓을 한두 개쯤 들어봤을지도 모른다. 만약 그랬대도, 당신에게 이런 조언을 해준 사람들은 당신을 돕고자 애썼을 뿐임을 이해하자. 아마 그들 역시 언젠가 같은 조언을 들었을 가능성이 크다.

오해를 퍼뜨린 사람들을 문제 삼으려는 것이 아니다. 여기서 목표한 바는, 더 이상 도움이 되지 않는 조언을 계속해서 따르고 공유할 필요가 없다는 사실을 알리려는 것이며, 지금까지 배운 것들을 들여다보며 여전히 의미 있는 것은 무엇인지, 새로운 정보와 아이디어, 믿음을 받아들이기 위해 내려놓아야 할 것은 무엇인지 결정하려는 것이다.

재정 지식의 흐름

'이것은 우리에 관한 것이 아니다.' 이는 릭 워렌Rick Warren의 베스트셀러《목적이 이끄는 삶The Purpose Driven Life》을 시작하는 문장이다. 돈에 관한 지혜를 더 많이 얻고자 할 때도 역시 마찬가지다.

역설적으로 들릴지 모르나, 더욱 풍요롭고 충만한 삶을 살고 싶다면 자신만을 위해 지식을 쌓으려고 해서는 안 된다. 그보다는 당신의 지식이 주변 사람들에게 어떻게 쓰일 수 있을지를 고민해야 한다. 아이러니하게도 다른 사람을 생각하며 지식을 넓혀갈 때 오히려 더 많은 돈을 벌 수 있는 위치에 서게 된다.

나는 이것을 재정 지식의 흐름Financial Knowledge Flow이라고 부르며, 이를 도식화하면 다음과 같다.

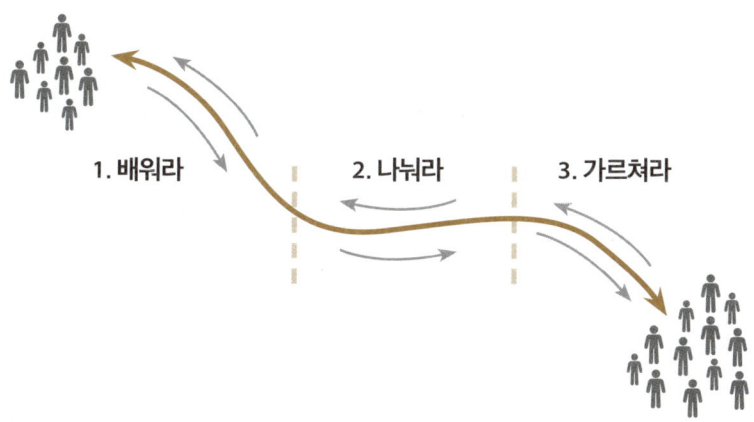

1. 배워라   2. 나눠라   3. 가르쳐라

1단계: 배워라. 당신보다 많이 알고 있는 사람에게 다가가자. 재정 지식은 책·인터뷰·팟캐스트 및 기타 미디어를 통해서도 얻을 수 있지만, 당신의 금융 문해력을 높여줄 멘토를 통해서도 가능하다. 모든 걸 혼자서 학습한다면, 시간도 오래 걸리고 다른 이들의 성공과 실패에서 배울 수 있었던 많은 부분도 놓치게 된다. 그렇게 학습을 거쳐 더 많은 지혜를 얻게 되면…

2단계: 나눠라. 돈의 여정에서 당신과 비슷한 위치에 있는 사람과 함께하자. 삶에서 배운 것들을 공유하며 다음 단계로 나아가기 위해 서로를 격려하고 지지하며 힘을 북돋아 주자. 배운 것을 아낌없이 나눌 때 당신은 세상을 더 나은 곳으로 만들 수 있을 뿐만 아니라 귀중한 정보를 얻기 위해 찾아야 할 사람으로 자리 잡게 된다. 관계망이 넓어질수록 재정적 지혜에 대한 당신의 평판도 올라갈 것이고 그렇게 되면…

3단계: 가르쳐라. 당신이 배운 것들로 혜택을 볼 수 있을 사람들에게 투자하자. 자신이 배운 걸 다른 사람에게 가르치는 것이야말로 진정한 배움에 이르는 최고의 길이라는 사실을 잊지 말자. 당신만큼의 인맥이 없거나 당신이 누려온 기회를 얻지 못한 사람들에게 배운 것을 전수할 방법을 찾자. 성장하는 과정에서도 아래를 내려다보며 사람들을 끌어올려야 한다는 점을 기억하자. 당신이 배운 것을 아직 알지 못하는 사람들은 언제나 있기 마련이다.

이 연습은 당신이 앞으로 나아가는 동안 다른 사람의 성장을 돕기 위해 가진 것을 아낌없이 나눠야 한다는 첫 번째 마인드셋 습관에서 비롯됐다. 이렇게 가르치는 과정에서 당신은 가르침을 얻는 이들이 전하는 신선한 관점과 통찰을 통해 새롭게 배울 수 있고, 다시금 이 흐름에 뛰어들게 된다.

배우고, 나누고, 가르치는 과정을 거치며 재정 지식의 흐름은 넓어진다. 이 흐름에 탄력이 붙을수록 끊임없이 다른 이들을 끌어올리는 동시에 당신 역시도 앞으로 나아갈 수 있다.

바빌론의 일곱 가지 교훈

부에 관해 지금까지 쓰인 가장 영향력 있는 책 가운데 하나로, 조지 사무엘 클레이슨 George Samuel Clason 의 《바빌론 부자들의 돈 버는 지혜 The Richest Man in Babylon》를 들 수 있다. 일반 투자자와 이야기하든 백만장자 혹은 억만장자와 이야기하든, 부와 돈, 투자에 관해 이야기를 나눌 때면 이 책이 종종 언급된다. 사람들은 오랜 세월 동안 이 책의 원칙을 장기적 부를 쌓기 위한 등불로 삼아왔다.

이 책은 일곱 가지 핵심적인 교훈을 전한다. 다만 1926년에 우화 형식으로 쓰인 만큼, 나는 이 개념들을 현대적으로 풀어내고 수년 동안 수많은 게스트를 인터뷰하며 얻은 통찰도 덧붙이고자 한다.

1. 자신에게 먼저 투자하라. 비행기 안전 시연에서 승무원들은

말한다. "우선 본인의 산소마스크를 착용하신 후, 주변을 도와주세요." 하지만 돈과 관련해서 우리는 주변을 먼저 챙기려 든다. 자신을 위해 저축하기에 앞서 배우자에게 선물하거나 친구에게 새 신발을 건넨다. 그보다는 자신의 잔이 가득 찼는지부터 확인해야 한다. 그래야 다른 사람의 잔도 채울 수 있다. 금융 전문가이자 열 권의 〈뉴욕타임스〉 베스트셀러를 쓴 작가인 데이비드 바크[David Bach]는 이렇게 말한다. "우리는 먼저 자기 자신과 약속해야 합니다. 재정적으로 이기적인 자세를 취해, 다른 사람에 앞서 자신의 재정 목표에 집중하겠다고요."[5]

수입의 일정 비율을 저축이나 투자에 할당해 미래를 준비하는 것부터 시작하자. 이렇게 하면 예기치 못한 상황이 발생하더라도 재정적으로 사전에 대비할 수 있다. 그렇다면 얼마를 모아야 할까? 데이비드는 하루 한 시간 수입에 해당하는 금액을 떼어두라고 제안한다. 열 시간 일해서 100달러를 벌었다면, 10달러를 저축하면 된다.

투자자이자 연쇄 창업가로, 투자 프로그램 〈샤크 탱크[Shark Tank]〉에 출연했던 케빈 오리어리[Kevin O'Leary]는 버는 돈의 10퍼센트는 동전 한 푼까지 빠짐없이 저축하라고 말한다. 나는 사업을 차리거나 큰 목표를 이루려는 사람들에게 조언한다. 원하는 만큼 천천히 가도 괜찮지만, 멈추지만은 말라고. 저축도 마찬가지다. 할 수 있는 만큼 하되 끝까지 이어가겠다는 다짐만은 놓지 말자.

토니 로빈스는 저축을 당신이 어찌할 수 없는 세금으로 여기라고 말한다. 매달 당신에게 '지급'되는 돈으로 생각하고 없는 셈 치라는 것이다. 이 금액을 자동이체로 설정해 두면 크게 의식하지 않아도 달마다 계좌에 돈이 차곡차곡 쌓여간다.

2. **지출을 관리하라.** 이것은 중요한 교훈이다. 분수에 맞게 살라는 말은 쉽게 간과되지만 너무나 중요하다. 인스타그램식 라이프스타일이나 물질에 대한 사회적 집착, 혹은 그 밖의 여러 요인을 탓할 수도 있다. 하지만 따져보면, 과소비와 부실한 지출 관리는 언제나 존재해 온 문제였다.

금전적으로 여유가 없던 사람들은 수중에 돈이 들어오면 큰돈을 지나치게 빨리 탕진한다. 이런 일은 운동선수나 유명인들에게서 자주 일어나지만, 그저 여윳돈이 생긴 사람들에게서도 볼 수 있다. 돈이 들어오는 건 짜릿하고, 자신을 위해 돈을 쓰는 건 멋진 보상처럼 느껴진다.

분수에 맞게 살기 위해서 지출 계획을 세우고 그 계획을 지켜내는 것부터 시작하자. 3만 달러를 벌든 300만 달러를 벌든, 어디에 얼마를 쓸지 파악하는 식으로 지출 관리법을 익힌다면 장기적인 부를 쌓기 위한 주춧돌을 세울 수 있다. 억만장자이자 전설적인 투자자인 레이 달리오 Ray Dalio

는 지출과 예산을 관리하는 첫걸음으로, 자신이 얼마를 저축했는지, 모든 수입원이 끊겼을 때 그 저축으로 얼마나 버틸 수 있는지를 파악하라고 말한다. 그리고 저축액을 얼마나 늘릴지 결정하라는 것이다.

가령, 다른 수입이 전혀 없어도 3개월은 버틸 만큼 저축을 해둔 상황에서, 2년 치 자금을 확보하고 싶다고 해보자. 목표치에 도달하기 위해 월급에서, 혹은 매달 얼마를 떼어두어야 할지 계산하고, 금액이 정해지면 자동이체로 설정해 두자.

지금 나와 있는 다양한 기술들 덕분에 앱을 활용하여 당신이 어디에 돈을 쓰고 있는지 확인할 수 있다. 심지어 여행이나 큰 지출을 위한 저축 목표를 세우는 데도 도움을 받을 수 있다. 신용카드를 긁어놓고 청구서가 날아왔을 때 갚을 돈이 없는 상황을 피하게 해주는 것이다.

3. **돈을 불려라.** 〈뉴욕타임스〉 1위 베스트셀러 《머니 Money: Master the Game》를 집필한 또 한 명의 멘토 토니 로빈스는 시간과 돈을 바꾸는 것이 최악의 교환이라고 말한다. 수입을 극대화하고 그 수입을 다양한 방식으로 불리는 편이 낫다는 것이다.

당신이 얼마를 벌든 동시에 여러 곳에 있을 순 없으니 시간당 수입에는 언제나 한계가 따른다. 업계 최고 대우를 받는 컨설턴트라고 해도 벌어들이는 돈으로 수동소득(노동을 투입하지 않아도 꾸준히 발생하는 소득 - 옮긴이)을 창출할 방법을 찾아야 한다.

부동산이나 프랜차이즈 사업처럼 큰돈이 드는 투자는 못하더라도 돈을 불릴 다양한 방법들이 있다. 저축이 어느 정도 자리를 잡으면 주식이나 채권, 개인연금, 인덱스 펀드(S&P500처럼 특정 주가지수를 따라가도록 설계된 펀드 - 옮긴이), 뮤추얼 펀드(여러 투자자들로부터 기금을 모아 운용하는 펀드 - 옮긴이), 심지어는 퇴직연금 같은 투자를 배워보는 것도 좋다. 레이 달리오는 아주 어린 시절부터 골프장 캐디로 일하며 번 돈을 모아 주식 투자에 첫걸음을 내디뎠다. 저축과 마찬가지로, 돈을 불리려 할 때 가장 중요하게 기억해야 할 사항은 계획을 세우고 꾸준히 실천하는 것이다.

4. 손실로부터 돈을 지켜라. 이 부분은 다소 까다로울 수 있다. 기업가라면 당연히 위험을 감수해야 하기 때문이다. 하지만 장기적인 부를 쌓기 위해선 돈에 대해 다르게 접근할 필요가 있다.《부자 되는 법을 가르쳐 드립니다 I Will Teach You to Be Rich》의 저자이자 동명의 재단 설립자인 라밋 세티는 주식과 투자에 있어 대가다. 그런 그가 자신의 포트폴리오를 한 달에 한 번 정도만 확인한다는 얘기를 듣고 나는 깜짝 놀랐다. 라밋은 이런 방식으로 주어진 시장 상황에 따

른 반사적 의사결정을 피하고, 단지 뜨고 있다는 이유로 어떤 종목을 사들이는 대신 더욱 안전하고 안정적인 장기 투자에 집중한다. 계좌를 모두 자동화해 두었기에 돈이 어디로 흘러가는지 일일이 신경 쓸 필요도 없다. 그는 편히 앉아 장기적 전략이 자신에게 유리하게 작동하도록 내버려두면 된다.

포트폴리오를 다양화하는 것도 위험을 줄일 수 있는 훌륭한 전략이다. 단타 매매로 시장을 이겨보려는 시도가 재밌게 느껴질 순 있다. 하지만 세계 최대의 기업들이 시장 조사에 수억 달러씩 쏟아붓는 것이 현실이다. 승부가 공정할 리 없다. 따라서 달걀을 한 바구니에 담지 않는 것이 투자의 성공 가능성을 높이는 최고의 방법이다.

그렇다고 비트코인이나 암호화폐처럼 안정성이 덜한 투자로 재미를 볼 수 없다는 뜻은 아니다. 라밋과 나는 수년간 엔젤 투자자(신생 기업이나 스타트업에 자금을 투자하는 개인 투자자 - 옮긴이)로 활동했다. 비록 투자금을 회수하진 못했지만 즐거운 경험이었다. 우리는 미래의 더 많은 돈을 위한 투자라기보다는 일종의 도박이라는 생각으로 그 일에 접근했다. 재정적 위험을 감수해야 한다면, 손실을 감당할 수 없을 정도의 투자는 피하자.

5. 집을 소유하라. 오늘날에는 이 부분을 두고 의견이 엇갈린

다. 당장은 집을 살 필요가 없다는 사람들도 있다. 그 목돈을 활용해 자기 자신에게 먼저 투자하거나, 더 높은 이자를 주고 현금 흐름을 원활히 할 수 있는 자산에 투자하는 편이 낫다고 보기 때문이다. 이들은 충분한 저축과 수입을 마련한 뒤 집을 사라고 주장한다.

그러나 우리는 집이나 콘도, 아파트처럼 시간에 따라 가치가 상승하는 안정적인 자산을 소유하는 것이 얼마나 중요한지에 관해 이야기를 들어왔다. 데이브 램지 역시 이 부분을 강조한다. 그러나 이 원칙이 부동산에만 적용되는 것은 아니다. 사업 투자에도 적용될 수 있다. 집을 소유한다는 것이 본인에게 어떤 의미인지 파악하는 한편, 자기 자신에게 투자하여 '나만의 집을 세워가자.'

당신이 몸담은 업계나 직종이 무엇이든, 다양한 형태의 소유를 목표로 삼자. 당신의 능력을 수익화하는 기회를 잡거나 회사의 일원이 되는 것일 수도 있고, 부업 삼아 자신만의 회사를 세우는 것일 수도 있다. 직장에서 지분이나 주식, 소유권을 얻을 수 있다면 그것도 효과적인 방법이다. 사업체를 소유하고 있는 경우, 회사를 더 크고 빠르게 성장시킬 수 있도록 재투자하는 것을 의미할 수도 있다.

지금 당장은 그런 위치에 있지 않더라도, 주식 시장을 통해 누구나 기업의 일부를 소유할 수 있다. 데이비드 바크는 에스컬레이터에 올라 장기적인 부를 쌓는 일은 부동산

손실을 감당할 수
없을 정도의 투자는 피하자.

Don't invest
more money
than you can
afford to lose.

- 루이스 하우즈

과 주식 시장을 통해서만 가능하다고 말했다. 아직 시작하지 않았다면, 작은 규모부터 시작해 포트폴리오를 쌓으며 장기적 투자를 늘림으로써 힘을 기르도록 하자. 결국 부는 시간에 따라 축적된다.

6. **미래 소득을 확보하라.** 이것이 꼭 인스타그램에서 수백만 팔로워를 쌓거나 틱톡TikTok에서 이름을 날려야 한다는 뜻은 아니다. 그래픽 디자이너라면 자신의 디자인을 보여주는 웹사이트를 만들거나 지역 모임이나 학회, 행사에서 다른 디자이너들과 관계망을 쌓는 간단한 방식으로 이 교훈을 실천할 수 있다. 비즈니스 코치라면 자신의 전문성을 보여주는 유튜브 영상을 올리는 것을 의미할 수도 있다.

숫자가 전혀 중요하지 않다는 거짓말은 하지 않겠다. 하지만 가장 중요한 것은 아니다. 본인의 퍼스널 브랜드에 일치하는 콘텐츠를 만들어낸다면 당신의 열정을 드러내며 미래의 성공 기반을 닦을 수 있다. 또한 당신이 하는 일에 마음을 쏟고 있음을 다른 사람들에게 보일 수도 있다.

오늘날엔 온라인에 발행하는 모든 것이 곧 이력서다. 이를 활용해 자신만의 퍼스널 브랜드를 쌓으며 생산적이고 주도적으로 행동하자. 세상으로부터 당신의 재능을 빼앗지 말자. 하는 일을 자랑스럽게 여기며 타고난 재능을 선보이자. 짧게 보면 대단치 않은 일처럼 보일 수도 있지만, 분명히 말하긴대 이것이야말로 미래 소득을 보장하고 경기 불황에도 견딜 수 있게 해주는 최고의 방법 가운데 하나다.

저녁 시간이나 주말을 활용해 부업을 시작하여 새로운 수입원을 마련한다면 잠재적인 재정적 완충 장치를 갖추고 투자에 보탤 여유 자금을 확보할 수 있다. 미국인들은 세 명 중 한 명꼴로 부업을 운영하고 있으며 나머지 사람들 역시 부업을 계획 중이다. 지금 부업을 준비하고 있다면, 당신도 여기에 속하는 셈이다.

7. 수입 창출력을 높여라. 이미 사업이나 부업을 운영하고 있다면, 요금을 인상하는 간단한 것부터 시작하자. 이렇게 하면 더 적게 일하면서도 수입을 늘릴 수 있다. 업계에서 경험을 쌓으며 인지도를 높이면 요금 인상이 더욱 수월해진다. 물론 상품이 많다면 사업의 잠재적 매출도 늘어난다. 다만 고객의 고충을 확실하게 해결하며 가치를 더할 수 있는 상품이어야 한다.

마케팅과 광고를 이용해 도달 범위를 넓히고 잠재 고객을 확보하는 것도 수입 창출력을 높일 수 있는 또 다른 방법이다. 당신이 공략할 고객과 그들이 주로 사용하는 플랫폼을 면밀하게 분석하자. 그리고 해당 플랫폼에서 창출할 수 있는 콘텐츠는 무엇인지, 어떻게 하면 웨비나·전자책·온라인 강좌와 함께 묶어 제공할 수 있을지 고민하자.

성장하는 과정에서 작업 절차 확립을 통해 최적화된 자동화 프로세스와 표준화된 시스템을 구축함으로써 효율성을 높일 수 있다. 팀원들이 한결 수월하게 업무를 수행하고 시스템 안에서 의문점을 해결할 수 있다면, 당신은 더 중요한 업무에 쏟을 수 있는 시간을 더 많이 확보하게 된다.

마지막으로, 경험 많고 헌신적인 팀을 꾸리는 것이야말로 사업을 위해 할 수 있는 최고의 투자 가운데 하나다. 이런 팀을 갖춘다면, 당신은 빼앗겼던 시간을 되찾아 잘하는 일에 집중함으로써 가파른 성장 가도를 닦을 수 있다.

더 많이 벌려면 더 많이 배워라

수입을 늘리고 싶다면 더 많이 배워야 한다. 배우는 능력만 있다면 어떤 상황이든 승리로 뒤바꿀 수 있다. 나는 돈의 여정을 걸어오며 많은 실수를 저질렀고, 또 그 실수에서 많이 배웠다. 예컨대 처음 엔젤 투자를 시도했을 때는, 솔직히 투자에 대해 전혀 아는 바가 없었다.

아무런 사전 조사도 없이 2만 5,000달러를 투자했다. 그 이후로도 일곱에서 여덟 차례가량을 더 투자했다. 많게는 5만 달러를 투자했고, 10만 달러에 이른 적도 있었다. 그로부터 10년이 지난 지금, 그 투자로 얻은 이익은 사실상 0에 가깝다.

돌이켜봤을 때, 그것을 낭비라 부르고 싶지는 않다. 그 경험을 통해 투자에 관한 명확한 교훈을 하나 얻었다. 눈 가리고 들

더 많이 벌고자 한다면
더 많이 배워야 한다.

If you want
to earn more,
you need to
learn more.

– 루이스 하우즈

어가면 뒤통수 맞는다. 이 교훈을 얻은 것만으로도 그 경험은 충분히 가치 있었다.

그런 종류의 투자에 뛰어들지 않았다면 업계에서 해도 되는 일과 해선 안 되는 일에 대해 깨닫지 못했을 것이고, 손실을 줄이는 법과 선택을 재고하는 법도 배우지 못했을 것이다. 나는 어디에 투자해야 하는지, 누구와 투자해야 하는지, 어떤 파트너가 필요하며 일반적으로 엔젤 투자가 왜 위험하다고 하는지 배울 필요가 있었다.

그 모든 돈을 잃지 않고도 배울 수 있었을까? 물론이다. 하지만 나는 내가 무엇을 모르는지도 몰랐다. 나는 그 상황 속에서 풍부한 기회를 누리며 금융 문해력을 길렀고, 거기에 더해 다른 사람들이 나와 같은 실수를 저지르지 않게끔 들려줄 수 있는 이야기도 얻었다.

요즘 나는 결정에 시간이 걸려도 편하게 생각한다. 무언가가 유행한대도 조급함을 느끼지 않는다. 위험을 감수하기 전에 상황을 평가하고, 피드백을 구하며, 그 분야 최고의 사람을 찾아 그들의 경험에서 더 많은 것을 배우려 한다.

물론 이런 교훈을 당장에 깨우치진 못했다. 특히 암호화폐라는 새로운 개념을 처음 접했을 때가 그랬다. 사람들은 암호화폐가 미래 혁신이라며 크게 들떠 있었다. 나는 그게 뭔지도 몰랐지만 이렇게 생각했다. **사람들이 맞겠지. 나도 뛰어들어야겠어.** 그리고 거의 아무런 조사도 하지 않은 채 10만 달러를 쏟아부었다. 나는 본질적으로 같은 실수를 두 번이나 저지른 셈이었다. 더 배우지도 않고서 더 벌기만을 기대했다.

나는 재정적 어려움 속으로 자신을 밀어 넣으며 스트레스와 실망감을 자초했다. 이런 결과를 예견했어야 한다는 생각에, 손실에 대해서도, 나 자신에 대해서도 감정적으로 흔들렸다. 그러나 나 역시 인간이었다. 그렇게 큰 손실을 보고도 세상이 끝나지 않는다는 걸 깨우쳤다.

물론 낙담은 했지만 괜찮으리란 걸 알고 있었다. 실수해도 감당할 수 있다는 것, 그것 자체가 하나의 교훈이었다. 늘 그런 건 아니었지만, 실수를 저질렀을 때도 견뎌내며 그 안에서 배울 수 있었다.

그 이후로도 온갖 기회로 투자를 시도하며 많은 걸 배웠다. 시장은 저마다 달랐다. 돈의 여정을 걸어오는 동안 각기 다른 시장을 통해 많은 것들을 배울 수 있었다. 예컨대 부동산 시장은 꾸준한 모습을 보여왔다. 사람들은 대체로 부동산을 좋은 투자처로 여긴다. 시간이 흐르며 꾸준히 가치가 상승하고, 큰 수익을 안겨주며, 언제나 꾸준한 수요가 있기 때문이다. 하지만 그렇다고 해서 위험하지 않다는 뜻은 아니다. 2008년 금융 위기를 겪은 사람이라면 누구나 알 것이다.

나는 파란만장한 투자 경력에서 얻은 교훈을 바탕으로 부동산 시장을 공부하기 시작했다. 책을 통독하고, 뉴스를 보며 시장 동향을 쫓았다. 전문가들에게 연락해 직접 인터뷰를 진행했다.

단독 주택·콘도·농지 거래자들에게서, 때로는 임대업자나 에어비앤비Airbnb 운영자, 혹은 전대업자(부동산 등 자산을 임차한 뒤 이를 제삼자에게 다시 임대하는 사업자 - 옮긴이)에게서 고유한 내부 정보를 얻기도 했다.

수입 잠재력을 극대화하기 위해 배울 수 있는 것들은 전부 배웠다. 시장 읽는 법도 익혔다. 그 과정이 너무 즐거워 일종의 취미로 자리 잡았다. 나는 다른 이들과 함께 일하며 가치를 더하고, 그들이 잠재력을 발휘하도록 돕는 일을 즐겼던 터라, 사람들이 부동산을 고를 때 무엇을 원하는지 이해하게 되자 이 분야가 더욱 가깝게 느껴졌다.

나는 성장하고 깨우치기 위해 노력했고, 앞서 실수를 겪었던 사람들의 이야기에 귀를 기울였다. 간단히 말해, 공부했다. 이후, 시간에 따라 가치는 상승하지만 위험은 최소화할 수 있는 부동산 펀드에 적은 금액부터 투자를 시작했다. 암호화폐 때처럼 처음부터 10만 달러를 쏟아붓지는 않았다.

첫 번째 부동산 투자는 값어치를 했다. 태어나 처음으로 투자를 통해 매달 꾸준한 수익을 내고 있었다. 돈을 들일 만한 투자처라는 사실이 입증될수록 나는 부동산을 더욱 신뢰하게 됐다. 여느 관계와 마찬가지로, 업계에 대한 신뢰가 쌓이고 나서야 나누고 싶은 마음이 생겼다. 내겐 위험을 줄이고 통제할 수 있다는 확신이 필요했다.

한때 나는 투자를 스피드 데이트(짧은 시간 동안 여러 이성과 차례로 대화를 나누는 만남 방식 - 옮긴이)처럼 대하곤 했다. 모든 걸 쏟아부으며 술술 풀리기만을 바랐다. 하지만 그런 방식으로는 건강한 관계를 맺을 수 없다. 굳건한 관계를 위해선 탄탄한 기반을 다져야 한다. 시간을 들여 고민하고 의식적으로 노력할 때 그 관계는 세월이라는 시험에서 살아남을 수 있다.

나는 어린 시절이나 청소년기, 심지어는 청년이 되어서까지도 이런 마인드셋을 갖지 못했다. 모든 게 내 뜻대로 흘러가리라 여겼다. 나는 이런 태도에 휘둘리며 교훈을 얻었다. 그리고 성급했던 투자를 경험하며 이 교훈은 더욱 단단해졌다. 이제는 그 배움을 바탕으로 한층 더 깊게 돈을 이해할 수 있다.

더 많이 알수록 더 크게 성장할 수 있다. 다른 모든 습관의 정점에 있는 이 핵심적인 숙달의 습관이 당신의 일상으로 자리 잡아야 하는 이유도 바로 그 때문이다. 나 역시 더 많이 벌기 위해 더 많이 배워야 했다. 당신도 마찬가지다.

당신의 전략

첫 번째 연습: 스스로 건네고 있는 돈의 거짓을 찾아라

숙달의 습관으로 뛰어들려면, 당신이 붙들고 있는 거짓을 떨쳐내야 한다. 머릿속에서 돈이 나쁘다거나 덧없다, 악하다는 생각이 맴돈다면 절대 돈에 통달할 수 없다. 당신의 머니 스토리 속으로 돌아가 그 안에 숨어 있을지 모를 거짓을 되돌아보자. 어떤 거짓들은 너무 깊이 박혀 있어 들춰내기 고통스러울 수도 있지만, 그럴 만한 가치가 있다. 거짓들을 적고 실체를 파악했다면 그 거짓을 대체할 합당한 진실을 적어보자.

돈의 거짓과 관련해 자기 자신과 솔직하게 대화를 나눌 수 있는 제시문이 있다.

- 나는 …을 믿는다.
- 나는 …라고 느낀다.
- 나는 …라고 생각한다.
- 나는 …을 걱정한다.
- 나는 …을 피한다.

가령, 이렇게 적을 수 있다.

나는 아무리 열심히 일해도 돈을 충분히 벌지 못할 것 같다. 하지만 진실을 따져보면, 삶에 필요한 것들은 이미 갖추고 있으며 내겐 세상과 나눌 만한 재능이 있다. 나는 시간을 현명하게 활용하여 부업을 시작할 것이고, 그 부업을 통해 다른 사람들과 재능을 나누며 그 과정에서 풍요로운 재정적 보상을 얻을 것이다.

이 진실을 믿기까지 어느 정도 노력이 필요하겠지만, 숙달에 이를 때까지 계속해서 마음속에 되새기자.

두 번째 연습: 최고로부터 배워라

나는 〈더 스쿨 오브 그레이트니스〉를 통해 세계적인 재정 전문가들과 대화할 수 있는 특권을 누려왔다. 이제는 당신도 나처럼 전문가들에게서 배워보자. 다음 에피소드들을 재생 목록에 추가하고 2주에 걸쳐 집중적으로 시청하거나 청취하자. 메모를 병행하며 깊이 이해하고, 가르침을 전하며 다른 이들과 공유하자. 이 과정을 통해 그들의 지혜를 내면화하고 숙달의 습관을 체득할 수 있을 것이다.

- 재스프리트 싱 Jaspreet Singh
- 딘 그라지오시 Dean Graziosi
- 알렉스 홀모지 Alex Hormozi
- 레이철 로저스 Rachel Rodgers
- 레이 달리오 Ray Dalio
- 데이브 램지 Dave Ramsey
- 토니 로빈스 Tony Robbins
- 그랜트 카돈 Grant Cardone
- 로리 베이든 Rory Vaden
- 라밋 세티 Ramit Sethi
- 밥 프록터 Bob Proctor
- 조 디스펜자 Joe Dispenza
- 지노 위크먼 Gino Wickman

- 혼다 켄 Ken Honda
- 페트릭 벳-데이비드 Patrick Bet-David
- 크리스 길보 Chris Guillebeau
- 데이먼드 존 Daymond John
- 바바라 코코란 Barbara Corcoran
- 젠 신체로 Jen Sincero

주의: 당신의 이야기는 당신만의 것이다. 위 에피소드들에서 제시하는 조언은 출연자들의 의견일 뿐, 재정적 성공을 보장하는 전략이 아님을 명심하자.

결론

자, 이제 시작해 보자!

Let's Do This!

여기까지 왔다! 당신은 이 책을 끝까지 읽어내며 머니 스토리를 더 나은 방향으로 바꾸고자 하는 진지한 열의를 보여주었다.

이 책에 담긴 교훈들이 수년 전 내게 그러했듯, 당신에게도 도움이 되었길 바란다. 분명 새롭게 출발할 생각에 설레겠지만 새로운 머니 스토리를 살아가며 더욱 건강한 돈과의 관계를 즐기기 전에 잠시 멈춰 서서 지금껏 얼마나 멀리까지 왔는지 돌아보자.

- 돈에 대한 당신의 감정은 어떻게 달라졌는가?
- 이 여정을 걸어오며 어떤 부분에서 용기를 얻었는가?
- 과거로부터 어떤 부분이 회복되었는가?
- 아직 치유가 필요한 곳은 어디인가?
- 어떤 습관이 가장 마음에 와닿았는가?

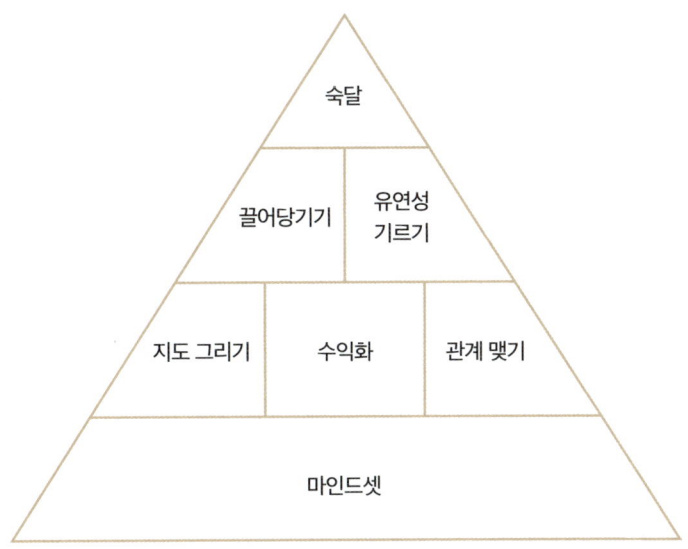

이 책에서 배운 교훈들은 당신의 머니 스토리 속 첫 번째 장에 불과하다. 이 습관들을 삶 속에 굳히려면 날마다 훈련을 이어가야 한다. 나는 경험으로 안다. 나는 매일 아침 이 습관들을 중심으로 방향을 재정립하며, 끊임없이 사명을 좇아 살아가겠다는 목표를 세운다.

현재 당신이 돈과 건강한 관계를 맺고 있는지 확인할 수 있도록 간단한 점검표를 준비했다. 하지만 그에 앞서 당신이 할 수 있는 가장 중요한 일은 일곱 가지 머니 습관과 정기적인 재연결의 시간을 갖는 것이다.

첫 번째 습관: 마인드셋 - 베풀며 살자

매일 의식적으로 이 첫 번째 습관으로 돌아오자. 감사하게 여기는 것을 소리 내어 말하고, 그 의미를 곱씹어 보자. 어떻게 하면 다른 이들에게 더 나은 방식으로 감사한 마음을 표현할 수 있을지 적극적으로 고민하자. 이 생각을 떠올리며 잠자리에 들자. 그렇게 당신은 매일 아침 감사한 마음을 가득 안고 상쾌하게 하루를 시작할 수 있다.

항상 쉽지만은 않을 것이다. 때론 감사의 마음을 되새겨야 할 수도 있다. 하지만 그 차이는 엄청나다. 감사하는 마음을 품고 긍정적인 태도로 살아간다면 뒤따르는 모든 일에 대비할 수 있으며 다른 습관들의 효과도 배가된다.

두 번째 습관: 지도 그리기 - 인생을 계획하라

미래를 설계하지 않는다면 과거를 답습하기 마련이다. 그러나 미래 계획에 집중한다면 과거의 실수를 반복하지 않고 살아갈 수 있다. 이 습관을 실천한다는 건 끊임없이 목표를 향해 달려간다는 뜻이다. 그 과정에서 배운 것은 취하고 나머지는 내려놓자. 현재 자신이 어디쯤 있으며, 어디로 향하고 있는지 항상 명확히 인식하도록 노력하자.

과거에 머물기를 거부할 때 당신은 더 이상 과거에 휘둘리지 않는다. 스스로 발걸음을 내디딜 때 당신의 비전은 사람들 앞에 더욱 선명하게 드러난다. 그에 더해, 계획을 세우고 꾸준히 실천함으로써 좌절에서 더욱 빠르게 회복할 수 있다. 또한 자신이 어디에서 경로를 벗어났는지 깨닫고, 어떻게 하면 처음 품었던 열정을 가지고 다시 목표를 향해 나아갈 수 있는지 깨우치게 된다. 그러고 나면 풍요로운 하루, 풍요로운 한 해, 나아가 한층 더 풍요로운 인생을 계획할 수 있는 유리한 위치에 서게 될 것이다.

세 번째 습관: 수익화 - 당신의 가치를 인식하라

당신은 선택한 삶의 방식에 따라 자신이 꿈꾸는 사람에 한 걸음 가까이 다가갈 수 있다. 가치 인지의 사다리를 오를수록 자신의 가치를 더욱 깊이 이해하게 되고, 다른 이에게 그 가치를 전하려는 열정도 커진다.

당신이 자기 정체성을 확신하며 자신감을 드러낼 때 사람들은 당신을 좀 더 명확히 이해하고, 당신이 따를 만한 사람인지를 판단할 수 있다. 만약 당신의 어떤 행동 때문에 사람들이 거리를 둔다면 그 이유가 무엇인지, 바로잡을 수 있는 부분이 있는지 자문하자. 그런 피드백은 당신의 가치를 가다듬고, 그 가치를 수익화하는 데 필수적이다.

만약 당신의 수입이 자기 자신에게 달려 있다고 한다면 어떠한 거짓된 유혹도 거뜬히 뿌리칠 수 있다. 자신다운 모습을 드러낼수록 성과를 얻을 가능성도 커진다. 자신의 가치를 소중히 여기자.

네 번째 습관: 관계 맺기 - 영향력 있는 관계를 찾아라

당신의 인간관계가 당신을 위해 무엇을 해줄 수 있을지 묻기보다는 당신이 그 관계를 위해 무엇을 할 수 있을지를 고민하자. 9장에서 다룬 '도움과 가치의 지렛대'를 떠올리며 주변을 돕는 데서 시작하자. 당신을 끌어내리는 사람들 대신 끌어올리는 사람들과 함께할 때 한층 더 성장할 수 있다.

자기가 가진 지식을 당신에게 나눠줄 사람들을 찾아보자. 고된 학습을 몸소 체험하지 않고도 교훈을 얻을 수 있는 관계를 찾아 나서자. 기꺼이 배우려는 자세는 바람직하다. 그러나 모든 걸 스스로 터득하려 하기보다는 같은 분야의 동료들에게 배움으로써 시행착오를 줄일 수 있다.

다른 사람들이 당신의 본모습을 오해하게 두지 말자. 나는 분명히 말할 수 있다. 당신은 성장하는 과정에서 당신과 당신의 미래상에 관심을 보이는 사람들을 끊임없이 마주할 것이고, 머지않아 자신이 선택한 재정적 공동체를 만나 좀 더 수월하게 돈을 벌 수 있을 것이다.

다섯 번째 습관: 끌어당기기 - 참여를 이끄는 아티스트가 되자

참여를 끌어내는 건 하나의 예술이다. 나는 누구와도 관계를 맺을 수 있는 준비된 삶을 살아간다. 일찍부터 링크드인에 열광했던 것도 그 때문이다. 자신이 하는 일에 열정을 가질수록 다른 사람들도 당신과 함께 일하는 데 흥미를 보인다.

관계는 만남에서 싹튼다. 그러나 진정한 마법은 참여를 끌어내는 데서 일어난다. 참여를 끌어낸다는 건 다른 사람들이 당신의 비전에 협력하게끔 하는 일이다. 일관성과 열정, 목표를 성취하는 능력을 통해서도 사람들을 끌어당길 수 있다. 그렇게 사람들이 당신의 뒤를 따라 하나의 팀을 이룰 것이다.

그러나 참여를 끌어내는 일에는 끝이 없다. 이 과정을 통해 당신을 따르는 사람은 꾸준히 늘어난다. 그리고 이러한 성장은 사람들을 이끄는 당신의 지도력에서 비롯된다. 따라서 **자기 자신을 얼마나 잘 이끄느냐에 따라 다른 사람을 이끄는 개인의 역량이 결정된다**는 '개인적 역량의 원칙'을 마음에 새기도록 하자. 사람들의 참여를 끌어낸다면, 당신은 그들에게 당신과 당신의 비전에 합류해 함께 목표를 추구해 나갈 기회를 건네게 되는 셈이다.

여섯 번째 습관: 유연성 기르기 - 위임을 통해 힘을 실어주자

무언가를 제대로 하고 싶다면 직접 하면 된다. 하지만 훌륭히 해내고 싶다면 다른 이들과 함께하자. 집착을 내려놓고 받아들일 의지만 있다면, 위임의 기회는 날마다 주어진다. 균형을 찾는 데 시간이 걸릴지라도 거기서부터 차이가 발생한다.

다른 사람들의 강점을 활용한다면 자신의 약점을 보완할 수 있다. 강력한 팀은 그렇게 만들어진다.

위대함을 지닌 그 무엇도 하루아침에 세워지지 않았다. 거기엔 시간과 노력이 들지만, 그만한 보상이 따른다. 위임을 통해 당신의 팀은 '나'가 아닌 '우리'가 된다. 당신의 비전이라곤 하지만, 혼자 걸어가야 한다는 뜻은 아니다.

만약 사업을 시작한다면 헬리콥터형 기업가가 되려는 유혹도 떨쳐내야 한다. 당신은 유연성 기르기 습관을 통해 팀원들이 장애물을 극복하고, 변화에 적응하며, 경쟁자들보다 빠르게 성장하도록 이끌 수 있다. 그리고 당신 역시도 이 습관의 힘으로 괜찮은 수준에서 훌륭한 수준으로, 그리고 그 너머로까지 올라서게 될 것이다.

일곱 번째 습관: 숙달 – 돈에 관한 지혜를 길러라

숙달의 습관에서는 배움이 중요하다. 그러니 매일 조금이라도 재정 지식을 키우겠다고 다짐하자. 날마다 습관을 실천하며 돈에 통달할 가능성을 높여보자. 숙달의 습관에선 배움이 핵심이다. 당신은 최고의 자리에서 누구보다 빛날 수 있는 잠재력을 지녔지만, 그러기 위해선 배우려는 자세를 취해야 한다.

스스로 미흡하게 느껴지거나, 기한을 지키지 못하거나, 계획이 뜻대로 흘러가지 않을 때마다, 그 안에서 배움을 얻자. 당신이 내딛는 걸음걸음이 적응과 극복의 기회인 셈이다. 어느 분야가 됐든 대가들은 꾸준히 노력한다는 사실을 잊지 말자. 그들은 잘 단련되어 있으며 자기 분야에 정통했다. 무엇이 통하고 통하지 않는지를 분별하며 시행착오를 통해 배움을 쌓아왔다.

재정적 평안을 이루기 위해선 금융 문해력이 필수적이다. 배우고 나누고 가르치는 재정 지식 흐름의 기본에 집중하자. 성장에는 끝이 없다. 나 역시도 아직 갈 길이 멀다. 하지만 그게 흥미로운 부분이다. 우리는 날마다 조금씩 더 배울 수 있다. 그렇게 배움을 쌓을수록 더 많은 것들을 얻게 될 가능성의 문이 열린다.

이제 이 습관들이 당신의 삶 속에 어느 정도 자리를 잡았는지 살펴보자. 현재 가장 탄탄한 부분은 어디인지, 성장을 위해 집중적으로 노력해야 할 부분은 어디인지 확인하는 데 도움이 될 것이다.

다음 평가표에 간단히 답하며 자신의 머니 습관 점수를 매겨 보자.

머니 습관 평가표

아래의 각 문항에 1점에서 10점까지 점수를 매겨보자.
(1 = "전혀 지키고 있지 않다", 10 = "완벽하게 지키고 있다")
다음 문항들이 현재 당신의 모습을 얼마나 정확하게 설명하고 있는가?

마인드셋 습관

1. 나는 감사하는 마음으로 살아가며, 그 마음을 자주 표현하고 실천한다. _____

2. 나는 가진 것을 아낌없이 베풀며 다른 사람을 돕는다. _____

3. 나는 자석처럼 돈을 끌어당기는 풍요로운 사고방식을 지녔다. _____

총점: _____

지도 그리기 습관

4. 나는 과거를 답습하지 않고 의식적으로 미래를 계획한다. _____

5. 나는 구체적인 수치와 실천 계획을 담은 분명한 머니 비전을 가지고 있다. _____

6. 나는 단순히 돈을 버는 데 그치지 않고, 풍요롭고 의미 있는 삶을 살려

는 계획을 세우고 있다. _____

총점: _____

수익화 습관

7. 나는 내 가치를 인식하는 법을 배웠으며 그 가치가 무엇인지 쉽게 설명할 수 있다. _____

8. 나는 내 가치를 포장해 시장의 관심을 끌어내는 법을 알고 있다. _____

9. 나는 부정적인 시각과 두려움, 자기 의심으로부터 자신의 가치를 한결같이 지켜내고 있다. _____

총점: _____

관계 맺기 습관

10. 나는 다른 사람이 내게 어떤 도움을 줄지 생각하기보다는 내가 그들을 어떻게 도울지를 먼저 고민한다. _____

11. 나는 내가 선택한 재정 공동체로 주변을 두르기 위해 의식적으로 관계를 형성한다. _____

12. 나는 어떻게 하면 다른 사람에게 최선의 도움을 건넬 수 있을지 알아내고자 꾸준히 질문을 던진다. _____

총점: _____

끌어당기기 습관

13. 나는 내가 하는 일에 열정이 있으며, 주변 사람들도 그 사실을 알고 있다. _____

14. 나는 영향력을 키워 다른 사람들을 내 비전으로 끌어당길 수 있도록 리더십을 기르고 있다. _____

15. 나는 다른 사람들을 끌어당길 수 있는 최적의 위치에 서기 위해 나 자신부터 이끌고 있다. _____

총점: _____

유연성 기르기 습관

16. 나는 다른 사람들의 강점을 활용할 수 있도록 쉽고 빠르게 위임한다. _____

17. 나는 내 가치를 알고 있으며 그 가치와 연결되지 않는 일은 모두 위임한다. _____

18. 나는 최선을 다해 성과를 키울 수 있도록 팀원들을 동원하는 데 능숙하다. _____

총점: _____

숙달 습관

19. 나는 더 많이 벌기 위해 더 많이 배울 수 있는 길을 꾸준히 찾고 있다. _____

20. 나는 돈과 관련된 대화에 참여해 다른 사람들과 이야기하는 것을 즐긴다. _____

21. 나는 적극적으로 배우고 나누고 가르치며 재정 지식이 자유롭게 흐르도록 한다. _____

총점: _____

각 습관에 매긴 점수를 아래 피라미드의 해당 칸에 적어보자.

가장 높은 점수를 받은 습관은 무엇인가?
_____

앞으로 집중해야 할 습관은 무엇인가?
_____

지금까지 읽은 내용을 바탕으로, 앞으로 집중할 습관을 키워나가기 위해 어떤 행동을 실천할 것인가?

1. _____

2. _____

3. _____

자… 더 많은 돈을 벌러 가보자!

이 돈의 여정에 함께해 준 당신께 감사한다. 나의 의미 있는 사명에 흔쾌히 동참해 준 당신의 마음은 내게 큰 의미로 다가온다. 그리고 이 여정이 어려움을 헤치고 당신만의 머니 스토리를 더욱 분명히 하는 데 도움이 되었기를 바란다.

당신이 이 여정에 함께하겠다면 언제든 환영이다. 그러니 즐겨 사용하는 소셜 미디어에 나를 태그해, 이 책이 당신에게 어떻게 도움이 되었는지 알려주길 바란다.

당신의 여정은 이제 막 시작됐을 뿐이다. 좌절이 찾아올 수도 있다. 삶이란 본디 그런 법이지만, 괜찮을 것이다. 힘든 시기가 오간대도 기꺼이 배우고 성장하려는 마음만 있다면 그 시간 속에서 기회를 붙잡을 수 있다.

기억하자. 당신은 이미 충분하며 더욱 성장하고 있다. 자, 가자. 한결 풍요로운 삶을 살아보자!

주

서문

1   Emily Batdorf, "Living Paycheck to Paycheck Statistics 2024," Forbes, April 2, 2024, https://www.forbes.com/advisor/banking/livingpaycheck-to-paycheck-statistics-2024/; Andrew Lisa, "Retirement 2024: 28% of Americans Have $0 Saved for Their Golden Years," Yahoo! Finance, March 12, 2024, https://finance.yahoo.com/news/retirement-2024-28-americans-0-110151188.html; Lane Gillespie, "Bankrate's Annual Emergency Fund Report," Bankrate, June 20, 2024, https://www.bankrate.com/banking/savings/emergency-savings-report/#job-loss.

제3장

1   Lewis Howes, "Train Your Brain to Do the Hard Things in Life for Success!" Katy Milkman and Lewis Howes, YouTube, August 25, 2021, https://www.youtube.com/watch?v=f3c5FO9WTs0.

제4장

1   Lewis Howes, "Stop Trying to Get Rich and Focus on This Instead!" Jay Shetty and Lewis Howes, YouTube, July 27, 2022, https://www.youtube.com/watch?v=dBFz0GgC9UQ.
2   Lewis Howes, "'I Am Wealthy'— Steps to Manifest Money, Success and

Happiness!" Ken Honda and Lewis Howes, YouTube, October 19, 2022, https://www.youtube.com/watch?v=rHjolP34pyc.
3   상동

제5장

1   Bob Goff, Love Does: Discover a Secretly Incredible Life in an Ordinary World (Nashville, TN: Thomas Nelson, 2012).
2   Lisa Respers France, "Jim Carrey's Inspiring Commencement Speech," CNN, May 28, 2014, https://www.cnn.com/2014/05/28/showbiz/celebrity-news-gossip/jim-carrey-commencement-speech/index.html.
3   Lewis Howes, "Stop Trying to Get Rich and Focus on This Instead!" Jay Shetty and Lewis Howes, YouTube, July 27, 2022, https://www.youtube.com/watch?v=dBFz0GgC9UQ.
4   Lewis Howes, "Make Money and Make an Impact," Tim Sykes and Lewis Howes, YouTube, January 23, 2017, https://www.youtube.com/watch?v=Tsu_YGpSAbE.

제6장

1   Lewis Howes, "This Yale Professor Reveals the Science on How to Be Happy Everyday," Laurie Santos and Lewis Howes, YouTube, June 1, 2020, https://www.youtube.com/watch?v=44ECNxPIVx8&t=737s.
2   Lewis Howes, "The Most Eye-Opening Speech on Why You're Not Happy in Life," Ed Mylett and Lewis Howes, YouTube, June 8, 2022, https://www.youtube.com/watch?v=RrSBoHAfZiA&t=2048s.
3   상동
4   Lewis Howes, "Head of TED: Increase Your Happiness & Abundance! The Simple Strategy to Reaching Billions," Chris Anderson and Lewis Howes, YouTube, March 6, 2024, https://www.youtube.com/

watch?v=2INEmQ5Y4eg.

5 Lewis Howes, "Manifest Money! Creator of The Secret on Making Money with the Law of Attraction," Rhonda Byrne and Lewis Howes, YouTube, January 15, 2024, https://www.youtube.com/watch?v=Nmibkd2Vp2U.

6 상동

7 상동

8 Alan Watts, "Work and Play," The Library of Consciousness, 1972, https://www.organism.earth/library/document/essential-lectures-7.

9 Lewis Howes, "'I Am Wealthy'—Steps to Manifest Money, Success and Happiness!" Ken Honda and Lewis Howes, YouTube, October 19, 2022, https://www.youtube.com/watch?v=rHjolP34pyc.

10 상동

제7장

1 Richard Batts, "Why Most New Year's Resolutions Fail," Lead Read Today, Fisher College of Business, Ohio State University, February 2, 2023, https://fisher.osu.edu/blogs/leadreadtoday/why-most-newyears-resolutions-fail#:~:text=Researchers%20suggest%20that%20only%209,fail%20at%20New%20Year%27s%20resolutions.

2 Paulo Coelho, "1 Minute Reading: The Fisherman and the Businessman," Paulo Coelho, Stories and Reflections, March 16, 2021, https://paulocoelhoblog.com/2015/09/04/the-fisherman-and-the-businessman/.

3 Lewis Howes, "Neuroscientist Reveals How to Never Lack Willpower Again!" Kelly McGonigal and Lewis Howes, YouTube, September 18, 2022, https://www.youtube.com/watch?v=mV3aoHuS29o&list=PLMG5w22POeeykqONbfGi00m4AqxhnzmWc&index=166.

4 상동

5 Lewis Howes, "The Key Signs You're Going to Become Successful and Wealthy," Patrick Bet-David and Lewis Howes, YouTube, August 12, 2020, https://www.youtube.com/watch?v=6GmTlmpg4Ho.

제8장

1 Lewis Howes, "Allyson Felix on Breaking Olympic Records, Shattering Stereotypes and Unleashing Greatness," Allyson Felix and Lewis Howes, YouTube, June 19, 2023, https://www.youtube.com/watch?v=QtWdusC09Do.
2 Lewis Howes, "If You Want to Become a Millionaire, Follow These Steps!" Rachel Rodgers and Lewis Howes, YouTube, November 10, 2021, https://www.youtube.com/watch?v=1lMkLtjqaps.

제9장

1 지그 지글러, 《세일즈 클로징》, 핀라이트, 2023.

제10장

1 Howes, "The Most Eye-Opening Speech."
2 Lewis Howes, "How I Went from Broke to Millionaire in 90 Days!" Grant Cardone and Lewis Howes, YouTube, February 17, 2021, https://www.youtube.com/watch?v=IM6I-ejDlzo&t=909s.
3 John Maxwell, Goodreads, accessed March 8, 2024, https://www.goodreads.com/quotes/479285-he-who-thinks-he-leads-but-has-no-followers-is.
4 Wayne Dyer, BrainyQuote, accessed March 11, 2024, https://www.brainyquote.com/quotes/wayne_dyer_154410.

제11장

1 Lewis Howes, "If You Want to Become a Millionaire, Follow These Steps!" Rachel Rodgers and Lewis Howes, YouTube, November 10, 2021, https://

www.youtube.com/watch?v=1lMkLtjqaps.

제12장

1 Emily Batdorf, "Living Paycheck to Paycheck Statistics 2024," Forbes Advisor, April 2, 2024, https://www.forbes.com/advisor/banking/living-paycheck-to-paycheck-statistics-2024/#how-many-americans-are-living-paycheck-to-paycheck.

2 Andrew Lisa, "Retirement 2024: 28% of Americans Have $0 Saved for Their Golden Years," Yahoo Finance, March 12, 2024, https://finance.yahoo.com/news/retirement-2024-28-americans-0-110151188.html.

3 Lane Gillespie, "Bankrate's 2024 Annual Emergency Savings Report," Bankrate, June 30, 2024, https://www.bankrate.com/banking/savings/emergency-savings-report/#job-loss.

4 Dave Ramsey, "If You Want to Become a Millionaire Watch This!" Rev.com, https://www.rev.com/transcript-editor/shared/io-_yv8pxcoURvZN7C9xgYHXHJkq67xtEYzPB4KcHDti2b6E2zqf5SOXwf0cUXLSfLkUJUWHFW2AitvPfXknfZ9QMr0?loadFrom=SharedLink.

5 Lewis Howes, "Be Financially Free and Pay Yourself First," David Bach and Lewis Howes, YouTube, May 1, 2019, https://www.youtube.com/watch?v=ZUObyxtHO50.

감사의 말

앞선 책 《그레이트 마인드셋》에서와 마찬가지로, 저는 이 세상에 태어나 수많은 불확실성을 용감하게 헤쳐 나갔던 우리 어린 시절의 자아를 존중하는 일이 중요하다고 생각합니다.

2달러를 팁으로 건네던 아버지의 모습을 경이롭게 바라보던 어린 시절의 나에게. 소박한 것들, 특별한 것들, 기대치 못한 것들에서 아름다움을 찾을 수 있게 해줘서 고마워. 네가 느꼈던 경이로움과 호기심 덕분에 모든 이가 이 세상에 특별한 무언가를 가져온단 사실을 떠올리게 돼. 너는 훗날 내게 필요했던 회복력과 창의성의 토대를 마련해 줬어.

재정적·육체적·정서적인 모든 면에서 무너진 채 누나네 집 소파에서 지내던 스물네 살의 나에게. 수입보다는 영향력을, 돈보다는 의미 있는 사명을, 안락함보다는 성장을 택했던 너의 굳건한 다짐에 감사해. 너는 끝이 없어 보이는 여정 속에서도 이 순간을 위해 끈기 있게 길을 닦아주었어. 삶을 감당할 수 없을 것 같던 순간에도 포기하지 않았던 너에게 나는 모든 걸 빚지고 있어.

나의 두 시절 속 너희들은 각자의 방식으로 불확실성과 고통, 상실에 마주했고, 그러면서도 치유와 평안, 진리를 추구했어. 너희가 나를 삶의 이 순간으로 이끌었단다. 더 밝은 미래를 향한 너희의 용기와 인내, 신념 덕분에 이 책이, 그리고 내가 살고 있는 현재의 삶이 가능했어. 그 사실에 언제까지나 감사하며 살아갈게.

나의 아내 마르타 이가레다 Martha Higareda에게. 나의 버팀목이자 둘도 없는 친구이며 누구보다 큰 지지를 보내준 당신께 감사합니다. 당신은 내 비전을 이해해 주었을 뿐만 아니라, 우리가 공유하는 사명과 나를 향한 흔들림 없는 믿음으로 그 비전을 한층 넓혀주었습니다. 삶의 진정한 풍요로움이란 진정성과 상호 성장, 확고부동한 신뢰 위에 세워진 관계에서 비롯된다는 사실을, 당신의 사랑은 내게 끊임없이 일깨워 줍니다.

나는 당신의 지혜와 다정함, 매 순간에서 아름다움과 가능성을 발견하는 능력을 마주할 때마다 영감을 받아요. 원대한 꿈을 꾸는 순간이건, 어려움에 맞서는 순간이건, 혹은 그저 함께 조용히 시간을 보내는 순간이건, 당신은 존재만으로도 내 삶에 즐거움과 의미를 가득 채워줍니다. 내 곁에서 함께 이 길을 걸어줘서, 나를 있는 그대로 온전히 받아줘서, 이 놀라운 여정에 최고의 동반자로 함께해 줘서 고맙습니다. 말로는 다 표현할 수 없을 만큼 당신을 사랑합니다.

어머니께. 저는 어머니의 흔들림 없는 강인함과 자애로움에서 늘 영감을 받습니다. 어머니는 건강과 가족은 물론, 진정으로 중요한 가치에 투자하는 일이 얼마나 중요한지 몸소 보여주셨어요. 어머니의 사랑 덕분에, 부유함이라는 것이 단순히 손에 쥐고 있는 게 아니라 마음을 다해 베풀어야 하는 것임을 떠올리게 됩니다.

돌아가신 아버지께. 아버지의 가르침은 제 삶 곳곳에 살아 있습니다. 아버지는 제게 위험을 감수하고, 담대하게 꿈꾸며, 기업가가 되기 위해 자신을 믿을 수 있는 열정과 자신감을 주셨어요. 지갑을 열고 당신께서 그토록 아끼시던 2달러짜리 지폐를 볼 때마다 아버지를 그립니다. 그 지폐를 보면 우리가 세상에 전할 수 있는 고유한 가치와, 언제나 가능성과 잠재력을 찾으라며 제 안에 심어주신 마음가짐을 떠올리게 됩니다. 당신의 사랑과 지혜, 그리고 저를 향한 믿음에 감사드립니다.

크리스티안·하이디·캐서린, 나의 형제들에게. 당신들은 언제나 내 책임감과 용기, 사랑의 원천이었어. 당신들 덕분에, 수많은 도전을 지나오는 순간마다 성공이란 제일 소중한 사람들과 나눌 때 가장 뜻깊다는 사실을 떠올릴 수 있었어.

그레이트니스 팀에게. 여러분의 열정과 비전, 지치지 않는 헌신에 감사드립니다. 이 엄청난 아이디어를 실현하려는 여러분의 노력이 없었다면 우리의 여정은 불가능했을 겁니다. 사람들의 삶에 영향을 미치고 그들의 목적과 재정적 자유가 조화를 이루게끔 영감을 주는 일, 우리는 바로 그런 일을 함께 만들어가고 있어요.

맷 세사라토와 사라 리빙스턴에게. 당신들의 성실성과 헌신에는 값을 매길 수가 없습니다. 여러분은 나 같은 사람도 신뢰와 공동의 목표 위에 뿌리내린 동반자 관계라는 위대한 자산을 가질 수 있다는 걸 보여줬어요.

이 책이 세상에 나올 수 있게 집필에 협력해 준 빌 블랭크션Bill Blankschaen과 스토리빌더스StoryBuilders 팀에게 특별한 감사를 전합니다. 여러분 덕분에 이 아이디어가 실천 가능한 통찰의 형태로 구체화되었고, 삶을 변화시킬 수 있는 자원으로 탄생할 수 있었습니다.

리사 쳉Lisa Cheng, 모니카 오코너Monica O'Connor, 브리트니 밀러Brittany Muller, 리지 마셜Lizzi Marshall, 다이엔 힐Diane Hill, 린제이 맥긴티Lindsay McGinty, 패티 기프트Patty Gift, 레이드 트레이시Reid Tracy, 그리고 팀 헤이하우스Hay House에게. 여러분의 전문성과 헌신 덕분에 이 프로젝트의 위상이 한층 높아졌습니다. 의미 있는 메시지를 전달하고 독자들의 삶을 변화시킬 수 있도록 도움을 주는 데 여러분이 보여준 노고에 감사드립니다.

저를 성장시켜 주신 코치와 선생님, 멘토분들께. 지혜를 나눠주시고 더 깊이 사고할 수 있도록 힘을 주셔서 감사합니다. 진정 풍요로운 삶의 기반이 되는 강인한 마음가짐의 가치를 제게 가르쳐 주셨습니다.

저의 팟캐스트 〈더 스쿨 오브 그레이트니스〉를 찾아준 게스트분들께. 여러분의 이야기와 사고방식 덕분에, 이 책뿐만 아니라 수많은 청취자, 시청자, 독자의 삶이 풍부해졌습니다. 여러분의 여정을 공유해 주시고, 사람들로 하여금 자신의 사명과 머니 스토리를 조화시킬 수 있도록 영감을 주셔서 감사드립니다.

이 책을 읽어주고 지지해 주신 독자분들께. 돈과의 관계를 치유하기 위한 이 한 걸음을 내디뎌 주셔서 감사합니다. 성장을 받아들이고 의미 있는 삶을 만들어가려는 여러분의 용기를 보며 제가 이 일을 하는 이유를 되새깁니다.

마지막으로, 자신의 재정적 상황에 얽매이고 갇혀 있다고 느끼는 모든 분께. 이 책은 여러분을 위한 것입니다. 여러분이 속박을 벗어나 누려 마땅한 삶을 세우고, 재정적 평안과 자유의 진정한 힘을 발견하는 데 이 책이 길잡이가 되기를 바랍니다.

머니 마인드셋

초판 1쇄 발행 2025년 10월 29일

지은이 루이스 하우즈
옮긴이 윤영호
펴낸이 김상현

콘텐츠사업본부장 유재선
출판팀장 전수헌 **책임편집** 윤정기 **편집** 심재헌 **디자인** 김예리 권성민
마케팅파트 이영섭 남소현 최문실 김선영 배성경
미디어파트 김예은 정선영 정영원 정수아
경영지원 이관행 김준하 안지선 김지우

펴낸곳 (주)필름
등록번호 제2019-000002호 **등록일자** 2019년 01월 08일
주소 서울시 영등포구 영등포로 150, 생각공장 당산 A1409
전화 070-4141-8210 **팩스** 070-7614-8226
이메일 book@feelmgroup.com

필름출판사 '우리의 이야기는 영화다'

우리는 작가의 문체와 색을 온전하게 담아낼 수 있는 방법을 고민하며 책을 펴내고 있습니다.
스쳐가는 일상을 기록하는 당신의 시선 그리고 시선 속 삶의 풍경을 책에 상영하고 싶습니다.

홈페이지 feelmgroup.com **인스타그램** instagram.com/feelmbook

© 루이스 하우즈, 2025

ISBN 979-11-93262-77-1 (03320)

- 이 책 내용의 일부 또는 전부를 재사용하려면 반드시 필름출판사의 동의를 얻어야 합니다.
- 책값은 뒤표지에 있습니다. 잘못 만들어진 책은 구입처에서 교환해 드립니다.